中华当代学术著作辑要

文史探微

周勋初 著

图书在版编目(CIP)数据

文史探微/周勋初著.—北京:商务印书馆,2023
(中华当代学术著作辑要)
ISBN 978-7-100-22420-8

Ⅰ.①文… Ⅱ.①周… Ⅲ.①文史—中国—文集 Ⅳ.① C52

中国国家版本馆 CIP 数据核字（2023）第 075968 号

权利保留，侵权必究。

中华当代学术著作辑要

文史探微

周勋初　著

商务印书馆出版
（北京王府井大街36号　邮政编码100710）
商务印书馆发行
北京市十月印刷有限公司印刷
ISBN 978-7-100-22420-8

2023 年 6 月第 1 版	开本 710×1000 1/16
2023 年 6 月北京第 1 次印刷	印张 19½

定价：118.00元

中华当代学术著作辑要
出　版　说　明

　　学术升降，代有沉浮。中华学术，继近现代大量吸纳西学、涤荡本土体系以来，至上世纪八十年代，因重开国门，迎来了学术发展的又一个高峰期。在中西文化的相互激荡之下，中华大地集中迸发出学术创新、思想创新、文化创新的强大力量，产生了一大批卓有影响的学术成果。这些出自新一代学人的著作，充分体现了当代学术精神，不仅与中国近现代学术成就先后辉映，也成为激荡未来社会发展的文化力量。

　　为展现改革开放以来中国学术所取得的标志性成就，我馆组织出版"中华当代学术著作辑要"，旨在系统整理当代学人的学术成果，展现当代中国学术的演进与突破，更立足于向世界展示中华学人立足本土、独立思考的思想结晶与学术智慧，使其不仅并立于世界学术之林，更成为滋养中国乃至人类文明的宝贵资源。

　　"中华当代学术著作辑要"主要收录改革开放以来中国大陆学者兼及港澳台地区和海外华人学者的原创名著，涵盖文学、历史、哲学、政治、经济、法律、社会学和文艺理论等众多学科。丛书选目遵循优中选精的原则，所收须为立意高远、见解独到，在相关学科领域具有重要影响的专著或论文集；须经历时间的积淀，具有定评，且侧重于首次出版十年以上的著作；须在当时具有广泛的学术影响，并至今仍富于生命力。

　　自1897年始创起，本馆以"昌明教育、开启民智"为己任，近年又确立了"服务教育，引领学术，担当文化，激动潮流"的出版宗旨，继上世纪八十年代以来系统出版"汉译世界学术名著丛书"后,近期又有"中华现代学术名著丛书"等大型学术经典丛书陆续推出,"中华当代学术著作辑要"为又一重要接续,冀彼此间相互辉映,促成域外经典、中华现代与当代经典的聚首,全景式展示世界学术发展的整体脉络。尤其寄望于这套丛书的出版,不仅仅服务于当下学术,更成为引领未来学术的基础,并让经典激发思想,激荡社会,推动文明滚滚向前。

商务印书馆编辑部

2016年1月

目　录

学术小传
　　——我与传统的文史之学(代序) ·················· 1

王充与两汉文风 ······················· 36
魏氏"三世立贱"的分析 ··················· 56
阮籍《咏怀》诗其二十新解 ·················· 71
《文赋》写作年代新探 ···················· 78
魏晋南北朝人对文学形象特点的探索 ············· 86
梁代文论三派述要 ····················· 113
刘勰的两个梦 ······················· 140
刘勰的主要研究方法
　　——"折中"说述评 ·················· 148
《秋夜有怀高三十五适兼呈空上人》诗发微 ·········· 176
杜甫身后的求全之毁和不虞之誉 ··············· 185
柳珵《刘幽求传》钩沉 ··················· 203
《〈唐语林〉原序目》考辨 ·················· 217
从"唐人七律第一"之争看文学观念的演变 ·········· 234

"唐十二家诗"版本源流考…………………………… 244
叙《全唐诗》成书经过…………………………… 254
北宋文坛上的派系和理论之争…………………………… 277

周勋初主要著述表…………………………… 298
初版后记…………………………… 302

学术小传

——我与传统的文史之学（代序）*

一、艰难困苦，终于进入高等学府深造

我于1929年生于上海郊区南汇县西周家宅的一个中小地主家庭。中、小学阶段，由国民党统治到沦陷于日本侵略者，抗战胜利后又恢复到国民党统治，兵荒马乱，生活极不稳定，学习极不正常。小学读了五年，换了四个学校，中间还从一位秀才读了半年私塾。高小五年级未读，跳级进入上海静园小学，突击记下英语二十六个字母，随后慢慢补课直到毕业。父亲周廷槐先生，毕业于光华大学中文系，曾在全校作文比赛中夺魁，得到校长张寿镛的赏识，留在本校当职员，兼任附中教师，但在日本发动太平洋战争后即告失业。我也在读了一年初中后失学回家。闲居一两年后，又跳级就读附近镇上的周浦中学，毕业之时正值日寇投降，父亲找到了工作，我又有了机会进入上海沪新中学读书。父亲深感文科学生求职困难，于是让我就读理科。该校只上半天课，化学、物理负担很重，但从未做过一次实验，纸上谈兵，学的都是空头理论。况且初中时未读小代数，高中二年级上大代数，一直处在似懂非懂的状态，仅能勉强应付。后来我才懂得，我的学习历程违反了循序渐进的原

---

* 本文原载周勋初《江苏社科名家文库·周勋初卷》，江苏人民出版社2015年版。

则,既学不好,还感到吃力。

高中三年级时,我突然大口吐血,始知患了严重的肺病,不得不回家休养。当时医药界采用静卧疗法,三年床褥,濒死者再,只是依仗父母的慈爱、兄妹的护侍,才能苟延一息。第二年病情恶化,幸亏链霉素进入上海,才免于一死。但家庭经济日益陷于困境,只能不断变卖家产度日。

新中国成立,家庭发生巨大变化,我遂勉力以同等学历考入南京大学中文系。以前学的数理化全已遗忘,不得不考文科。只是入学不到半年,发现肺病仍未痊愈,不知高考体检时因疏忽而让我漏网了呢,还是其时适值有所好转,这时又告复发?万般无奈,只能转入疗养宿舍,直到三年级结束时才恢复健康,转入正常的学习生活。

国家新建,需要大量补充新干部,于是我们1950年入学的一届读了三年之后提前毕业,分配工作。这时我刚结束长达七年的肺病生涯,怕不能骤然投入繁剧的工作,而且觉得因病耽误了学习,也想补读一些书,于是我向系主任方光焘先生表白了这一想法。方先生向来爱护学生,他沉思了一番,说:"下一学期胡小石先生要开文学史课,他已是六七十岁的人了,以后不可能再开这课。机会难得,你也不要再听其他什么课了,这一年你还是集中听胡先生的课,跟他学吧。"胡先生听到我要跟他再学一年,也很高兴。但开学第一天,慕名而来听课者甚多,主管人事的一位干部就来阻拦我入内,说是以前已学过的不能再听。我据理力争,仍未如愿,不得已,只能转向方先生求助。方先生赫然震怒,由于他的干预,我才有机会再次跟胡先生学习。事后方先生还说,应该把我留下当助教,只是碍于他正当政,不便提出。总的说来,大学四年,只有这一年才利用这次难得的机会用功读了些书,奠定了我日后研究工作的基础。

大学毕业,胡小石、罗根泽两位老师向校领导推荐,希望把我留下任教,但终因出身不好、表现不合领导要求而不能留校。对此我并不怪怨任何人,根据当时的标准,我自然不能进入本校教师行列。

这时中国文字改革委员会新建,需要人,国内已无当届大学生供应,因此我才有机会进入该会的汉字整理部。前后两年半功夫,主要做编制发布《汉字简化方案》的具体工作。1956年时,知识分子政策出台,胡小石先生开始招收副博士研究生,他希望我回去继续跟他学习,于是在年底又考了回去。

自此之后,我再也没有离开过南京大学。1959年改为助教,1961年升为讲师,1980年升为副教授,1984年国家教委特批为教授,1986年被批准为博士生导师。直到1984年,我从未出任过任何行政职务,连小组长都没有当过,自此时起,才先后出任南京大学古典文献研究所所长、南京大学研究生院副院长,随后又在国家文教机关和省内的一些机构内担任了职务。

在政治标准第一的时代,我自然甘居人后,而在计划经济的形势下,自然服从组织安排工作。我的经历也就决定了我的身份,即政治条件很差,不能承担重要职务,但做事也还认真,因而可以干一些具体工作。1956年时,就因制订发布《汉字简化方案》工作成绩突出而当选为国务院直属机关青年社会主义建设积极分子。其后极左思潮开始抬头,处境也就日益艰险而永无受表扬的机会了。平时只能不断地做些具体工作。新中国成立初的十七年,运动不停,突击不断,诸如大编教材,修订《辞海》,搞法家著作,等等,都得参加。教过的课中,中国文学批评史先后讲过两遍和两个学期的上半段,这已算是我教学时间最长的一门课了。任务不断改变,学习上缺少长期打算,不可能系统地积累某一方面的资料。因此我对学习情况的自我鉴定是:先天不足,后天失调,随波逐浪,力疲心劳。

可以说,直到80年代前期,我一直处在打杂的位置上,始终不知道自己有什么专业。由于我对家庭的那份感情、与师长的亲密关系,因而"地主阶级孝子贤孙""封建学者俘虏"等帽子一直悬在头上,"文化大革命"中终于公开蒙此恶名,为此发送农场劳动时也得加倍延长时间。只是天网恢恢,密而有漏,外恃若干领导的善意对待,内恃妻子的理解和支持,终于挨过政治上的重重高压,步入改革开放的新时期。

二、见缝插针,不断推出研究成果

我也有一些优点,做事还算认真,读书还算勤奋,而且自知条件不如别人,不能指望上级给你什么优惠条件,因此承担某一任务时,如有心得,总想及时记录下来,以免转向后遗忘。我早期所写的几本书,都是在任务改变前夕突击出来的。

大学阶段,跟胡小石师学《楚辞》,收获最大。研究生时,小石师本想让我作《山海经》的研究,后因急于接替重病在身的罗根泽师上中国文学批评史课,这才赶忙把学习《楚辞》时考虑过的一些问题写下,因为时间限制,只能就其中《九歌》方面的问题略抒己见,也就写成了后来正式出版时取名为《九歌新考》的第一本书。

改助教后,为五年级上中国文学批评史课。我在研究生阶段只上了一年多的甲骨、金文和《说文解字》部首,这时转向立即上高年级的新课,从孔夫子到王国维,全由我一人承担,吃力得很。但我集中精力备课,第三年时就发表了《梁代文论三派述要》一文。"文革"前夕,中华书局上海编辑所约我写作"中国古典文学基本知识丛书"中的《中国文学批评简史》一书。书稿完成后无法交出,直到80年代初期,经改写后才以《中国文学批评小史》一名问世。

"文革"十年,荒废年华,但由于我的特殊身份,即没有任何价值,却还有那么一点使用价值,故而后期被起用。先是参加江苏五所高校集体编写《马恩列斯文艺论著选读》的注释工作,同时参加《辞海》的修订,后又参加我校和南京化学工业公司师傅组成的法家著作《韩非子》注释组,还利用空隙时间写成了《韩非子札记》一书。"文革"结束后,我又受命将注释稿改写成一本学术著作,增加校勘等方面的内容,以《韩非子校注》一名正式出版。

此前我曾奉命将家中"黑书"悉数上交,因而除了"雄文四卷"之外已无书可读,后因出现了郭沫若的《李白与杜甫》一书,工宣队开禁,允许教师读读唐诗。精力无处发泄,潜心阅读,随后写成《高适年谱》一书。"文革"结束后,有事上北京查书。一个偶然的机会,得知故宫博物院图书馆中藏有胡震亨《唐音统签》和季振宜《全唐诗》二书,经请求蒙允准,花了半个多月精心阅读,随后写成《叙〈全唐诗〉成书经过》一文,由此进入了唐诗研究的行列。1990年时,我主持了一次唐代文学国际会议,为了总结唐诗研究各方面的成就,我主编了一本《唐诗大辞典》,并写了《唐诗文献综述》一文作为附录。其后又为李白的一些奇特现象所吸引,试图作出新的解释,从而写下了《诗仙李白之谜》一书。也就在同一时期,我奉校方之命,协助匡亚明前校长主编"中国思想家评传丛书",匡校长要求每位副主编都写上一本,于是我于本世纪初完成了《李白评传》一书。

1980年前后,我应中华书局友人之约,整理笔记小说《唐语林》,其成果即《唐语林校证》上、下两册。随后我就整理过程中发现的一些问题继续探讨,写成《唐人笔记小说考索》一书。与此同时,我主编了一本《唐人轶事汇编》,由我所内人员严杰、武秀成、姚松负责具体编纂。出版之后,颇获时誉,于是我在90年代后期又筹划重编《宋人轶事汇编》一书,具体工作由校外专家葛渭君、周子来、王华宝三人负责。此书已于2014年完成出版。

80年代,我花在唐代文学方面的精力较多,因此比较关注陈寅恪、岑仲勉等人的研究成果。其后接受程千帆先生的建议，为硕士生开设近代学者治学方法研究一课。到了90年代，我将这一方面的论文和讲义编成《当代学术研究思辨》一书，公开出版。

除了写书之外，我还先后写过一百几十篇论文，先是编了《文史探微》《文史知新》《魏晋南北朝文学论丛》三本论文集。所收文章，上起先秦，下至当代。文章内容，以文学为主，但又不囿于纯文学的范围，而与传统意义上的文史之学联系密切。这与我的师承有关，也与我个人的特殊境地有关。

除此之外，我还先后编了两本论文集——《无为集》与《馀波集》，把那些零散的文字又汇集起来，前者编入了《周勋初文集》，后者则于八十寿辰时编就出版。

全国高校古委会成立，我出任本校古籍所所长，于是又把很多精力投入古籍整理项目。其中规模较大者，一是与一些友人主持《全唐五代诗》的编纂，出任第一主编，希望总结唐诗文献整理方面的新成果，编成一本质量上超过清代康熙御定《全唐诗》的崭新总集。一是组织我古籍所与中文系古代文学教研组内同人，整理出一部《册府元龟》的校订本。这本书犹如一座未被开发的宝库。我们将宋本与明本互校，并与史书互核，后且附以人名索引。这就为文史学界的研究工作者提供了不少便利，这本书出版后得到很高评价。

90年代，我还做了一件颇为惬意的事，将我国流散在外的珍贵古籍唐钞《文选集注》迎归故土，编辑加工出版。此书以日本"京都帝国大学文学部影印旧钞本"丛书内的二十三卷残帙为基础，加入台湾"中央图书馆"所藏的一卷，天津艺术博物馆所藏的一卷残帙，北京图书馆（今国家图书馆）所藏的两片残页，按一百二十卷本原来的顺序编排，命名为《唐钞文选集注汇存》。本世纪初，我又筹划出了一种增补本。各界朋友共襄盛举，我能为此稍尽绵薄，实属三生有幸。

三、独立思考，力求在学术上有所创辟

我是干一行，学一行，随之写下一些东西，留作人生记录。

我在大学本科和副博士研究生阶段，集中精力学习过《楚辞》。由于师承的缘故，我的治学道路有违时尚。1953年时，世界和平理事会定屈原为世界文化名人，学术界掀起过一阵屈原热。当时发表的文章大都以"人民诗人屈原""爱国诗人屈原"为题，着重论证他爱祖国爱人民的一面。关于《离骚》等作品，则从积极浪漫主义写作方法等角度予以褒扬。我对这种研究方法不感兴趣，喜欢从神话学、宗教学、民俗学等方面进行探讨。当时这类书很少，图书馆中已把新中国成立之前那些谈神说鬼之作束之高阁，境外新书又不能入内，但一次偶然的机缘，我在古籍书店中忽然看到一本香港饶宗颐先生的《楚辞书录》。此书后附论文索引，很多是发表在民国时期旧杂志上的论文。刚巧那时我新婚，妻子祁杰还在北京工作，假期中我都要去探亲，于是按照索引上的提示，到北京图书馆期刊室中借阅。在当时来说，我的阅读面要比别人广，上至王逸、朱熹等人的著作，下至苏雪林、何天行等人的论文，都曾钻研。这一时期的人强调观点，旧杂志上的文章，一般人已弃之如敝屣，而我却努力探讨他们提出的新见是否可以成立，与当时年轻人应该走的方向是不合拍的。

写作《九歌新考》时，我的操作过程比较规范，先是广泛占有材料，然后归纳成几种学说，分析他们的得失，然后提出自己的看法。"《九歌》异说综述"一章中，把古今有关解说《九歌》性质的学说分为"忠君爱国""民间祭歌""楚郊祀歌""汉人写作"四种学说，随后以"屈原创作说申述"为总结。这一结论，是在考察了先秦两汉神话、宗教、民俗的前提下，对《九歌》诸神一一进行分析研究，并与各家展开讨论，否决了以上

四说的基础上提出的,这里有我的新见。

　　这是我第一部完成的专著,留下了学生时代的痕迹,许多重要论点,发挥师说而成。小石师曾指出,东皇太一可能是齐国的神,楚人不能祭祀河伯,这都成了书中的重要章节。小石师学问博大,读书神悟,但他秉承前代学风,不轻易动笔,只在讲课时提出某种观点,而不作详细论证。我在学习《楚辞》时曾对各家之说一一比较,最后确信小石师的看法最有道理,从而服膺师说,并在他的提示下深入研究,证成此说。由此我就想到,师生之间的学术传承犹如接力赛跑一样。教师提出某种观点,学生得到启发,从而在这一点上进行开拓。从学术的发展来看,每一种学说都是在继承的基础上进行的。

　　小石师是清道人的学生,接触过清末的不少学者,他继承朴学传统,而又采择西洋新兴学术。我在他的指导下,也曾学过一些小学方面的著作,并对文史不分的传统表示认同。

　　所谓"文史不分",从目下的情况来说,当然不能仅指文学、历史两门学科。我国古时所说的"文史"也不是这个意思。"文史"的内容是很广泛的,它包括了人文科学和社会科学的许多门类。哲学、宗教等等,尤与历代文人的思想有关,研究文学,自不能不对此有所了解。

　　因此,我主张综合研究,为此我曾一再申述。《文史探微》的"后记"中说,我在学习文学作品时,往往连类而及,也相应地读一些史书或哲学著作,这样做,是希望对古代学术能有更完整的认识。因为在历史上,无论是一种风尚、一个流派、一部著作的形成、发展和变化,都是纷糅交错地呈现出来的,后人当然可以分别从文、史、哲等不同角度进行探讨,但若能作综合的研究,也就可以理解得更全面,更深入。这里我还可以补充一点,就是扩大知识面后,在探讨问题时往往可以取得触类旁通的良好效应。

　　古代文士大都信从"一物不知,儒者之耻"的古训,因此关注的事很多，写作的范围极其广泛。后人自可从事纯文学的研究，把他们的诗歌和部分散文从整个创作内容中分离出来，但这样做常是只见树木不见森林，难得把握整体。因此我们从事古代文学的研究，困难之一就在于合适地处理专与博的关系。从我本人来说，尽管个人资质驽钝，还是希望尽可能地多懂得一些。1995年我主持了一次魏晋南北朝文学国际学术研讨会，提交的论文是《魏晋南北朝时科技发展对文学的影响》。因为我注意到，其时文人大量写作《刻漏铭》《相风赋》之类的作品，又喜用"玉辂胜于椎轮"之类的比喻，说明文学的今胜于古，这不是说明其时自然科学方面的进步推动了文学思想的发展吗？每一个作家处在各种社会思潮的交叉影响之中，如果我们局限一隅地进行考察，怕难以掌握全貌。

如上所云，我因任务急需，做过各种各样的工作，诸如校勘、注释、翻译、汇编、辑佚、考订、阐发等等，古代文学研究中的各种行当，大都尝试过。不过这样长期打杂似乎也有一些好处，观察问题和处理问题的适应性有所增强。发现问题后，随之就会想到用哪一种方法去处理最为合适，回旋的余地也就大些。例如我在整理《唐语林》时，发现内中一则刘幽求故事，当是柳珵《刘幽求传》的佚文，颇欲撰文介绍，但一时又难决定用何种方式表达为佳。后来我写了《柳珵〈刘幽求传〉钩沉》一文，共分三段，首先作资料介绍，中间作文字注释，最后作理论阐发，这或许也可说是多层次、多角度地进行研究吧。目下学界中人往往从事单项研究，或擅长注释，或擅长赏析，或擅长考证，或擅长发挥，或擅长搜集资料，犹如某一专业户，如遇不合自己脾胃的材料，往往视而不见。一个人若是具有多方面的兴趣，并有相应的驾驭能力，则可充分利用所得材料，制作成各种合适的成品。我在唐代笔记小说研究方面所以能不断开拓，当与接受的训练比较多样有关。

我总觉得，从事古代文学研究既要有深厚的功力，又要有敏锐的创辟能力。新中国成立以后，研究工作中首先强调的是观点，又受苏联的影响，通史、通论性质的著作最为风行，高层领导屡屡斥责烦琐考证，以此作为资产阶级学者的标志，因此长期的流行方式是语录开道，然后据此演绎成文。这种学风的直接后果，是人们不必读多少书，不必大量积累资料，只要援引几段放之四海而皆准的经典，结合一些人所共知的材料，就可写出观点正确的文章。人们在学术的探索中不能有突破，否则有些专门挥舞棍子的人就会上纲上线，提高到政治立场上去。我在写作《梁代文论三派述要》时，讨论通变与新变的问题，以为萧纲等新变派也有不少贡献，当时就有一位"评论家"在《光明日报》的《文学遗产》副刊上用杂文的笔法阴阳怪气地说我是"欣赏宫体作家"的了。这样的文学批评，不必有什么论证，只凭若干先验的"原则"就可陷人于困境，试问处在这样的空气之下，人们又怎能探求真理？

　　做研究工作，总得有一定的学术规范。所喜者，目下人们的研究工作已渐趋规范，但我觉得还需对文献问题赋予更多关注。

　　我在从事法家著作的注释时，为了整理出一种《韩非子》的可信本子，曾到北京图书馆与国内其他图书馆去借阅过不少善本，随后写下了比较各种版本的论文《〈韩非子〉版本知见录》。因为这是专书研究的先行工作，所以我将该文置于《韩非子札记》中的首位。通过版本的考核，发现向被认为权威著作的《韩非子集释》一书，其校勘部分极不可信。著者陈奇猷先生撰写时尚在辅仁大学求学，无法看到多种善本，提及版本的地方，好多是转抄他人的。这种校勘上的重重转抄，以浙江书局本顶替吴鼒本，即王先慎的《韩非子集解》也不免此弊。为此我写下了《陈奇猷〈韩非子刻本源流考〉商兑》一文，希望引起读者的警觉：不要迷信权威，而要独立思考。

　　人处运动之中，无法掌握命运，但我逆来顺受，在注释法家著作时也学到了不少东西。按照现在的归类，《韩非子》已被定为哲学著作，但先秦典籍综合一切，我也随之进行了多方面的研究。突击两年，书已很熟了，我就感到《韩非子》中的每一篇文章都有前人从未言及的新义可以阐发。当时有一奇想，可就全书五十五篇文章写成五十五篇读书笔记，每篇都要有新意，雪泥鸿爪，也可作为我这段奇特经历的学习记录。同时也可告诉大家，读书可有各种不同的读法，文章可有各种不同的写法。那时浮想联翩，一口气写成了很多笔记，后因前后笔记之中每多重复，于是又依主题归类，整理成《韩非子札记》一书。或许这类沟通文史的著作不太容易见到，此书出版后颇受各界欢迎，当时远在美国的日本东京大学长尾龙一教授、正任马来亚大学中文系主任的郑良树教授都谬加赞誉，随后与我也就成了亲密的文字之交。

段熙仲先生撰文介绍此书，认为"篇篇都是有根据、有心得的学术论文"，这是前辈学者对年轻一代的揄扬，愧不敢当。由于我知识结构方面的参差，自觉有关历史方面的几篇文章，如《战国时期的几起变乱佚史》《韩非与"百国春秋"》等，还差强人意，有关哲学的几篇，就嫌空泛。我也明白，一个人不能门门精通，但我在《韩非子札记》中对许多问题作了阐述，总算是用上了平时积累的各种知识，感到快意。

我教过多年批评史，需要考察学术思潮，因此对中国哲学史也较关注，平时也读读这方面的著作和文章。虽然素养不足，但也有助于发现问题。陆机何时作《文赋》，向为学术界聚讼的焦点。我在读此文时突然感到，内如"伫中区以玄览，颐情志于典坟"等句，出于《老》《庄》等道家著作；"若夫随手之变，良难以辞逮"等句，明显地受到当时玄学领域中"言不尽意"论的影响。我又想到，唐长孺在分析《抱朴子》而推论南北学风异同的一篇文章中曾提到，吴国的学风比较保守，《易》主今文家说。陆机的从曾祖陆绩为江南的《易》学大师，世家大族以世传经学为门户的光荣，这就可以作出推断：陆机青年时期绝不可能接受玄学，只在到达洛阳之后，才有这种可能。杜甫在《醉歌行》中曾说"陆机二十作

《文赋》",过去学界一直沿用此说,现在看来,此说已难成立。这番论证,自觉比逯钦立的《文赋撰出年代考》进了一步。逯氏此文自是杰作,他用排比的方法考察《文赋》的写作年代,但陆云与陆机通信时提及各种作品是否严格按时序排列,难以确说,而且"文赋"二字还可作文体解释,因而还留下一些不确定因素。我用陆机的哲学思想演变作出解释,结论似乎更为可信一些。刘跃进、韩晖等人都对此文予以高度评价。

我在该文中还曾引及刘敬叔《异苑》中记载的陆机夜遇王弼之鬼的传说,说明陆机思想的变化。这样征引材料,在老辈学者中是不多见的,但我对此很感兴趣,觉得考证文章中增加一些小说笔法的材料,能使气氛生动。当然,这类材料的使用得有限制,看用在什么地方。假如把这用来考察某一件事的背景,说明其时的社会风气,就很有说服力,应该发掘这类材料的深层含义。这种在考证文章中也喜欢用小说的脾性,可能与我毕竟出身于中文系有关。

我在研究李白时,反复阅读他的《上安州裴长史书》,内中叙及他的早年经历,对于了解李白的思想非常重要。其中说到他与蜀中友人吴指南同游于楚,指南死于洞庭之上,"遂权殡于湖侧,便之金陵。数年来观,筋肉尚在,白雪泣持刃,躬身洗削,裹骨徒步,负之而趋,寝兴携持,无辍身手,遂丐贷营葬于鄂城之东"。这就使我感到非常奇怪。中国向来以孝治天下。《孝经》上说:"身体发肤,受之父母,不敢毁伤,孝之始也。"李白却把友人尸体上的肉用刀子刮尽,这与古时的丧葬之礼差距太大了。因为我在研究《楚辞》时读过一些民俗学方面的著作,这时我又悟出,李白这里是在以剔骨葬法埋葬蜀中友人。为此我勤翻典籍,上至《墨子·节葬》篇中的材料,下至林耀华《凉山夷家》中的调查报告,终于证成李白曾受南蛮文化的影响。李白研究向为世界性的热门话题,但我相信此说自古至今从未有人说过。

就在《上安州裴长史书》中,李白还说"许相公家见招,妻以孙女"。

许相公为高宗时的宰相许圉师。唐代前期,许家贵盛一时,故李白言下不无自得之意。按杜甫《哭王彭州抡》诗云:"北部初高选,东床早见招。"仇兆鳌《杜诗详注》引《杜臆》曰:"见招,是招王为婿。"李白入住女家达十年之久,可知李白其时实为赘婿的身份。中国古时一直贱视赘婿,李白却胸无芥蒂,说明其婚姻观念有异于他人,他在许家居住多时之后,又至梁国入赘于宗家。宗氏夫人为宗楚客的孙女,宗楚客在武后与中宗时三次拜相,李白亦以此为荣,可见他所承受的文化背景有异于常人。这也与他出身的家庭背景有关。因为西域地区突厥、铁勒等游牧民族保留着更多母系氏族社会的遗痕,男子结婚以后都会住到妻子家中去。唐代社会受西域文化的影响很大,这在李白身上反映尤为明显。

我读李白的《登峨嵋山》诗,末尾有句云:"倘逢骑羊子,携手凌白日。"骑羊子是谁?传为刘向所撰的《列仙传》中说:"葛由者,羌人也。周成王时,好刻木羊卖之。一旦骑羊而入西蜀,蜀中王侯贵人追之,上绥山,绥山在峨嵋山西南,高无极也。随之者不复还,皆得仙道。"后来他到浙江金华去游赏,表示对皇初平与赤松子的仰慕,内中都有其脉络可循。这也是我在论证李白的多元文化背景中的一个重要方面,即羌族文化的影响。我把这一看法撰成《李白与羌族文化》一文,进一步充实我所提出李白为多元文化的结晶之说。或许此文有其明显的特点,也就为专门介绍中国古代优秀论文的刊物所选中,译成英文,发表在 *Frontiers of Literary in China*(Vol. 2, No. 1, March 2008)上。

前人早已指出,读书要能发现问题,应在人们习焉不察的地方读出新意。我悟性不高,但有时还能略有所获,主要就靠触类旁通。陈寅恪告诫人们读书必求正解,如从汉学规范而言,也就是在训诂上要有深厚的修养。我就觉得,当代的人要对文献资料作出正确诠释,必须具备多方面的知识,读出字词中潜藏着的深层含义。知识越多越好,这样才能触处多悟。我对宗教问题缺乏知识，以前因研究《九歌》，对原始宗教方面的问题曾予关注，后因涉足《文心雕龙》，无法回避佛教与道教方面的问题，因而对二家教义也学习了一番。

有人认为我的文章选的角度一般都比较好，我想这与读书时注意发掘疑点有关。既有疑点，就得解疑。如我在阅读《三国志》时，发现内有曹氏"三世立贱"之说，这与历代帝王之家情况大异。何以如此？我从曹氏家世论及曹操的突出之处，说明他为改变社会风气作出的努力，从而对建安文学作出新的解释。又如文体论中常引"登高能赋"之说说明赋体的产生，我就觉得里面有个概念转换的问题，因而写作《"登高能赋"说的演变和刘勰创作论的形成》一文，对后人以经说立论，吸收山水诗等创作经验，用"登高必赋"说替代儒家诗论的过程作了考察。这种穿穴式的论证方式，在目下的《文心雕龙》研究中，似乎并不多见。

我在"文化大革命"前教过一个学期的《文心雕龙》，"文革"之后又教过三次，前后只有四个学期的教学经历。但我做事比较认真，每讲一门课，都有详细的备课笔记，讲《文心雕龙》时，也编有讲义，先发给学生预习，然后讲授。2000年江苏古籍出版社为我出《周勋初文集》时，我就把讲义也印了进去，取名《文心雕龙解析（十三篇）》，也算是我涉足这一领域的一份学习心得。

因我一直在古代文论界活动，几次重要的《文心雕龙》国际会议也都有朋友邀请前往，为此我总是竭尽所能地提交高质量的论文。这样，我在这领域中虽非专业人员，却也占有一席之地。

近年来，其他研究工作陆续结项，与《文心雕龙》的缘分却又突然增加起来，一些学生与朋友认为，我在《解析》中呈现的思路和论文中提出的论点，自有其特色，应该把其他三十几篇文章也一起注出，可以全面展现我的研究心得。之前我也增注过两篇文章，只是现已年老，力不从心，于是许多学生帮我注完了其他几篇，实现了心愿。

对我来说，多一本书，少一本书，本已无所谓。环顾《文心雕龙》学界，著作如林，多一本书，少一本书，也已无所谓。那我又为什么还要勉力完成《文心雕龙解析》一书呢？

我对这一领域的现状作了审视，发现其间存在着很多问题，有待于提高，有待于纠正，因此尚有空间可以开拓。思路逐渐清晰，形势看得更清楚，于是决心发挥自己的长处，把《文心雕龙》一书放在学术史的长河中加以考察，这样既显示出了自己的研究心得，又可克服目下普遍存在的流弊，努力使学界走上一条更康庄的治学大道。

总的来说，目下这一领域中存在的问题，是由近百年来的学科发展越来越细化，研究工作者过趋专门而引起的。我看到，一些知名的学者，在基本文献和典章制度方面都存在着模糊的认识。况且"龙学"一名出现后，有些年轻学者往往一辈子只读这一本书，相关典籍多加忽视，这样研究工作又怎能深化？

自清代起，经学中的古文学派与今文学派即纷争不断，而自乾嘉时起，朴学趋于极盛，古文学派一直占有绝对上风。直到清末，章黄学派仍在学坛占有重要地位。学界认为，古文学派重训诂，通大义，强调无征不信，因此治学态度比较科学。新中国成立之后，研究哲学首先得划清唯心论与唯物论的界限，这时古文学派自然会被认为唯物的成分为高，今文学派则与唯心主义难以区隔了。刘勰宗经，《文心雕龙》中引用了许多儒家经典，当然会涉及学派之间的问题，这时为了抬高刘勰的地位，他自然会被认为是古文学派的信从者了。但这与刘勰的自述不符。因为刘勰多次提出，他也推崇今文学派中的著作与人物，征引王弼《易》学，可知这种从意识形态出发为刘勰定性的做法并不可信。因为刘勰是六朝时人，其时风行玄学，玄学调和儒道，此时古文学派与今文学派的畛域早就不明显。因此，研究《文心雕龙》必须从玄学着眼而不能画地为牢，否则就有很多地方无法讲通。

与此情况相近，近代学术重视文化交流，大家观察前代学术时，也很注意国际的文化交流问题。魏晋南北朝时，佛学大盛，学界普遍认为，佛学注重思辨，比之中土固有学术，在思想方法上有其优越之处，而刘勰又是一个佛教信徒，因此大家自然认为，《文心雕龙》所以能在中国学坛上大放异彩，应当也是得益于佛学思辨哲学的助益，而这又与刘勰的自白相违。我则仍从六朝时期的学术情况着眼，认为中国学术一系相承。魏晋之时，以儒家为主要成分。融合道家学说，形成玄学；时至齐梁，进一步与佛学融合，形成玄学化的佛学，因而在学术的一些新领域中又呈现异彩。《文心雕龙》的思想，就呈现出这一时期儒学的特有面貌。因此，刘勰其人可以说是一位中国文化本位论者。

　　我在《文心雕龙解析》中，纳入与此有关的一些论文，其中有与前辈学者的商榷，也有与同辈朋友的商讨，而在每一篇文章的"解题"中，又逐一抒写我对这些文体的研究心得。因此，《文心雕龙解析》一书，综教学与研究为一体，而这正是我整个教学生涯的缩影。

　　由上可知，我在进行某一课题的研究时，往往锲而不舍，继续探讨，从而产生另一论文，甚而滚雪球似的发展成一部专著。例如写好《叙〈全唐诗〉成书经过》之后，为了弄清季振宜《唐诗》的来龙去脉，花了几年的时间，查阅资料，采访专家，进而写成《季振宜〈唐诗〉的编纂与传流》一文。其后又从康熙急于在文治上有所表现着眼，写他征用江南的十名在籍翰林，匆促编就此书。其时朴学未兴，时人都长于诗才而短于诗学，因而总集中留下了不少缺憾。这第三篇文章即名《御定〈全唐诗〉的时代印记与局限》。三文一系相承，对此问题作了比较全面的考察，这样也就奠定了我在《全唐诗》研究工作中的地位。

　　小石师的研究工作，具有"语不惊人死不休"的气概，我虽不才，但也追求创辟之功，写作论文时，总想发前人未发之覆。20世纪之末，年事日高，杂务日多，而学术活动又极纷繁，有时应邀写作各类论文，颇感应付为难。照理说,研究某一问题,必须先把有关文献搜集全备,读遍之后,再来动笔,但我后来已无此可能。差能自信者,觉得自己的思路还有一些特点,写出的东西不大可能与人家撞车。例如90年代一口气写了十篇有关李白的文章,从文化的角度阐发李白的特异之处,故以《诗仙李白之谜》一名问世。事后表明,我所谈的问题他人确是没有谈过,至少在观察问题和论证的方式上有不同,这是我敢于在学术界继续活动的一些自信。

大家从我介绍的成果中不难发现,不论是《楚辞》《韩非子》或《文心雕龙》的研究,还是高适、李白或《全唐诗》的研究,抑或近代各种学术流派的研究,都可以说是热门话题。这样做,并不是想凑什么热闹。我的本性也不喜欢这样。但我总想在前人已说过的话之外,提出一些他人意想不到的见解,拓宽学术界的研究视野,如说王粲死于麻风病之类。大作家和重要著作中包含的内容更为丰富,可以从不同角度进行考察,挖掘出更多的深层含义,这样才能显出个人的独到见解和思辨能力。80年代中期之后,我又把注意力慢慢转到小问题上,为此写过《"芳林十哲"考》之类的一批论文,企图采用"小题大做"的手法,通过一些他人注意不够的社会现象,揭示历史上的一些重大问题,并依此形成个人的治学风格。

《因话录》的作者赵璘,《卢氏杂说》的作者卢言,以及其他一些唐人笔记小说的作者,两《唐书》上少有记载。我对他们的生平作了考证,对作品内容作了分析,通过他们的社会活动和作品中的某些记载,抉发其中蕴涵的重大社会问题。

总的说来,我在唐人笔记小说研究上所花的功夫并不太多,如果说有什么收获的话,那就是结合承担的职务,通过古籍整理,进行考证和理论并重的工作,说明唐人笔记小说的文献价值。这也是我一贯致力的方向:着眼于笔记与正史的结合、整理与研究的结合,期待为学术界提供一些例证,在文史研究的领域中闯出一条新路。

我在唐人笔记小说的整理与研究工作中,还曾有意识地注意培养功力。整理《唐语林》时,不厌其烦,一本书一本书地查对,一个字一个字地考核,这里用的全是笨功夫,但所积累的知识,却都是实打实的。整理文献,需要多种知识,除版本目录等专业知识外,还要对唐代社会的民情风俗、典章制度、国际交流等都有所了解,因此要想做好文献整理工作,也不是容易的事。目下学术界还有不少人轻视文献整理,可能他们还不太了解其中甘苦,也说明过去只重通史、通论的学风还在影响学坛。

整理文献时,我很注意体例问题,因此编写《唐语林校证》《唐人轶事汇编》《册府元龟(校订本)》时,都曾作过反复考虑,务使全书便用、可靠、科学性强。三书均曾获得国家新闻出版署的古籍整理图书奖,于是我在师友辈的督促下,又邀请了葛渭君、周子来、王华宝等三位专家,主编《宋人轶事汇编》一书。多年涉猎,略有所得,因此我在《唐人笔记小说考索》的通论部分,曾对文献整理中遇到的问题多方阐发,其中《唐代笔记小说的校雠问题》一文,或许能够体现我在这方面积累的功力。

不论写作创辟性的文章,还是依仗功力的文章,我都有意多作分析。读他人文章,也喜欢那种抽丝剥茧式的论文,而不看重那种铺陈排比纯以罗列材料为胜事的文字,更不喜欢那种侃侃而谈光讲大道理的文章。从《刘勰的主要研究方法——"折中"说述评》《从"唐人七律第一"之争看文学观念的演变》等文,都可看出我的努力方向。《阮籍〈咏怀〉诗其二十新解》一文,不过四五千字,却又敝帚自珍,自以为千古以来无人曾对这一组诗中的任何一首作出具体阐释,我则对此逐字逐句作了分析,将阮籍的心曲明白剖示。友人罗宗强、学生蒋寅等人都对此文表示欣赏,我一直引以为荣并许为知音。

做研究工作,与其趋同,不如立异。目下中国文学批评史类的著作日盛一日，大家都向篇幅长的方向发展，我则将自己所写的一本定为"小史"。这当然与我喜欢独立思考有关，这书也体现出了追求少而精的努力方向。

最后说说我对"文献"一词的理解。过去的人一般都以为指典籍而言，现在的人则扩及其他众多资料。我在《唐诗文献综述》中，就介绍到了碑志、壁记等多种实物，而在写作《高适年谱》时，就曾依靠墓志上的记载考察高适家世。这种做法与前此的文学研究者有异。而我之所以接受文献的广义用法，也与师承有关。

屈指算来，我在古代文史领域中工作已将近五六十个年头。前十七年，运动不断，突击不歇；后数十年，情况好转，社会活动却又剧增，自知天分不高，反应迟钝，体质又差，精力不敷，而又不得不随顺世故，写作各类文章。临文把笔，常是战战兢兢，生怕于此积累不足，出现不应有的错误。因此，总是想把文章多请一些专家看看，匡我不逮。为此先后得到过洪诚、孙望、程千帆等多位先生的帮助，在此谨向他们致以衷心的谢意。

四、部分成果综述

我的科研成果，可分为学术研究与古籍整理两大部分。

2000年，江苏古籍出版社为我出了一套七卷本的《周勋初文集》，内收十六种著作。其后我又出版学术研究著作多种，今将各书综合起来逐一作些介绍。

一、《九歌新考》。此书于1986年由上海古籍出版社出版。赵沛霖评曰："周勋初《九歌新考》一书正是根据古代宗教的发展规律和民俗背景，结合古代祭祀制度和有关礼制的特点，来考察和辨析各家之说，以及神话传说的性质和演变。""它证明了'《九歌》中的神祇来源不一'","证明了屈原创作《九歌》的广泛基础,从而使《九歌》性质研究不再受祭歌的束缚,为进一步正确认识《九歌》扫清了障碍"。(《屈赋研究论衡》,天津教育出版社1993年版)贾晋华在《道与德之宗教起源》一文中介绍说:"继钱宝琮之后的又一出色研究是周勋初发表于上世纪八十年代的《东皇太一考》,文中援引丰富的先秦文献,突破钱宝琮的结论,考证太一在战国时期已经在齐楚等地被尊崇为星神和上帝。周勋初的结论不久即为出土文献和文物所证实。"(《中国文化研究》2012年夏之卷)

二、《〈韩非子〉札记》。此书由江苏人民出版社于1980年出版。1982年,日本学者东京大学法律系长尾龙一教授至美国国会图书馆看书:"在那儿,我发现了研究韩非子的、具有敏锐智慧和渊博知识的大陆学者周勋初的著作。在'文革'的狂风暴雨中,居然有这样的智慧幸存下来,这使我深为感动。"(《古代中国思想ノート》,信山社1999年版)段熙仲《韩非子札记述评》曰:"全书共收札记四十八篇,实质上是篇篇有根据、有心得的学术论文。"(《南京大学学报》1982年第3期)

三、《韩非》。此书由江苏古籍出版社于1985年出版。傅杰遴选20世纪《韩非》研究著作中的精品,成《韩非子二十讲》,将此书列为首篇,于2008年由华夏出版社出版。随后南京大学出版社于2009年再次出版此书,将其列入孔子学院推介读物,用英、日两种文字译介,为此我又配上了很多精美的插图。

四、张骘《文士传辑本》。我对作者问题作了新的考索,认为此书由晋代的张隐和齐梁时人张骘先后编成。搜集的资料比之日本学者与中国大陆地区的学者都要完备。此文首先发表于南京大学古典文献研究所编《古典文献研究》(1989—1990),南京大学出版社1992年版。

五、《文心雕龙解析》。这书原是我的一份讲义,收在《周勋初文集》中时标名《文心雕龙十三篇解析》,后又补写了两篇。友人以为应当以完整的形态问世,于是九位学生帮我补足了其他三十五篇文章的注释。我从学术史的角度研究《文心雕龙》,力破新中国成立之后仅从古文论的角度考察此书之弊。一些专治此书的朋友与学生看过草稿之后认为有我本人的思路和特点。书中收录了我将近二十篇学术论文,内有《刘勰的主要研究方法——"折中"说述评》《刘勰是站在汉代经学古文学派立场上的信徒么?》等有影响的论文。新书于2015年由凤凰出版社出版。

六、《中国文学批评小史》。此书传播颇广,中国大陆先后有长江文艺出版社、辽宁古籍出版社、《周勋初文集》本、复旦大学出版社等多种版本,台湾地区有台北嵩高书社、高雄丽文文化公司两种版本,香港有三联书店一种版本;韩国有全弘哲等人的译本(理论与实践出版社1998年版),日本有高津孝译本(勉诚社2008年版)。日本国立奈良女子大学、韩国汉城大学(首尔大学前称)以及中国的香港大学等校都曾用作教材。国内外大学用作重要教学参考书者尤多。

七、《文史探微》。这是一本论文集,共收论文十六篇。其中一些文章产生过很大影响,如《梁代文论三派述要》,1964年发表在《中华文史论丛》第五辑上,70年代,台湾大学杨家骆教授选入《中国学术类编》内之"中古文学史等七书"(台北鼎文书局1977年版),誉为"探骊得珠,久称佳制"。罗联添进而又选入《中国文学史论文精选》(台北学海出版社1983年版)与《中国文学史论文选集续编》(台北学生书局1985年版),境外影响进一步扩大。罗宗强将此文选入总结20世纪学术成果的《古代文学理论研究》一书,湖北教育出版社2002年版。《魏氏"三世立贱"的分析》一文,日本学者甲斐胜二译为日语,刊于日本福冈大学《人文论丛》1995年27卷1号。傅璇琮在《关于全唐诗的改编》一文中说:"周勋初同志曾撰有《叙〈全唐诗〉成书经过》一文,详细研究了清编《全唐诗》如何继承胡震亨《唐音统签》与季振宜《全唐诗》的成果,这是一篇很有分量的论文。"(《文学遗产》1989年第4期)其后我之出任《全唐五代诗》第一主编,也与此文有关。

八、《文史知新》。此书本拟于2000年前刊出,后以《周勋初文集》即出而作罢。2012年始由凤凰出版社另出新版。书中收录论文二十四篇。莫砺锋指出:"周先生的学术研究更值得称道的优点是既能博通又能专精,前者主要体现在他能在不同的学科领域和时代断限之间做到融会贯通,触手生春;后者主要体现在他的研究都是解决问题的实证式研究,每本书、每篇文章都能落到实处。"(《贯通历代,弥纶群言——周勋初先生学术研究述评》,载《文学评论》2005年第4期)其中如《谢灵运山水文学的创作经验》《〈易〉学中的两大流派对〈文心雕龙〉的不同影响》,都曾选入一些总结20世纪学术成就的选本。《〈文选〉所载〈奏弹刘整〉一文诸注本之分析》《韩愈的〈永贞行〉以及他同刘禹锡的交谊始末》等文均曾博得学术界的好评。

九、《高适年谱》。此谱之前,已有七八种发表,郁贤皓《评周勋初〈高适年谱〉》中说,此谱"在高适的家世、行踪、信仰、交游以及诗文编年诸方面都有许多创见,内容翔实,贡献尤为显著","《周谱》所以能作出如此重要的贡献,主要有三个明显的特点:一是资料丰富……二是考订精审细密……三是注意知人论世……"(《文学评论》1984年第5期)。1985年获江苏省哲学社会科学优秀成果二等奖。

十、《诗仙李白之谜》。书中共收十篇文章,先后在各种杂志上发表,后由台湾商务印书馆于1996年11月集中印成一书。其中一些文章颇得好评,如《李白剔骨葬友的文化背景之考察》,1993年发表在《中国文化》第八辑,胡晓明选入20世纪唐诗研究精品选的《唐诗二十讲》,华夏出版社2009年出版,评曰:"周勋初的李白的研究很有个性,将飘逸的李白放回地上,注意了别人不注意的历史与人生的极真实一面。这样的文章不多见。"罗宗强在书评《李白研究的一个更广阔的领域》

中，认为此书"从一个全新的角度，提出了不少问题。这些问题，他并没有全解决，但把李白研究的视野大大地拓宽了，展现了李白研究的一个更为宽阔的领域"（《文学遗产》1998年第4期）。

十一、《唐诗文献综述》。这书原是我为配合《唐诗大辞典》的编纂而撰写的附录，从1文集、2史传、3小说、4谱牒、5碑志、6壁记、7登科记、8书目、9诗话、10艺术、11地志、12政典、13释道书等不同方面介绍研究唐诗的基本文献，得到唐诗学界的一致好评。台湾政治大学罗宗涛教授评曰："先生不是把这些资料作静态的排列，而是娓娓备述其原委，使这些资料活动起来。如此，这些资料的价值才可能充分而适当地发挥出来。"日本东北大学村上哲见教授评曰："内容广泛无比，解说精密而很得要领。我看这篇《文献综述》，不只是研究唐诗的，凡是研究唐代文学文化的人都应该熟读，我相信从初涉唐诗的学生以至专家学者各自一定会多得补益。"（《社会科学辑刊》1992年第5期）

十二、《唐人笔记小说考索》。此书分为上、下两部分，上一部分为"通论"，内收论文四篇，其中《唐代笔记小说的校雠问题》一文，傅杰选入《近百年来考据文录》，复旦大学出版社2015年版。《唐代笔记小说的整理心得——就〈唐语林校证〉事答客问》，初发表于《书品》1989年第2期，后于《书品》1998年第3期上以《旧文新赏》之名再次刊发。程毅中《读〈唐人笔记小说考索〉》以为此书有不少新的突破，一是"对比于比较寂寞的唐代笔记研究有了明显的开拓"，二是前人之作"没有像《考索》这样进行通盘的研究"，三是"贯彻了文与史沟通的观点"（《燕京学报》新4期）。杜晓勤《隋唐五代文学研究》中说此书是"20世纪唯一一部对唐代笔记小说进行深入探究的著作"（北京出版社2001年版）。

十三、《唐代笔记小说叙录》。此书原是将《唐语林校证》后面的附录《唐语林援据原书提要》扩大改写而成，后又作了调整，删去了一些遗佚而无所影响的书，增加了一些影响大的书，2008年凤凰出版社改出新版。蒋寅说:"周勋初老师所撰唐代笔记小说提要,是我读到的大手笔。……唐人笔记,版本众多,流传改编情况极为复杂。周老师的提要不仅从史源学的角度弄清各书的材料来源和编纂经过,更通过具体考辨揭示一些普遍性的问题,为古籍校雠学提供了宝贵的经验。"(《清诗话考》,中华书局2005年版,自序)

十四、《当代学术研究思辨》。此书首先由南京大学出版社于1993年出版。内收研究当代学者学术成就论文多篇,也有一些涉及重大问题的综论,后有阐述王国维、陈寅恪五篇著名论文的专论,受到学术界的普遍关注,被很多学校指定为研究生重要参考书。《黄季刚先生〈文心雕龙札记〉的学术渊源》一文曾为陈平原编入《中国文学研究现代化进程二编》,北京大学出版社2002年版。上海古籍出版社所编"蓬莱阁丛书"本《文心雕龙札记》即以此文为导读,2000年出版。《罗根泽先生在三大学术领域中的开拓》一文,先后为六七种报章杂志专刊转载。2013年,北京大学出版社又为此书出了一种增订本,收录了2000年之后我写的一些同类文章,内如《胡小石先生与书法》等文,也曾产生过很大影响。此文原是我为配合中央文史馆编的《中华书画家》杂志2012年2月号中胡小石书法专栏而撰写的,南京博物院为庆祝南京大学建校一百一十周年,编就《沙公墨妙——胡小石书法精品集》,南京大学出版社2012年5月出版,即将此文收入。

十五、《西学东渐和中国古代文学研究》。此文应属半成品,后以精力无法集中而未能完成预先构思。内分"文学观""发展观""思考"三部分,后者先以《中国文学研究现代化进程思考》为题发表于《中国政协报》1999年6月20日《学术家园》。其后我又以同样思路撰写《西学东渐下中国古代文学研究的艰难处境》(《社会科学论坛》2006/2[上半月刊]、《文学评论丛刊》9卷1期)、《重视中国古典文学特点的研究》(《文学遗产》2006年第2期)等文。

十六、《无为集》。这是《周勋初文集》中的最后一种。内容包括本人几种书的写作心得、为人写的序跋回忆录和没有编入其他文集中的一些论文。我所交往的人，师长一辈，多知名学者，学生一辈，也已崭露头角，因此相关文字应可供人参考。有的论文，产生过较大影响，如《御定〈全唐诗〉的疏误与〈全唐五代诗〉的编纂》一文，原是为参加大陆古委会和台湾地区汉学研究中心于1996年举行的第一届"古籍整理研讨会"而撰写的，收入《全唐五代诗》时置于前端，说明这一巨著的学术背景。《文献学与综合研究》一文原是为庆祝《文学遗产》复刊五十周年而作，介绍南京大学古代文学专业的学术理念。

《周勋初文集》出版后，《文学遗产》编辑部特请程毅中先生撰写书评，题作《寻求新朴学发展的道路》，内云"文献学与综合研究，体现了一种具有朴学精神的治学方法，也许可以说是开拓了一条具有民族特色的文史研究的道路"（原载《文学遗产》2001年第4期）。江苏古籍出版社曾约请多位专家笔谈，从先秦两汉至现当代学术，分别进行评论。文章分为两组，第一组中有卞孝萱、孙昌武、汪涌豪、陈书录、朱刚、（台湾）王国良等六人，登载在《中国典籍与文化》第2期上，编者按语曰："由于周勋初先生的治学范围很广，单篇的书评很难涵盖其内容，所以本刊特邀请有关专家进行笔谈，分别对文集中的治学方法、《韩非子》研究、唐代文学研究、文学批评史研究和近代学术研究等内容予以评论。"第二组中有黄永年、罗宗强、董治安、郁贤皓、王青、蒋寅六人，登载在《中国诗学》第9辑上。

十七、《魏晋南北朝文学论丛》。我于1998年赴台湾讲学时，得知该处学者对我在此时段的研究工作颇多赞美，然无法读到多数论文。大陆学界也有这种情况。我遂请江苏古籍出版社把我这一阶段的论文集中刊布了一下，于1999年11月出版。王华宝为之撰写书评《创新的精神，实证的方法》，载《书品》2000年第4期。

十八、《李白研究》。这是我应陈平原教授之邀，总结20世纪李白研究的成果，2003年由湖北教育出版社出版。全书首列《李白研究百年回眸》一文，长达五万字，分从"研究鸟瞰""族系之争"与"重要问题之分析"三个方面展开，内多个人独特看法。全书选文三十三篇，詹锳、郁贤皓、罗宗强与我各选入两篇。我的两篇文章为《李白剔骨葬友的文化背景之考察》《李白两次就婚相府所铸成的家庭悲剧》。

十九、《李白评传》。本书为"中国思想家评传丛书"中之一种。我任该丛书副主编，乃应主编匡亚明之请，撰写此书。薛天纬、孟祥光评曰："《李白评传》的研究思路及某些观点，与作者1996年由台湾商务印书馆出版的《诗仙李白之谜》有着明显的承继关系。作为'评传'，作者不取此类常见的以传主生平经历为线索展开评述的写法，而是着意对李白研究中一些重大的、有疑义或者有争议的问题，作出自己的独特解说，作者所持的学术观念，是既严格尊重、广采博取史料，又积极探索，不惮出新。所持研究视角和研究方法，则是以多元文化的影响来解读李白其人及其诗。"文载《中国古代文学研究年鉴2005》，陕西师范大学出版社2007年版。童强在题为《俱怀逸兴壮思飞》的书评中说："李白研究的成果已经非常多了，相关的材料基本被完全掌握，一时很难有改变人们基本评价的新材料出现。……对于一项研究而言，提出新的观点很难，但能够运用丰富的材料对新的观点加以论证更难。《李白评传》给人留下深刻印象之处，不仅在于其中大力的开拓，新颖的创见，而且也在于作者能够运用考证的方法对新论点加以实证。这是这部著作的魅力所在。"（《中国图书评论》2005年第9期）

二十、《馀波集》。该书于2008年由南京大学出版社出版。内为我在《周勋初文集》出版之后发表的文字，内容广泛，有杂志社的约稿，学术单位中的讲演稿，为友人与学生写的书序，也有不少纪念文字。其间我也写了不少有关李白的研究文字，如《李白的晋代情结》《李白诗原貌之考索》等,《唐代文学研究年鉴》中负责李白部分与综述的学者均曾给予好评,这也说明我对李白的研究持续很久。2006年,我在《中华文史论丛》第一册上又发表了《李白与羌族文化》一文,进一步充实我提出的"多元文化结晶"说,后译成英语,发表在 Frontiers of Literary Studies in China(Vol. 2,No. 1,March 2008)上。李德辉在《周勋初先生〈馀波集〉读后》中说:"五组文章表面上看似乎显得有些庞杂,实则既显示出周先生学术的独特风貌,也体现出该著的独特个性。本文将这种个性特点概括为以下六大方面。""一是强烈的还原意识和求真意识","二是探赜索隐的强烈兴趣","三是能于常见材料中发掘出有意义的问题,言论富于启发性和思辨性","四是对历史文化问题和现当代学术高度关注","五是非常讲究治学方法","六是长于以三言两语概括一个复杂问题"。(《透入到历史和文学的深处》,载《文学评论丛刊》第11卷第1期)

我在古典文献整理方面投入了不少精力,取得了不少成绩。好几种著作曾在全国评比中得奖。2013年,国家新闻出版广电总局、全国古籍整理出版规划领导小组首届向全国推荐优秀整理图书九十一种,我所整理或主持整理的著作共列入三种,有人誉为"入选数量之多,独一无二"。每一种大型的文献图书前端,我都写有深入研究的前言。

一、《韩非子校注》。这是"文革"中唯一留存下来的一种较大型的学术著作。彭鸿程在《近百年韩非研究综述》中说:"1976年南京大学《韩非子》校注组编写完成的《韩非子校注》,'利用各大图书馆珍藏的韩子善本,吸收前人的研究成果,对《韩非子》加以全面整理',力求达到'科学性与通俗性相结合'。在当时产生的法家著作整理本中,惟有这本书'坚持实事求是的治学方针,后又作了反复的修改',受到了读者的欢迎和专家的好评。"(《古籍整理研究学刊》2012年第2期)我任该书的统稿工作。2008年又负责修订,作了大量增补,质量续有提高。

2013年,《韩非子校注(修订本)》荣获首届江苏省新闻出版政府奖。

二、《唐语林校证》。此书于1987年由中华书局出版,列入"唐宋史料笔记丛刊",丛刊策划者中华书局副总编赵守俨在介绍丛刊时说:"这里应该特别提到的是周勋初先生所作《唐语林校证》。《唐语林》是一部不注出处的唐代笔记类编,体例略仿《世说新语》,由于编纂和流传中的问题,残缺、错乱不一而足,文字上误讹更是指不胜屈。……从事古籍整理的人常常说,要在研究的基础上进行整理,认为这样才能保证品质,这部书可以说是当之无愧的。"(《随笔和〈唐宋史料笔记丛刊〉》,《书品》1988年第4期)胡戟等人主编的《二十世纪唐研究》"文化卷"中说:"周勋初《唐语林校证》通过清理《唐语林》的资料来源,推究其取材范围和编纂、流传情况,对唐代若干小说集的原貌及在宋代的流传情况作了令人信服的考证,这一番正本清源的工作,将唐代小说研究整理的水准提升到一个新的高度,同时在文献上为唐代小说研究奠定了基础。"(中国社会科学出版社2002年版)此书于1993年获第一届国家古籍整理图书二等奖,2013年荣列首批国家推荐优秀古籍整理图书。

三、《唐人轶事汇编》。我任主编,严杰、武秀成、姚松负责具体工作,花了三四年的功夫始成。1995年上海古籍出版社出版。全书一百七十多万字,引用有关典籍近三百种,所收人物二千七百多名,体例上有很多新创。社长李国章为纪念该社创办而撰写的《四十载辛勤耕耘结硕果》中称此书为"专题性古籍整理的集成性作品"。尚古轩在向境外学者介绍《唐人轶事汇编》时说:"本书汇编的不经见于正史的唐人轶事,足以拓展视野,更深层次地了解其时的民俗风情、时代风尚和各阶层人众的社会心态,善于利用其中的珍贵史料,会大有助于突破前人成说,对一些史实作出更准确的解释和判断。"(香港《大公报》1997年4月15日)此书1999年获国家新闻出版署第二届全国古籍整理图书奖一等奖。

四、《宋人轶事汇编》。我任主编,葛渭君、周子来、王华宝负责具体工作。严杰加工审订。前后花了十六年的功夫始成。此书体例与《唐人轶事汇编》类同，乃姊妹篇，唯篇幅更长，所收的书与收录人数更多，全书有二百四十万字，所收人物二千三百多人，引用书籍五百四十多种。上海古籍出版社于2014年10月出版此书。他们把前言中的第二部分"唐宋人物轶事的不同风貌"先行在《中华文史论丛》2011年第3期(总第103期)上发表。王水照、侯体健《评〈宋人轶事汇编〉》曰："俗话说'一人劳而万人逸'，周勋初先生早年主编《唐人轶事汇编》，秉着精选精校的态度，荟萃三百多种笔记、杂史、传记之中的唐代人物，为我们提供了一部翔实可靠、便于阅读的唐史资料库。而今新辑《宋人轶事汇编》，传续《唐人轶事汇编》的编撰精神，不但注重材料的丰富性，也兼顾可靠性，在广搜博采的基础上精挑细选，由博返约，展现了一幅姿态万千、骨肉饱满的宋代人物书卷。如果要欣赏宋人风度，体味宋人情怀，感受宋人的雅致生活与书卷气息，此书恐怕比《宋史》更为合适。"(《中华读书报》2015年1月5日)

五、《唐钞文选集注汇存》。此间前时因闭关锁国之故，学界不知有唐钞《文选》之事，我在日本讲学之时带回了此书的二十三卷残佚材料的影本，再请日本、中国台湾地区与大陆朋友帮助，搜集残佚，将目下存世的二十四卷于2000年交由上海古籍出版社影印出版。2011年又出了增补本。《文选》学界的学人均有好评，学会会长许逸民在《〈文选〉学"史上的一座里程碑》中说："它标志着'新《选》学'研究在资料的占有上，达到了一个前所未有的新高度。对于今后的中国文学史研究，特别是'新《选》学'研究来说，《唐钞文选集注汇存》必将永远是弥足珍贵、取之不竭的史料宝藏，其影响之巨大和深远，想来不会在李善注、五臣注、六臣注等各类版本以下。"此书于2013年亦获列国家九十一种推荐优秀古籍整理图书。

六、《册府元龟(校订本)》。这是一部大型类书，宋真宗时编纂，内分"帝王""闰位"等三十一部，一千一百多门，部有总序，门有小序，大都从历史演变着眼，阐发部门政制的原则。所采以史籍为主，间及经、子，前人常是以为其中史料多常见书，不予重视，近代学者陈垣等人研究后方知，其中纳入的史籍均为宋以前的正史与各种经、子古本，可以纠正或补充目下流传者之缺憾，因而认识上有了根本改变。南京大学古典文献研究所乃组织人力花了十三年的功夫，整理出一种崭新的校订本。前人每以此书引文不注出处为憾，我们为绝大多数的条文找到了出处。我任该书主编，在《前言》中对此书的价值、内容与工作过程作了介绍。由于此书在史料学、校雠学、学术史上有巨大价值，出版后广获好评。学界认为，这是一部校勘精审、体例完善、使用便利的整理本。《光明日报》(2007年9月15日)、《中华读书报》(2007年8月8日)、《文汇读书周报》(2007年9月15日)、《古典文献研究》第11辑等报刊，发表了傅璇琮、安平秋、程毅中、卞孝萱、郁贤皓、陶敏、陈尚君、刘跃进、李德辉等十多名著名专家的书评，有的书评即以"整理中国古典文献的范例""近百年来古籍整理图书史上的典范"为题。此书先后获得多种奖励：2007年获首届中国出版政府奖，2013年又被列入国家九十一种推荐优秀古籍整理图书，还曾获得江苏省第十一届科学研究成果一等奖。

七、《全唐五代诗》。这是中国唐诗学界整理唐诗的集成之作。主编五人：周勋初、傅璇琮、郁贤皓、吴企明、佟培基。苏州大学与河南大学的唐诗研究室完成承担的任务后，由南京大学古典文献研究所负责全书的补写、校订、出版事宜。为此，南京大学文学院成立了工作委员会，动员各种力量完成任务。我作为第一主编，进行策划、组织与撰写各种相关文字。初盛唐部分已于2014年10月出版，全书将于2018年前后完成。这是中国传统文化中最重要的一项基本建设，出版后全国各大网站均有报道，《中华读书报》于2015年2月4日在头版头条上发表了记者吴非的专文《〈全唐五代诗〉全面超越〈全唐诗〉》，副标题为"集三百年研究成果之大成,为数千诗人立传"。

我还编过工具书,其中以《唐诗大辞典》的影响为最大。

《唐诗大辞典》。全书约一百五十万字,内分诗人、体类、著作、名篇、格律、典故、成语、胜迹八个部分,共收辞条约六千条。附录有《唐诗文献综述》与《唐诗大事年表》。书前有按笔画编排的分类目录,后有四角号码综合索引,便于检索。这是一部兼具知识性与学术性的大型工具书,江苏古籍出版社于 1990 年出版后,学界予以高度评价。《社会科学辑刊》1992 年 5 期以《创新·完备·精到》为题,向外宣示,刊载了中国大陆程千帆、王运熙,台湾地区罗宗涛以及日本学者松浦友久、村上哲见等多位知名学者的评语,备致赞誉。

教学实录

南京大学古代文学专业的导师教学时,总是先让学生提出问题,教师随方解答,或是由教师提出问题,由学生回答。这种方式,继承了中国书院制度教学时积累的一些经验,学生从中受益很多。

《师门问学录》。这是马来西亚籍学生余历雄自 2001 年 2 月至 2003 年 8 月止的一份听课记录,两周一次,用问答的方式探讨问题,全书即以记录稿为基础整理而成。此书可说是人文学科内独特的一种著作。内涵可称丰富,式样独特,至今未见第二种著作问世。探讨的问题,自先秦至近代,都能作出较深入的分析。这书很能反映我的个人特点。眼光不停留于某一时段或某一人物,力求帮助学生奔向广阔的治学道路。此书问世后,广受赞誉,评论甚多,增订本中即附入了五篇访谈录与九篇书评,帮助读者分从不同角度阅读此书。2010 年马来西亚文化事业有限公司也出了该书的增订本。

发扬师门学术

发扬师门学术，自是学生义不容辞之事。我除了撰有介绍胡小石师与其他老师的论文多篇外，还编有两种专著，尽到了学生的责任。

一、《胡小石文史论丛》。2008年，南京大学建校一百一十周年，出版社乃策划了一种"学术大家经典"丛书，我受命编写介绍小石师在文史领域中贡献的著作一种。小石师建树多端，而在文学史、诗学、楚辞、杜诗方面的贡献尤为突出。我从《胡小石论文集》与《胡小石论文集续编》中遴选诸文，且撰写了长篇提要，内附小石师书法多幅，还有徐悲鸿等人的评语多篇，后附谢建华编写的《胡小石学术年表》。

二、《罗根泽说诸子》。新中国成立初期，罗先生应人民出版社之约，编了一本《诸子考索》，收录他研究先秦诸子的论文多篇。由于其时正处于批判胡适的历史阶段，罗先生把部分文字作了精简或改动。2001年，上海古籍出版社编"蓬莱阁丛书"，邀我为根泽师编一本《罗根泽说诸子》，我乃遴选其中精品多篇编成，且将改动过的地方一一恢复原貌，前面增加了一篇前言，作为导读。

五、教书育人

我是一名教师，教好书，培养人才，是首要任务，必须努力完成。

2008年校方为我举办八十寿辰庆典，南京大学古代文学重点学科学术带头人莫砺锋教授在开幕式上致辞时说："尽管他社会工作十分繁忙，周勋初先生仍把最主要的精力投入到南京大学的教学活动和学术活动中去。作为一位教师，他既呕心沥血地辛勤笔耕从而著作等身，也循循善诱地培养学生，从而桃李满天下。"看到学生们事业有成，感到欣慰，这是我最大的满足。

回顾前尘,这段道路并不好走,可以说是历尽艰辛。以学校而言,则与南京大学这所老大学的具体情况有关。

自南京高等师范学堂经东南大学至中央大学,南京大学的前身一直是中国古代文学界的一座重镇,与北方的北京大学遥遥相对。只是越到后来情况越不妙,到了"文化大革命"结束之时已经跌到谷底,外界对我们的评语是"嗤之以鼻"。

自新中国成立初期起,南京大学古代文学专业就被一些持鲜明阶级观点的人视作"封建堡垒",历经反复清理,"封建堡垒"已荡然无存。截至1978年时,教研组内四十岁到五十岁的年轻教师都只有"讲师"职衔,五十岁至七十多岁的老年教师,全部是副教授。只有一位教授陈中凡先生,已年届九十,无法外出活动。因此,南京大学古代文学已无一个代表性的人物可以对外撑撑场面。

程千帆先生于1978年回母校工作,担负起了振兴这个学科的重任,吾等在他的率领下,经过十年奋斗,终于改变了局面。2013年我在纪念程千帆先生百年冥寿的纪念会上致辞时,引用了越王勾践的故事,"卧薪尝胆","十年生聚,十年教训",到了1988年第一次评比全国重点学科时,南京大学与北京大学的古代文学学科均被批准为首建重点学科,开始摆脱困境。嗣后,我们继续努力,后三次评比均膺此美名,成为国内外公认的学术重镇。我曾长期担任这一学科的学术带头人,竭尽绵薄,作出了贡献。

傅杰教授在《书林漫游录》中论及我的教学活动时说:"他与程千帆先生共同培养出一批杰出的学生,成为国内古典文学研究人才培养的成功范例,已是当之无愧的教授之教授,博导之博导。"(原载《文景》2005年第4期)这一美誉,虽觉受之有愧,却也为教学工作能得到他人首肯而高兴。

学校与本省领导给了我很大荣誉。1989年、1991年两次被江苏省教育厅授予"江苏省优秀研究生导师"称号，1995年被评为"江苏省普通高等学校优秀学科带头人"称号，1994年被南京大学评为"优秀学科带头人"，2014年则又被评为"南京大学荣誉资深教授"。

六、对外文化交流，传播中华文化

我们认识到，改革开放之后，中国业已进入一个新的时期，必须走出国门，积极从事对外文化交流。中国本是一个文明古国，古代文化向为世界各地人民所推崇、所仰慕，我们就应该尽其所能把我们掌握的材料和自己的成果向外宣扬。同样，国外汉学也已取得巨大成就，我们就应该广泛地吸收他们的研究成果。千百年来，中国的很多优秀文物流散世界各地，我们应该迎回流散他地的文献，弥补自身的不足。多年努力，成效颇著，现将我们的工作分为两项陈述。

一、举行大型会议，邀约国外及中国港澳台学者前来交流成果。90年代以后，我们举行了多次大型的国际国内学术会议，上至先秦的经术，下至近代的小说。其中几次会议收效巨大。

1990年举办的唐代文学会议，台湾学术界组成了一个十多人的高级代表团，包括台湾大学、政治大学、东海大学、东吴大学等处的许多知名教授。日本京都大学、早稻田大学等校的名教授，如兴膳宏、松浦友久，韩国汉城大学的车柱环，美国的倪豪士，还有中国香港的邝建行、陈志诚等教授，都热情参与。台湾"中央研究院"文哲研究所筹备处主任吴宏一教授认为此会把大陆学术会议的层次提升了一大步。

1995年举办的魏晋南北朝国际会议，来者有香港中文大学系主任邓仕梁，浸会大学系主任陈永明，香港大学教授何沛雄，台湾资深教授杨承祖、洪顺隆、胡楚生以及李立信、王国良，澳门大学邓国光；日本来者有清水凯夫、佐藤正光等人；中国大陆学人，如袁行霈、罗宗强、张少康、穆克宏等,均为一时人选。

1998年举办的辞赋国际会议,与会者有日本学者清水茂、美国学者康达维、中国台湾学者简宗梧等人,均为最负人望的国际知名学者。

我也屡获邀请赴外参加各种会议,港台及其他地区的会议不下数十次。其中规模盛大的有1991年新加坡国立大学举办的"国际汉学的回顾与前瞻会议",1995年马来亚大学举办的"传统思想与社会变迁国际学术研讨会"和韩国成均馆大学举办的"第五回东洋学会议"等。

二、招收国外学生,出国或至港台地区讲学。我前后招收过日本高级进修生多名,韩国博士生多名,马来西亚博士生一名,这最后一名博士生还把我的讲学内容记录了下来,整理成一本《师门问学录》。我还多次赴日本、美国和中国台湾、香港等地作学术讲演。1994年、1998年、2002年还分别至日本国立奈良女子大学和中国台湾清华大学、东海大学任教,与彼处学者进行了更广泛的交流。

我到各地访学时,喜欢参观各地的博物馆和图书馆,看到了不少珍贵的文物典籍,例如在东京东洋文库内,看到了《永乐大典》的几册原件;在大东急纪念文库中,看到了一种疑为宋本的《高常侍集》;在京都大学中央图书馆善本书室内,看到隋代刘炫的《孝经述义》残卷。其中最值得纪念的是,还从日本天理图书馆中复印了二十三卷《唐钞文选集注》残本,其后我又请日本、中国台湾地区和大陆的各界朋友援手,征集残佚,共得二十四卷,由上海古籍出版社先后出了两版,博得学术界的一致赞誉。很长一段时间内,大家对此一无所知,如今平添了一种保存大量唐代之前古注的善本,也就为《选学》的发展增添了活力。为此我花了很长时间,写了一篇很长的前言,作了详细介绍,也博得了大家的赞誉。

王充与两汉文风

王充在我国文学批评史上的地位，近人曾予多方论述，然据我看来，大家似乎比较注意分析理论本身的几个方面，而对他与汉魏六朝文学的关系，即影响一代学风转移的重大方面，却还缺少注意与叙述。今特就此荦荦大者，试作论证。

两汉文风重摹拟

在我国封建社会中，统治者用什么办法吸收知识分子参加官僚队伍，常能影响一代文风。例如唐代以诗取士，士子集中精力钻研诗艺，因而助长了唐诗的繁荣。这也是政治影响文学的一种表现。汉代虽然还没有形成完整的科举制度，但也有着组织官僚队伍的各种具体办法。除察举与征辟外，这项任务主要是由培养经生和提拔赋家来实现的。

通经和献赋成了文人踏进仕途的两条捷径。

《汉书·儒林传》赞曰："自武帝立五经博士，开弟子员，设科射策，劝以官禄，讫于元始，百有余年，传业者浸盛，支叶蕃滋。一经说至百余万言，大师众至千余人，盖禄利之路然也。"颜师古曰："言为经学者则受爵禄而获其利，所以益劝。"

《两都赋序》：

> 大汉初定，日不暇给。至于武、宣之世，乃崇礼官，考文章，内

设金马石渠之署,外兴乐府协律之事,以兴废继绝,润色鸿业。是以众庶悦豫,福应尤盛。……故言语侍从之臣,若司马相如、虞丘寿王、东方朔、枚皋、王褒、刘向之属,朝夕论思,日月献纳。而公卿大臣御史大夫倪宽、太常孔臧、太中大夫董仲舒、宗正刘德、太子太傅萧望之等,时时间作。或以抒下情而通讽谕,或以宣上德而尽忠孝,雍容揄扬,著于后嗣,抑亦《雅》《颂》之亚也。故孝成之世,论而录之,盖奏御者千有余篇,而后大汉之文章,炳焉与三代同风。

当时的一些著名赋家,如司马相如、东方朔、枚皋、王褒、张子侨、扬雄、崔骃、李尤等人,都以辞赋优异进入仕途。而且据张衡《论贡举疏》中的记载,最迟到东汉之时已经确立了考赋取士的制度。[①] 我们不知道这项制度贯彻到什么程度和持续了多久,但在它的影响之下,定然吸引住了大批热衷于为官作宦的文人的注意力,则是不成问题的。

但汉代文人的"正途"出身仍应以经学为上。这不仅是因为经师声誉崇高,赋家地位卑微,而且经师门徒众多,彼此提携,踏进仕途更容易些,猎取高位更顺利些。

自元帝积极倡导儒学之后,文士进入仕途,一般必须接受经学的训练。翻阅《汉书》《后汉书》中一些达官贵人的传记,诸如"经明行修""经术通明"之类的记载,数见不鲜。

《汉书·韦贤传》:

> 贤四子:长子方山,为高寝令,早终;次子弘,至东海太守;次子舜,留鲁守坟墓;少子玄成,复以明经历位至丞相。故邹鲁谚曰:

[①] 蔡邕《上封事陈政要七事》中的第五事与此同,不知此文作者究竟是谁?参看齐天举《〈论贡举疏〉辨》,载《中国古典文学论丛》第一辑,人民文学出版社1984年版。

"遗子黄金满籯，不如一经。"

《汉书·夏侯胜传》：

胜每讲授，常谓诸生曰："士病不明经术；经术苟明，其取青紫如俯拾地芥耳。学经不明，不如归耕。"

《后汉书·桓荣传》：

（光武帝）以荣为少傅，赐以辎车乘马。荣大会诸生，陈其车马印绶，曰："今日所蒙，稽古之力也，可不勉哉！"……荣初遭仓卒，与族人桓元卿同饥厄，而荣讲诵不息。元卿嗤荣曰："但自苦气力，何时复施用乎？"荣笑不应。及为太常，元卿叹曰："我农家子，岂意学之为利乃若是哉！"

这种学问已经成了谋取利禄的有效手段，那在占有这种知识的经学家看来，把它作为一笔财产传给子孙，当然是最合适不过的了，于是儒林中有所谓累世习经的世家出现。例如孔子一脉之在汉代者，多任博士之职，孔安国后以世传古文《尚书》《毛诗》有名，其孙孔霸至七世孙昱，凡卿相牧守五十三人，列侯七人；西汉大儒伏生亦世传经学，历两汉四百年；次如东汉桓氏，自桓荣以下，一家三代为五帝师，其余门徒多至公卿，显乎当世。上述事实说明：随着累世习经的出现，还产生了累世公卿的现象。诸如西汉之时韦、平二氏曾再世宰相，于氏为两世三公；东汉之时汉西杨氏四世皆为三公，汝南袁氏累四世凡五公。这些达官贵人都是"门生故吏遍天下"，备受士人景羡；其他无此喧赫而亦以经学累世通显者，不一而足。

大家知道,汉代的经学分为今文与古文两大学派。西汉盛行今文学派,东汉盛行古文学派。二者之间虽然经常产生矛盾,实则只是统治阶级内部的非原则纠纷,按其各别的经学内容来看,都是为了巩固封建政权而在作着各种自成体系的解释。由是经学上产生了所谓师法、家法等说。师法为解说某种经典的一家之言,家法则是从师法中分化出来的另一支派。西汉重师法,东汉重家法,愈分愈细碎,愈说愈支离,于是儒生年幼入学,皓首或不能说一经,本来用作统治阶级上层建筑的经学,同时又起到了束缚士人头脑的作用。

随着汉代政权的稳定,统治阶级要求一切社会秩序都趋于稳定,"天不变,道亦不变",就是为刘汉皇朝服务的正统思想也都应该稳定下来。为此统治者利用政治手段操纵学术活动,防止各学派内容的变质或相混,借以统制思想。例如西汉之时众人荐孟喜为博士,宣帝闻其改师法,遂不用。东汉之时光武立五经博士,令各以家法教授;安帝以经传之文多不正定,乃选刘珍等人诣东观各校雠家法;顺帝采纳左雄意见,命郡国所举孝廉皆诣公府,诸生试家法;永元之时,鲁丕上疏强调说经者传先师之言,非从己出,不得相让,相让则道不明,若规矩权衡之不可枉;徐防上疏言太学试博士弟子皆以意说不修家法,因而主张若不依先师义有相伐者皆正以为非,和帝诏书下公卿,皆从防言。凡此种种,无不表明汉代儒生在学习问题上受着清规戒律的重重束缚。可以说,汉代的经学,犹如迷信《圣经》的神学。博士弟子学习某种经典,必须恪守家法,这里只有盲目信从的义务,没有发表怀疑的权利。因此,一代代经学的传授,后代经师继承前人成说,只能愈来愈趋烦琐,不大可能出现新创的成分。这样,汉代的学术界自然弥漫着墨守成规的风气。

如上所述,汉代的经学对当时的士人有着极为巨大的影响,因此这种摹拟学风自然会波及其他文学领域。

汉魏六朝之时辞赋并称。由于刘汉皇室的提倡,西汉之时写作骚体的人很多。只是这批文人缺乏和屈原同样的品格和生活经历,因此他们的创作活动也就不免流为死板的模仿。王逸附入《楚辞章句》中的一些作品,就是明显的例证。《文心雕龙·时序》篇上说:"爰自汉室,迄至成、哀,虽世渐百龄,辞人九变,而大抵所归,祖述楚辞,灵均余影,于是乎在。"对此作了相当确切的概括和评判。

大赋这种文体是从楚辞之中演变出来的。早期赋家如司马相如等人的创作活动还有新创的成分,但到元、成之后的赋家也就深受摹拟学风的影响,很少出现新创的东西了。

汉赋固有想象丰富等特点,但赋家不从现实生活中去汲取养料,不能突破原有的体制格局,这样,他们的写作很快就形成了某种程式,一代代的作家也常是在摹拟中度过其创作生涯了。

根据近代文学史家的研究,可以把汉赋的演变分为四个时期:自汉初至武帝时为创始期,自武帝至元、成间为成熟期,自西汉末至东汉末为摹拟期,直到汉末魏初才重新转入创新期。比较起来,摹拟期历时最久,产生的作品最多,所谓汉赋四大家中的三家——扬雄、班固、张衡,都处在这一阶段。因此,这一时期的创作活动很能代表汉代的文学风气。

总起来说,汉代摹拟学风的形成原因很多,而受经学上墨守家法的风气的影响至为深巨。当时除了民间文学领域中还保持着旺盛的创造力外,在文人的圈子内创新的空气也就显得很淡薄了。可以说,自西汉元、成时起,不论大小作家,或多或少都受着摹拟学风的影响。当时的一些著名作品很多是有所承袭而来的。

胡小石先生曾制《两汉模仿文学一览表》[1]一种。兹就其内容重加增订,列表于下,供学术界参考。

---

[1] 载《中国文学史讲稿》第五章《汉代文学》,人文社 1930 年版。

两汉摹拟作品一览表

周秦	西汉	东汉	附注
周易	太玄 扬雄	玄图 张衡	《世说新语·文学》"庾仲初作《扬都赋》成"条下刘孝标注引王隐论扬雄《太玄经》曰："《玄经》虽妙，非益也，是以古人谓其屋下架屋。"
诗颂	赵充国颂 扬雄	安丰戴侯颂 班固 出师颂、和熹邓后颂 史岑 显宗颂 傅毅	《文心雕龙·颂赞》："若夫子云之表充国，孟坚之序戴侯，武仲之美显宗，史岑之述熹后，或拟《清庙》，或范《駉》《那》，虽浅深不同，详略各异，其褒德显容，典章一也。"
论语	法言 扬雄	郑志 郑玄	《后汉书·郑玄传》："（玄殁）门人相与撰玄答诸弟子问五经，依《论语》作《郑志》八篇。"
尔雅	方言 扬雄		《华阳国志》卷十上《蜀郡士女赞》："（雄以）典莫正于《尔雅》，故作《方言》。"《左传》庄公四年"楚武王荆尸，授师孑焉"下孔颖达疏："扬雄以《尔雅》释古今之语，作书拟之，采异方之语，谓之《方言》。"
苍颉篇	凡将篇 司马相如 训纂篇 扬雄	十三章 班固	《汉书·艺文志》："汉兴，闾里书师合《苍颉》《爰历》《博学》三篇，断六十字以为一章，凡五十五章，并为《苍颉》篇。……至元始中，征天下通小学者以百数，各令记字于庭中。扬雄取其有用者以作《训纂》篇，顺续《苍颉》。……臣复续扬雄，作十三章。"
虞箴	十二州箴 扬雄 二十五官箴 扬雄	百官箴 崔骃、崔瑗、刘騊骏、胡广	《后汉书·胡广传》："初，扬雄依《虞箴》作《十二州（箴）》《二十五官箴》，其九箴亡阙。后琢郡崔骃及子瑗又临邑侯刘騊骏增补十六篇，广复继作四篇，文甚典美。乃悉撰次首目，为之解释，名曰《百官箴》，凡四十八篇。"

续表

周秦	西汉	东汉	附注
离骚	广骚 扬雄 反离骚 扬雄 吊屈原文 贾谊	慰志 崔篆 显志 冯衍 幽通 班固 思玄 张衡 玄表 蔡邕 悼离骚 班彪 悼骚赋 梁竦 吊屈原文 蔡邕	陆机《遂志赋序》："昔崔篆作诗以明道述志,而冯衍又作《显志赋》,班固作《幽通赋》,皆相依仿焉。张衡《思玄》、蔡邕《玄表》、张叔《哀系》,此前世之可得言者也。崔氏简而有情,《显志》壮而泛滥,《哀系》俗而时靡,《玄表》雅而微素,《思玄》精练而和惠,欲丽前人,而优游清典,漏《幽通》矣。" 《文心雕龙·哀吊》："自贾谊浮湘,发愤《吊屈》,体周而事核,辞清而理哀,盖首出之作也。……扬雄吊屈,思积功寡,意深文略,故辞韵沉腴。班彪、蔡邕,并敏于致语,然影附贾氏,难为并驱耳。"
九辩	九怀 王褒 九叹 刘向	九思 王逸	
九章	畔牢愁 扬雄		
	子虚赋 司马相如 上林赋 司马相如 羽猎赋 扬雄 长杨赋 扬雄 甘泉赋 扬雄 河东赋 扬雄	论都赋 杜笃 两都赋 班固 两京赋 张衡	《容斋五笔》卷七："自屈原词赋假为渔父、日者问答之后,后人作者悉相规仿:司马相如《子虚》《上林》赋以子虚、乌有先生、亡是公,扬子云《长杨赋》以翰林主人、子墨客卿,班孟坚《两都赋》以西都宾、东都主人,张平子《两京赋》以凭虚公子、安处先生,左太冲《三都赋》以西蜀公子、东吴王孙、魏国先生,皆改名换字,蹈袭一律,无复超然新意稍出于法度规矩者。"
招魂(?) 大招(?)	七发 枚乘 答客难 东方朔	七激 傅毅 七兴 刘广世 七依 崔骃 七款 李尤 七辩 张衡	《史通·序例》："方朔始为《客难》,续以《宾戏》《解嘲》;枚乘首唱《七发》,加以《七章》《七辩》。音辞虽异,旨趣皆同,此乃读者所厌闻,老生之恒说也。"《容斋随笔》卷七："枚乘作《七发》,创意造

续表

周秦	西汉	东汉	附注
对楚王问宋玉	解嘲扬雄 解难扬雄	七广马融 七苏崔瑗 七说桓麟 七蠲崔琦 七举刘梁 七设桓彬 答宾戏班固 达旨崔骃 应间张衡 应宾难侯瑾 答讥崔寔 释诲蔡邕	端，丽旨腴词，上薄骚些，盖文章领袖，故为可喜。其后继之者，如傅毅《七激》、张衡《七辩》、崔骃《七依》、马融《七广》、曹植《七启》、王粲《七释》、张协《七命》之类，规仿太切，了无新意；傅玄又集之以为《七林》，使人读未终篇，往往弃诸几格。……东方朔《答客难》，自是文中杰出；扬雄拟之为《解嘲》，尚有驰骋自得之妙；至于崔骃《达旨》、班固《宾戏》、张衡《应间》，皆屋下架屋，章摹句写，其病与《七林》同。"
	封禅书 司马相如 剧秦美新 扬雄	典引班固	《文心雕龙·封禅》："及扬雄《剧秦》，班固《典引》，事非镌石，而体因纪禅。观《剧秦》为文，影写长卿，诡言遁辞，故兼包神怪。然骨掣靡密，辞贯圆通，自称极思，无遗力矣。"
易（？）	连珠扬雄	连珠 杜笃、班固、傅毅、贾逵、刘珍、蔡邕、潘勖	沈约《注制旨连珠表》："窃寻连珠之作，始自子云，放《易》象论，动模经诰。"（《艺文类聚》卷五十七引）

扬雄与王充文学思想的对立

　　汉代自武帝起，思想定于一尊，统治者规定了烦琐的法定学说，驱使学者入其规范。流风所及，不但儒家中人重墨守，其他学派的人也沾染了摹拟的习气。《三国志·蜀书·秦宓传》载古朴论蜀郡文士时说："严君平见'黄老'，作《指归》。扬雄见《易》，作《太玄》；见《论语》，作《法言》。"严君平是道家中人，本以清静无为为宗，而亦重摹拟，可见其时这种学风影响之大。

但汉代的摹拟大师毕竟首推扬雄。这从《两汉摹拟作品一览表》中也不难看出。他自己还曾自述摹拟活动之梗概。

> 顾尝好辞赋。先是时,蜀有司马相如,作赋甚弘丽温雅,雄心壮之,每作赋,常拟之以为式。又怪屈原文过相如,至不容,作《离骚》,自投江而死,悲其文,读之未尝不流涕也。……乃作书,往往摭《离骚》文而反之,自岷山投诸江流以吊屈原,名曰《反离骚》;又旁《离骚》作重一篇,名曰《广骚》;又旁《惜诵》以下至《怀沙》一卷,名曰《畔牢愁》。(《汉书·扬雄传》)

班固在《扬雄传》中也曾作过具体论述:

> 实好古而乐道,其意欲求文章成名于后世,以为经莫大于《易》,故作《太玄》;传莫大于《论语》,作《法言》;史篇莫善于《苍颉》,作《训纂》;箴莫善于《虞箴》,作《州箴》;赋莫深于《离骚》,反而广之;辞莫丽于相如,作四赋:"皆斟酌其本,相与放依而驰骋云。"

扬雄是严君平的弟子,又是儒家学说的忠实信徒,为人"默而好深湛之思",喜作理论上的探索。他既是个经学家,又是个文学家,处在墨守家法极为严重的社会里面,而又身当复古风气极浓的王莽时代,各方面条件的孕育,促成他当上了文学理论上摹拟派的代表。

东汉初年的桓谭在《新论》中有如下的记载:

> 扬子云工于赋,王君大习兵器。余欲从二子学。子云曰:"能读千赋则善赋。"君大曰:"能观千剑则晓剑。"谚曰:"伏习象神,巧

者不过习者之门。"(《意林》卷三引,并见《艺文类聚》卷五十六、《北堂书钞》卷一〇二)

扬雄的这种意见就很有代表性。在他看来,写作赋篇,用不到在生活中积累知识,只要反复阅读他人的作品,熟能生巧,也就可以写出类似的作品了。后代一些主张摹拟的理论,所谓"熟读唐诗三百首,不会吟诗也会吟"等说,与此有着一脉相承的关系。

扬雄的作品,可作上述学说的例证,里面充塞着学问,很少显露性灵。《文心雕龙·才略》篇中说:"自(司马长)卿、(王子)渊以前,多役才而不课学;(扬)雄、(刘)向已后,颇引书以助文。此取与之大际,其分不可乱者也。"说明他的创作倾向还开启了一代风气,文士的作品中开始充塞儒家典籍中的辞句。刘勰在《事类》篇中进一步论述道:"扬雄《百官箴》,颇酌于《诗》《书》;刘歆《遂初赋》,历叙于纪传:渐渐综采矣。"其后沿此道路而向前发展的人,更是习惯于以学识代替才情了。

《法言》里面还有一些类似经师口气的话,例如《学行》篇中说:"务学不如务求师。师者,人之模范也。……一哄之市,不胜异意焉;一卷之书,不胜异说焉。一哄之市,必立之平;一卷之书,必立之师。"进而要求遵从一家之说。

扬雄推崇孔子,推崇五经,可谓不遗余力。他"窃自比于孟子"(《法言·吾子》),平时"非圣哲之书不好"(《汉书·扬雄传》),带有极浓厚的儒家复古色彩。《法言·寡见》篇曰:"或问:'处秦之世,抱周之书,益乎?'曰:'举世寒,貂狐不亦燠乎!'"也就是说古代的五经可起覆被后世的作用。由此出发,他强调一切都应以圣人之道为准则。"舍舟航而济乎渎者,末矣;舍五经而济乎道者,末矣。弃常珍而嗜乎异馔者,恶睹其识味也?委大圣而好乎诸子者,恶睹其识道也?"(《吾子》)"好书而不要诸仲尼,书肆也;好说而不要诸仲尼,说铃也。"(同上)"或曰:'人各是其所是,而非其所非,将谁使正之?'曰:'万物纷错,则悬诸天;众言淆乱,则折诸圣。'或曰:'恶睹乎圣而折诸?'曰:'在则人,亡则书,其统一也。'"(同上)自他建立这种较完整的原道、征圣、宗经学说之后,由于适应地主阶级政权建立上层建筑的要求,它也就成了我国封建社会中统治阶级的法定正统思想。

五经的文章写得都较简单,先秦的语言和汉代的语言已有距离,因此当时的人学习经典都有困难,大家感到深奥而难于掌握,但在多识古文奇字而又不理会时人要求的扬雄看来,这反而成了一种优点,因此他进而提倡文必艰深之说。

> 或问曰:"圣人之经不可使易知欤?"曰:"不可。天俄而可度,则其覆物也浅矣;地俄而可测,则其载物也薄矣。大哉!天地之为万物郭,五经之为众说郭。"(《法言·问神》)

扬雄认为圣人之道深奥莫测,非常人所能窥及,而经典内容形式上的艰深,正是可与天地并列的优异之处。他的哲学著作也是模仿经典形式而成的。这样的作品,就在当时已经遭到他人的责难,尤其是玄之又玄的《太玄》,更难令人卒读,而他反在《解难》中辩解道:"是以声之眇者,不可同于众人之耳;形之美者,不可混于世俗之目;辞之衍者,不可齐于庸人之听。……孔子作《春秋》,几君子之前睹也;老聃有遗言,贵'知我者稀',此非其操与!"从他这种孤芳自赏的可笑态度中也就可以看到摹拟派脱离现实的严重了。

这里还应指出,扬雄说的"形之美者",并非指藻彩。在质与文的关系上,他是主张华实相副而又以质为先的。当然,他所强调的内容,大抵是些经典之陈言,因而并不显得新鲜和可贵。他所主张的文,也只是要求文字上的雕琢。《法言·寡见》篇中说:"或曰:'良玉不雕,美言不文,何谓也?'曰:'玉不雕,玙璠不作器;言不文,典谟不作经。'"这段文字也只有联系他的宗经思想和雕琢文风才能理解。

总起来说:扬雄主张复古,主张艰深,主张雕琢,以学问代替才情,以模仿代替创造,构成了系统的摹拟理论,而这也正是后代一切摹拟派的共同特点。因此,我们完全可以把他列为汉代摹拟学派的代表人物。可以说,扬雄是我国摹拟文学的开山祖师,摹拟理论的奠基者。

扬雄的学说,迎合统治阶级的需要,很受时人尊重;但随后出身于"细族孤门"的王充却提出了另一种与此相反的学说,对其作了实质上的批判。

有人认为:王充很推崇桓谭,桓谭最推崇扬雄,因此东汉文论都出于扬雄。这种看法怕是对两汉思想斗争的复杂情况估计不足。我认为:从哲学上说,扬雄和王充都反对谶纬神仙之学,因而属于同一阵营;但从文学上说,扬雄主张摹拟,王充则强调创新,二者正相对立。可以说,《论衡》中涉及文学理论的一些文字,差不多都是针对摹拟派而发的。

王充曾对其当代各种类型的文人作过详细的分析,他对统治阶级最为重视的经师和经生评价最低。《定贤》篇中说:

> 以经明带徒聚众为贤乎?则夫经明,儒者是也。……传先师之业,习口说以教,无胸中之造,思定然否之论。邮人之过书、门者之传教也,封完书不遗,教审令不遗误者,则为善矣。儒者传学,不妄一言,先师古语,到今具存,虽带徒百人以上,位博士、文学,邮人、门者之类也。

可以看到,王充不但重视学术思想上的创造性,而且注意这种思想一定要对现实有所裨益,而这正是当时的文人最为无能的地方。就是那些阅读面比较广泛的"通人",虽然"通书千篇以上,万卷以下,弘畅雅闲,审定文读,而以教授为人师……然而不能伐木以作室屋,采草以和方药",他们既缺乏劳动的本领,又缺乏解决实际事务的能力,只能停留在一些古人留下来的僵死的书本知识上面。王充极不满意这种脱离实际的学风,"凡贵通者,贵其能用之也。即徒诵读,读诗讽术,虽千篇以上,鹦鹉能言之类也"(《超奇》),"诸生能传百万言,不能览古今。守信师法,虽辞说多,终不为博"(《效力》)。点明了经学界墨守家法所带来的严重弊病。

与此相关,上述各种摹拟派的论点也一一遭到了驳斥。

王充的作品,不论从内容或形式来看,都有与众不同的特点,因而引起了旁人的讥议。《论衡·自纪》篇中记载道"充书既成,或稽合于古,不类前人",有人提出了这样的疑问:"文不与前相似,安得名佳好,称工巧?"

王充答复道:

　　饰貌以强类者失形,调辞以务似者失情。百夫之子,不同父母;殊类而生,不必相似:各以所禀,自为佳好。文必有与合,然后称善,是则代匠斫不伤手,然后称工巧也。文士之务,各有所从,或调辞以巧文,或辩伪以实事。必谋虑有合,文辞相袭,是则五帝不异事,三王不殊业也。……谓文当与前合,是谓舜眉当复八采,禹目当复重瞳。(《自纪》)

这就有力地批判了摹拟派的主要论点。王充认为作家要有显著的创作个性,不能当古人的传声筒。从上面举的例子来看,他还认识到世事是在发展着的,因而文学所要解决的实际事务也有不同。当时的儒生就是不懂这种道理,死抱住几部经典不放,因而成了既不知今又不知古的"盲瞽"与"陆沉"。

王充进而对弥漫于汉代社会的是古非今学风作了分析。《案书》篇中说：

> 夫俗好珍古不贵今，谓今之文不如古书。夫古今一也，才有高下，言有是非，不论善恶而徒贵古，是谓古人贤今人也。

这种风气又是怎样形成的呢？他在《齐世》篇中作了解释："世俗之性，贱所见，贵所闻也。"这种认识当然是很肤浅的，因为厚古薄今风气的形成，首先是一个社会问题，有着政治方面的原因，不单纯是个人的认识问题，不能用人的心理现象来解释。但他提出的正面意见则是合理的，"盖才有浅深，无有古今；文有伪真，无有故新"，也就是说古人未必贤于今人。王充极力推崇当代某些名不见经传的人物，如会稽周长生辈，认为可与刘向、扬雄并驾齐驱，这种看法也是与众不同的。

有人举出艰深一项，作为经典的长处，攻击明白浅显的文字。《论衡·自纪》篇中记载道："或曰：口辩者其言深，笔敏者其文沉。案经艺之文，贤圣之言，鸿重优雅，难卒晓睹，世读之者，训古乃下。盖贤圣之材鸿，故其文语与俗不通。"他们并且讥笑王充的文字道："岂材有浅极，不能为深覆，何文之察，与彼经艺殊轨辙也？"

王充的答复非但坚决有力，而且很合科学的道理。他首先从文字与语言的关系说起：

> 夫文由语也，或浅露分别，或深迂优雅，孰为辨者？故口言以明志，言恐灭遗，故著之文字。文字与言同趋，何为犹当隐闭指意？（《自纪》）

用现在的话来说，文字是语言的书面符号，语言是社会的交际工具。王充接触到了这些问题,并就此提出了有力的反问:既然人们交谈时要求说得精确易懂,那用文字记述时又为什么反其道而行之呢?"夫笔著者欲其易晓而难为,不贵难知而易造;口论务解分而可听,不务深迂而难睹。"(《自纪》)这种论证方式,逻辑谨严,很有说服力。

其次,王充对经典之所以艰深的道理作了说明:

> 经传之文,贤圣之语,古今言殊,四方谈异也。当言事时,非务难知,使指闭隐也。后人不晓,世相离远,此名曰语异,不名曰材鸿。浅文读之难晓,名曰不巧,不名曰知明。(《自纪》)

他明确指出:古代典籍之所以难读,有古今语言不同的原因,也有方言不同的原因。这种解释符合实际情况。

联系文学作品来说,王充认为"口论以分明为公,笔辩以获露为通,吏文以昭察为良。深覆典雅,指意难睹,唯赋颂耳!"(《自纪》),也就点明了写作汉赋时摹拟文风中的艰深之弊。

众所周知,王充的文字与汉代一般文人写的作品有着显著的不同。可能他所使用的语言较为接近汉代口语,故而显得明白晓畅。但也正因如此,这引起了当时注重雕琢文风的人的不满。有人提出"文必丽以好,言必辩以巧",攻击"充书不能纯美"。王充针锋相对地指出:"为文欲显白其为,安能令文而无谴毁?救火拯溺,义不得好;辩论是非,言不得巧。"(《自纪》)这段文字似与《超奇》篇中"外内表里,自相副称"的主张有矛盾,实则他在这里只是强调了及时参加论辩的重要。写作时可不能光顾雕琢文字而妨碍急迫的学术论战的开展。这些话中固然也有说得过于绝对的地方,好像论辩之时无法避免产生缺点似的,但其基本精神仍不难掌握,读者还是可以从中看到他一贯的战斗作风。

总起来看:王充反对摹拟,主张独创;反对厚古,主张重今;反对艰深，主张明白浅显；反对雕琢，主张言文一致；反对不会处理任何事情的经生，推崇卓绝不循的鸿儒……无一不与摹拟派的理论对立。从这些地方看，我们完全可以称他为两汉摹拟学风的破坏者。

王充的文学理论主要见于《论衡·自纪》篇，这篇文字就是采用论辩的方式写成的。站在王充对立面的人，所持的理论根据，可以说都代表了摹拟派的意见，与扬雄的理论最为近似。当然，我们不知道这些人与扬雄之间究竟有无关系，但从文学理论的渊源来说，有理由把他们归入扬雄学说的系统之中。

王充对扬雄的为人曾有很多赞誉，也曾见过《法言》，在反驳上述各项论点时又不提对方名字，因而或许有人会怀疑是否可将这些论点纳入以扬雄为代表的摹拟派的理论体系之中。关于这点，我们可作这样的解释：王充著作《论衡》的主旨，是在"疾虚妄，归实诚"，批判谶纬之学。细按《论衡》中的论点，差不多都是针对这种神学思想的奠基者董仲舒的论点而发的。但或许是有所避忌的缘故，或许是论辩对象不太明确的缘故，或许是古人行文之法与现在不同的缘故，《论衡》之中却很少见到直接点名批评董仲舒的地方；相反，他在不少篇章中还以赞誉的口气提到了董仲舒的为人和作品。这种情况可以作为分析他与扬雄的关系的旁证。

总的说来，在汉代的文学理论领域中，扬雄是摹拟派的代表，王充则反对摹拟，强调创新。从实质上看，二者正相对立。这场正统与异端的斗争，乃是文艺领域中意识形态斗争的曲折表现。

对后代文风的影响

考察扬雄和王充对后代文学的影响也是饶有兴味的。

扬雄以摹拟著称，自然起过不好的影响，但他和后代那些甘当古人影子的文人相比,还是有其不同的地方。因为他学术上功夫很深,临文时构思很苦,因此他的作品虽然创造性不大,但也并非一无可称。特别是像《方言》等学术著作,更是具有很高的价值。因为这类作品综合了前人搜集的材料和研究的成果,不但在内容上而且在形式上都有新的发展,因此他在文学史或学术史上理当占有一席之地。

王充学说产生的影响颇为特殊。由于他的社会地位不高,居处僻远,因而他的文学理论一时不能产生明显的影响。但是这种先进思想富有生命力,它像一条潜伏着的暗流,一待政治空气适宜,也就以各种方式渗透出来。它动摇了两汉摹拟学风的基础,影响了魏晋文风的转变,推动了后代文学理论的发展。

这里也应看到,王充是封建社会中的异端学派,敢于"问孔""刺孟"的人物,因而就在儒家正统思想大为削弱的魏晋时代,直接引用他的理论的人也是不多的。只有"方外之士"如葛洪等人才敢于称他为"冠伦大才",并且毫无顾忌地介绍了他的学说。但是我们如果按之实际,也就不难发现,魏晋南北朝时期很多的新思想和新作风,推动文学发展的新动力,都可在《论衡》中发现其因子。

下面简单地介绍一下他对魏晋南北朝文学影响最大的几个方面。

(一)曹丕写作《典论·论文》,对魏晋以后的文学影响很大。他反对"常人贵远贱近,向声背实",也可看作王充的理论在新的历史条件下的发展。其后葛洪更进而倡言文学今胜于古之说,所持的论点,差不多都是从王充的学说中脱胎而出的。即如《抱朴子·钧世》篇中最大胆的一些论点,"今诗与古诗,俱有义理,而盈于差美","且夫《尚书》者,政事之集也,然未若近代之优文诏策、军书奏议之清富赡丽也;《毛诗》者,华彩之辞也,然不及《上林》《羽猎》《二京》《三都》之汪濊博富也",在《论衡》中也可找到类似的说法。《须颂》篇中说:"素车朴船,孰与加漆采画也。然则鸿笔之人,国之船车采画也。"他还举出具体的例子说:"又《诗》颂国名《周颂》,与杜抚、(班)固所上汉颂,相依类也。"(《须颂》)"观杜抚、班固等所上汉颂,颂功德符瑞,汪濊深广,滂沛无量。逾唐虞,入皇域,三代隘辟,厥深洿沮也。"(《宣汉》)这些都是封建社会中最彻底的反复古主义的理论。二人都认为当代的作品超过了前代的经典。

王充在《齐世》《宣汉》《恢国》《须颂》等篇中对汉代统治者作了很多不确当的褒赞,可以说是《论衡》中问题最多的部分。他之所以肯定当代的作品,与葛洪的出发点也不尽一样。但他强调汉代的政治文化超越三代,则定会给葛洪等人的今胜于古之说以启发。

(二)由上所言,可知王充也很重视"文"的方面,他在《书解》篇中说:"衣服以品贤,贤以文为差;愚杰不别,须文以立折。"葛洪在《抱朴子·钧世》篇中则说:"方之于士,并有德行,而一人偏长艺文,不可谓一例也。"看来也是前者论点的进一步发展。

紧接上文,王充还发挥道：

> 非唯于人,物亦咸然:龙鳞有文,于蛇为神;凤羽五色,于鸟为君;虎猛,毛蚡蟧;龟知,背负文:四者体不质,于物为圣贤。且夫山无林,则为土山;地无毛,则为泻土;人无文,则为仆人。土山无麋鹿,泻土无五谷,人无文德,不为圣贤。上天多文而后土多理,二气协和,圣贤禀受,法象本类,故多文彩。(《书解》)

这种论点,尤其是叙及天、地、人文的部分,与《文心雕龙·原道》中的论点就很近似:

> 夫玄黄色杂,方圆体分,日月叠璧,以垂丽天之象;山川焕绮,以铺理地之形。此盖道之文也。仰观吐曜,俯察含章,高卑定位,故两仪既生矣。惟人参之,性灵所钟,是谓三才。为五行之秀,实

天地之心。心生而言立，言立而文明，自然之道也。……夫以无识之物，郁然有彩；有心之器，其无文欤？

二者之间也应当有继承与发展的关系。

（三）《书解》篇中还用论辩的方式，讨论了文儒与世儒"何者为优"。

按照汉代热衷于猎取高官厚禄的儒生的势利眼看来，"世儒说圣人之经，解贤者之传，义理广博，无不实见，故在官常位，位最尊者为博士。门徒聚众，招会千里，身虽死亡，学传于后。文儒为华淫之说，于世无补，故无常官，弟子门徒不见一人，身死之后，莫有绍传"。比较起来，似乎文儒确是不如世儒。

王充的看法却与此相反，他认为世儒不如文儒。这不光是因为"世儒业易为"，"文儒之业，卓绝不循"，而且还因为世儒必须依靠文儒才能名传后世。

> 案古俊乂著作辞说，自用其业，自明于世；世儒当时虽尊，不遭文儒之书，其迹不传。周公制礼乐，名垂而不灭；孔子作《春秋》，闻传而不绝。周公、孔子难以论言。汉世文章之徒，陆贾、司马迁、刘子政、扬子云，其材能若奇，其称不由人。世传《诗》家鲁申公，《书》家千乘、欧阳、公孙，不遭太史公，世人不闻。夫以业自显，孰与须人乃显？夫能纪百人，孰与廑能显其名？

这种论点，在《典论·论文》中也起了回响："盖文章，经国之大业，不朽之盛事。年寿有时而尽，荣乐止乎其身，二者必至之常期，未若文章之无穷。是以古之作者，寄身于翰墨，见意于篇籍，不假良史之辞，不托飞驰之势，而声名自传于后。"不难发现，二者立论有相通处。应该说，后者的意见受到了前者的影响。

这些理论，都有不妥的地方，那就是受了"三不朽"思想的影响，把"声名自传于后"作为文儒的优胜之点。但是这些理论之中也有新的因素，那就是提高了文人的地位，强调了文学的价值，而这正是促使魏晋以后的文学迅速发展的重要因素。

汉代的辞赋作家，一般都属文学侍从之臣。他们的作品，很多是娱悦统治者的点缀品。文学丧失了反映现实、教育社会的功能，因此辞赋之中出现了"劝百讽一"的不良现象。《论衡·谴告》篇中说："孝成皇帝好广宫室，扬子云上《甘泉颂》，妙称神怪，若曰非人力所能为，鬼神力乃可成。皇帝不觉，为之不止。"扬雄为此甚至丧失了信心，不愿再从事文学事业。可见两汉文人对文学的价值普遍认识不足。这样也就压抑了文学的生命，阻碍了文学的正常发展。

王充的意见，对汉代统治者和上层文人的偏见作了针砭。曹丕更是大声疾呼，把文学的价值强调到了前所未有的高度。王充将文章与文学并列，曹丕将诗赋与学术著作并列，在当时的历史条件之下，这些都是大胆打破两汉传统观点的新见解，它对促进魏晋以后文学的发展起了很大的作用。

综上所言，可知魏晋南北朝时一些有利于文学独立发展的观点，如文学今胜于古，文学应该重视形式，文学有很大的社会价值等学说，都导源于王充的反摹拟理论；不过其后文学趋向于形式主义，则又断非王充始料所及的了。

魏晋南北朝时文学风气的变化，主要应从社会政治情况的变动中去寻求解答，但就文学理论的继承发展而言，当然也有由先驱者传授下来的思想资料作为前提的问题。王充的文学理论，批判了汉代正统的摹拟学风，起了提供文学理论新的思想资料的作用，虽然是间接地但却是有力地推动了魏晋南北朝时文学的发展，因此他在我国文学批评史上理应占有重要的地位。

魏氏"三世立贱"的分析

《三国志》卷五《魏书·后妃传》裴松之注引孙盛曰:"魏自武王(曹操),暨于烈祖(曹叡),三后之升,起自幽贱。"这在古代帝王的婚配问题上确属罕见的现象,可以就此作些分析。

曹操的妻妾

大家都称曹操是英雄。按照我国的传统观念,才子始爱佳人,而英雄是不好女色的,但曹操却是例外,他非常喜好美色。《三国志》卷二十《魏书·武文世王公传》记"武皇帝二十五男",生有子嗣的后妃姬妾就有十四人之多。① 这种情况当然不足以证明上述论点,因为它只能算作古代多妻制度下的一般情况,是为腐朽的封建制度所认可了的,不能苛求于一人。地位显赫如曹操,必然拥有众多姬妾,通例如此,也不必多所责怪。只是从这些女人的出身来看,却是颇有其特点。

《三国志》卷三《魏书·明帝纪》裴松之注引《献帝传》:

> (秦)朗父名宜禄,为吕布使诣袁术,术妻以汉宗室女。其前妻杜氏留下邳。布之被围,关羽屡请于太祖,求以杜氏为妻,太祖疑其有色,及城陷,太祖见之,乃自纳之。……朗随母氏畜于公宫,太

---

① 曹幹本陈妾子,母死,曹操令王夫人养之,见裴松之注引《魏略》。

祖甚爱之,每坐席,谓宾客曰:"世有人爱假子如孤者乎?"

《三国志》卷九《魏书·何晏传》裴松之注引《魏略》:

> 太祖为司空时,纳晏母并收养晏,其时秦宜禄儿阿苏亦随母在公家,并见宠如公子。苏即朗也。苏性谨慎,而晏无所顾惮,服饰拟于太子,故文帝特憎之,每不呼其姓字,尝谓之为"假子"。

杜、尹二氏,在曹操的姬妾中是记叙得较为明白的二人,她们都以有色而被掠入宫,这就反映出了曹操喜好女色的特点。

杜、尹二氏都是有夫之妇。两汉之时,对于女人的贞操观念虽然不像宋学大兴之后那么趋于极端,但自元、成之后,随着儒家思想的定于一尊,这方面的伦理观念却也逐渐严格起来了。曹操对此无所拘忌,并且以此作为侠气的表现,《世说新语》卷六《假谲》:"魏武少时,尝与袁绍好为游侠。观人新婚,因潜入主人园中,夜叫呼云:'有偷儿贼!'青庐中人皆出观,魏武乃入,抽刃劫新妇,与绍还出。"等到他拥有很大的权势之后,仍然乐此不疲,为此还曾闹出过很大的乱子。《三国志》卷八《魏书·张绣传》:"太祖南征,军淯水,绣等举众降。太祖纳(张)济妻,绣恨之。太祖闻其不悦,密有杀绣之计。计漏,绣掩袭太祖。太祖军败,二子没。"这是因为彪悍的张绣非秦宜禄之流可比,而曹操常掠夺已经婚配之妇,从不计及后果,确能予人很深的印象。杜牧《赤壁》诗曰:"东风不与周郎便,铜雀春深锁二乔。"《三国演义》第四十四回《孔明用智激周瑜》中谈到诸葛亮游说东吴时,曾以"揽二乔于东南兮,乐朝夕之与共"来激怒孙权与周瑜,虽然出之于诗人的想象与小说家的编造,但却是抓住了曹操的性格特征,故而后人常信以为真。

曹操的礼法观念很淡薄,大约他只是把男女好合看作一种正常的生理现象,因此并不追求什么"妇德"。同样,他也并不要求人家为他守节。正是为了强求张济之妻,激起张绣的叛变,长子曹昂在兵乱中被杀。《三国志》卷五《魏书·武宣卞皇后传》裴松之注引《魏略》曰:"太祖始有丁夫人,又刘夫人生子脩及清河长公主。刘早终,丁养子脩。子脩亡于穰,丁常言:'将我儿杀之,都不复念!'遂哭泣无节。太祖忿之,遣归家,欲其意折。后太祖就见之……夫人不顾……遂与绝,欲其家嫁之,其家不敢。"这就不免使人想起齐桓公的事情来了。蔡人嫁了他所出之妇,齐桓公愤而兴兵讨伐。时隔几百年后,曹操能够不以出妻忤旨为嫌,并且希望对方嫁出去,确是难能可贵的"豁达大度"。《让县自明本志令》中还曾提到他常语众妾,"顾我万年之后,汝曹皆当出嫁",更是不同寻常的思想境界。在这个问题上,曹丕也秉有父风,《三国志》卷二《魏书·文帝纪》言其疾笃时,"遣后宫淑媛、昭仪已下归其家"。大约他们能够以己度人,尊重对方正常的生活之欲,故而有此措施的吧。

曹操的与众不同之处,还在其视"假子"如己出,何晏因此而遭到忌恨。尽管曹丕等人对此不满,曹操本人却是胸无芥蒂,没有什么世俗之见。《世说新语》卷四《夙惠》:"何晏七岁,明惠若神,魏武奇爱之。因晏在宫内,欲以为子,晏乃画地令方,自处其中。人问其故,答曰:'何氏之庐也。'魏武知之,即遣还。"说明何晏的得宠,不下于秦朗,亦不下于其己出诸子。

曹丕、曹植的生母卞氏,出身也"微贱"。《三国志》卷五《魏书·武宣卞皇后传》曰:"本倡家。年二十,太祖于谯纳后为妾。……二十四年,拜为王后。"这时的所谓倡家,当然不能理解为后世那种操皮肉生涯的贱业者,但就当时来说,也不能算是出身清白。倡乃俳优之俦,专以歌舞美色娱人,曹操就是一个特别喜欢这类享受的人。《三国志》卷一《魏书·武帝纪》裴松之注引《曹瞒传》曰:"太祖为人佻易无威重,好音乐,倡优在侧,常以日达夕。"看来卞后就是因为具有这方面的特长,所以得到曹操赏识的吧。陆机《吊魏武帝文序》引曹氏《遗令》曰:"吾婕好妓人皆著铜爵台。于台堂上施八尺床，繐帐，朝晡上脯糒之属，月朝十五日，辄向帐作妓。"可见他在这方面的爱好真是生死不渝。卞后的得宠，也就不足为怪的了。

曹氏兄弟与甄氏

作为魏文帝的曹丕，在男女问题上也有不少轶事流传下来。《艺文类聚》卷四十三引魏文帝《答繁钦书》曰："守土[①]孙世有女曰琐。……于今十五。近者督将具以状闻。是日博延众贤，遂奏名倡，曲极数弹，欢情未逞，乃令从官引内世女，须臾而至。厥状甚美，素颜玄发，皓齿丹唇。详而问之，云善歌舞。于是提袂徐进，扬蛾微眺，芳声清激，逸足横集。然后循容饰妆，改曲变度，斯可谓声协钟石，气应风律。……吾练色知声，雅应此选。谨卜良日，纳之闲房。"说明他的爱好声色，酷似乃父。但他后宫中最为著称者，则是始乱终弃后被明帝曹叡追谥为文昭皇后的甄氏。

《三国志》卷五《魏书·文昭甄皇后传》裴松之注引《魏略》：

> （袁）熙出在幽州，后留侍姑。及邺城破，绍妻及后共坐皇堂上。文帝入绍舍，见绍妻及后，后怖，以头伏姑膝上，绍妻两手自搏。文帝谓曰："刘夫人云何如此？令新妇举头！"姑乃捧后令仰，文帝就视，见其颜色非凡，称叹之。太祖闻其意，遂为迎取。

这位甄氏，尽管是仇敌的妻子，但却以其美色吸引了曹氏父子，从而激发了错综复杂的矛盾和纷争。曹操曾经垂涎于她，传说曹植也曾

[①] 当依严可均《全三国文》改作"守宫士"。

倾倒于她。

《文选》卷十九《洛神赋》李善注引：

> 记曰：魏东阿王汉末求甄逸女，既不遂，太祖回与五官中郎将，植殊不平，昼思夜想，废寝与食。黄初中入朝，帝示植甄后玉镂金带枕，植见之，不觉泣。时已为郭后谗死，帝意亦寻悟，因令太子留宴饮，仍以枕赉植。植还，度辗辕。少许时，将息洛水上，思甄后，忽见女来，自云："我本托心君王，其心不遂。此枕是我在家时从嫁，前与五官中郎将，今与君王，遂用荐枕席。欢情交集，岂常辞能具。为郭后以糠塞口，今被发，羞将此形貌重睹君王尔。"言讫，遂不复见所在。遣人献珠于王，王答以玉珮。悲喜不能自胜，遂作《感甄赋》。后明帝见之，改为《洛神赋》。

这也就是李商隐《无题》诗中所说的"宓妃留枕魏王才"了。《东阿王》诗中还说："君王不得为天子，半为当时赋洛神。"看来唐人以为此事是实有的，所以文人学士以此为口实。《太平广记》卷三百十一引《传奇》记萧旷于洛水遇甄后事，又把这件事情神乎其神地发挥了一番，足见这件轶事流传之久且广。

但是李善的这个注释却引起了后人的尖锐抨击。张溥编《汉魏六朝百三家集》，于《陈思王集》的题词中说："黄初二令，省愆悔过，诗文怫郁，音成于心。当此时，而犹泣金枕，赋《感甄》，必非人情。"丁晏编《曹集诠评》引何义门说，以为"甄后三岁失父，后袁绍纳为中子熙妻。曹操平冀州，丕纳之于邺，安有子建求为妻之事？"又引方伯海说，以为"甄逸女，袁谭①妻，操以赐丕，生叡，即魏明帝也。以名分论，亲则叔嫂，义则

---

① 当作"袁熙"。

君臣,岂敢以'感甄'二字显形笔札？且篇中赠以明珰,期以潜渊,将置丕于何地乎？"丁晏引用各家之说大加挞伐之后又说:"注引'记曰'云云,盖当时记事媒蘖之词。……小说短书,善本书簏,无识而妄引之耳。"

上述诸家的言论,虽然振振有词,实则未中肯綮,未必切合当时的实际。他们大都用名教中人的眼光来分析事理,无奈曹氏父子对此观念甚为淡薄,并不像论者所想象的那样,一切按照封建礼教行事。《世说新语》卷五《贤媛》曰:"魏武帝崩,文帝悉取武帝宫人自侍,及帝病困,卞后出看疾。太后入户,见值侍并是昔日所爱幸者。太后问:'何时来邪？'云:'正伏魄时过。'因不复前而叹曰:'狗鼠不食汝余,死故应尔。'至山陵,亦竟不临。"说明曹氏门中男女关系杂乱放纵,曹丕还干出了逆伦的丑事。那位"性简易"的曹植,在这些问题上也不会比乃兄更懂规矩,他在感情激动的情况下写出《感甄赋》,也并非不可思议的事。何况这赋只是宣泄自己的感情,并不是存心写就呈献给曹丕或曹叡过目的。卢弼《三国志集解》从甄后与曹植年岁的差距上来否定此事,但曹氏兄弟都早熟,因而根据这点也还不能断言二人必无发生恋情的可能。

按常理说,曹丕似乎也不应把亡妻遗物转送给兄弟,但这也是后代人的意识,曹丕的情况不一定这样。他爱好美色,还喜欢以此炫耀,《三国志》卷二十一《魏书·吴质传》裴松之注引《(吴)质别传》:"帝尝召质及曹休欢会,命郭后出见质等。帝曰:'卿仰谛视之。'"说明他作风放诞,没有设置什么男女大防的界限。甄氏生前,曹丕也不把她深藏内廷,而是让她在众人面前亮相,让大家共餐美色。《世说新语》卷一《言语》刘孝标注引《典略》曰:"建安十六年,世子为五官中郎将。妙选文学,使(刘)桢随侍太子。酒酣坐欢,乃使夫人甄氏出拜。坐上客多伏,而桢独平视。"曹丕本人并不以此为忤,可见他在这些问题上态度是很随便的。

据上可知,"记"中所载的轶事,曹氏门中完全有可能出现,曹植有感而赋《感甄》,也就有其可能。

这里还可参考另一起事件。《三国志》卷十二《魏书·崔琰传》裴松之注引《魏氏春秋》曰:"袁绍之败也,(孔)融与太祖书曰:'武王伐纣,以妲己赐周公。'太祖以融学博,谓书传所纪。后见,问之,对曰:'以今度之,想其当然耳!'"后人大都以为孔融是在讽刺曹操、曹丕之间争夺美女。《世说新语》卷六《惑溺》曰:"魏甄后惠而有色,先为袁熙妻,甚获宠。曹公之屠邺也,令疾召甄。左右曰:'五官中郎已将去。'公曰:'今年破贼正为奴!'"于此可见他的愤懑之情了。这次他本想重演故伎,却被曹丕抢先一步,造成既成事实,于是曹操只能把她让出。孔融编造妲己的故事来挖苦一番,确是刺痛了曹操的心,但按孔融的这个故事本身来看,却并非针对《世说新语》上所记的这件事情而发,很难把曹操本人联系进去。因为周公是武王的弟弟,这里只能说是兄弟二人在争夺妖姬,而与父子问题无关。看来孔融这里说的是反话:这个妖姬(甄氏)本该赐给周公(曹植),然而却被武王(曹丕)占去了。这样说来,曹植与甄氏之间确是早有恋情的了。

李善引此事曰"记","记"乃古史,非小说之谓,古人以为这类事情是实有的。吕思勉《燕石札记》内有《传说记》一篇,释之曰:"记之本义,盖谓史籍。《公羊》僖公二年,宫之奇谏曰:'记曰:唇亡而齿寒。'《解诂》:'记,史记也。'史记二字,为汉时史籍之通称,犹今言历史也。"李善引此感甄之事而曰出于"记",说明这件轶闻原出古史。从这些地方来看,后人对于李善的这条注释,是与其信其无,毋宁信其有的。

魏晋之间有关曹氏父子的故事很多,《三国志注》和《世说新语》及其注释中就引用了不少材料,如同李善注中引用的古"记"一样,有些传说也不能说是绝对可靠,但它们从不同角度反映了曹氏父子的特有风貌,却也真实地反映了当时的社会风气,作为一种史料来看,仍有其不容忽视的价值。

曹叡与毛后

甄氏嫁给曹丕之后，虽以美色得宠一时，然而不能白头到老，遭到谗毁而惨死。按甄氏生于汉灵帝光和五年（182）十二月，死于魏文帝黄初二年（221）六月，四十之年，韶华已过，大约总是由于年老色衰，故而失去宠幸的吧。

《三国志》卷五《魏书·文德郭皇后传》裴松之注引《魏略》曰："明帝既嗣立，追痛甄后之薨，故太后以忧暴崩。甄后临没，以帝属李夫人。及太后崩，夫人乃说甄后见谮之祸，不获大敛，被发覆面，帝哀恨流涕，命殡葬太后，皆如甄后故事。"

曹植于黄初四年（223）朝京师，其时甄氏已遭谮死，曹丕与之恩情已绝，这时他把甄氏遗物赐予乃弟，或许也是一种恶意的刺激手段吧。

君王既好色，宫廷内部必然出现争风吃醋的卑污事件。文德郭后用手腕除掉了甄后，篡夺了正宫的宝座，但她的身份仍然为人所鄙视。中郎栈潜上疏说她"因爱登后，使贱人暴贵"。但曹氏门中并不计较这些，因而还是演出了"二次立贱"的悲喜剧。这些事件曾给曹叡带来巨大的痛苦，只是他也没有从中汲取教训，以致后来重蹈其父之覆辙。他宠幸郭氏之后，也就杀掉了原先得宠的毛皇后。这位毛氏，和她上两代的婆母一样，也是出身于下层。文帝郭后原为铜鞮侯家女奴。明帝毛后之父"嘉本典虞车工，卒暴富贵，明帝令朝臣会其家饮宴，其容止举动甚蚩骇，语辄自谓'侯身'，时人以为笑"。所以《后妃传》载曹叡的另一妃子虞氏说："曹氏自好立贱，未有能以义举者也。"《魏书·三少帝纪》裴松之注引《魏书》载齐王芳语曰："魏家前后立皇后，皆从所爱耳。"这种作风可谓贯彻终始的了。

曹氏家风和建安风骨

《三国志》卷五《魏书·后妃传》裴松之注引孙盛曰："古之王者，必求令淑以对扬至德。恢王化于《关雎》，致淳风于《麟趾》。及臻三季，并乱兹绪，义以情溺，位由宠昏。贵贱无章，下陵上替，兴衰隆废，皆是物也。"这是一种正统见解，以为王者的婚姻定要慎择佳偶，因为封建社会中贵族之间的婚姻原是政治势力的结合，王者必须结亲于名门望族，才能得到贵族阶层的广泛支持。而且那些"大姓"人家的女儿，熟悉封建礼法，可以协助王者进行统治。曹氏三世违反了这项通例，明帝之后政权就衰落了，所以孙盛慨叹地说："本既卑矣，何以长世？"

但陈寿对此却有不同的看法，他在《后妃传》的"评"语中说："魏后妃之家，虽云富贵，未有若衰汉乘非其据，宰割朝政者也。鉴往易轨，于斯为美。"这里陈氏是用总结历史经验的眼光观察问题的。东汉之时经常出现母后临朝的局面，而这些后家大都出自著名的"大姓"，"大姓"中人利用婚姻关系参与统治，结果多次出现了外戚专政的局面。陈寿认为曹氏父子"立贱"的目的就在于避免重蹈东汉王朝之覆辙，防止政权旁落于外家。

曹氏"三世立贱"，看来确是带有政治用意，《三国志》卷二《魏书·文帝纪》黄初三年（222）诏曰："夫妇人与政，乱之本也。自今以后，群臣不得奏事太后，后族之家不得当辅政之任，又不得横受茅土之爵。"说明曹魏政权接受历史教训，正在克服两汉政治上的一些弊端。汉魏之际政治上的一些变化，却又导致了某些时代新风尚的形成。

汉代的统治阶级倡导儒学，以此作为人们行动的准则，士人接受的是经学的训练，以此猎取功名利禄，由是社会上充溢着众多的礼法之士。他们的特点，或表现为迂拙无能，或表现为虚伪矫激。这样的人，处在社会发生剧烈动乱之时,自然不能担当大事。曹操在争夺天下的斗争中,急需搜求一批奇才异能之士,这样他就势必想要扫除过去的陈腐风气,而代之以新的思想作风了。曹操鄙弃礼法,大胆争取那些"士有偏短"者。《敕有司取士毋废偏短令》曰:"夫有行之士,未必能进取;进取之士,未必能有行也。陈平岂笃行,苏秦岂守信邪?而陈平定汉业,苏秦济弱燕。"《求贤令》更明确地说:"今天下得无有被褐怀玉而钓于渭滨者乎?又得无有盗嫂受金而未遇无知者乎?"这里一而再地提到"盗嫂"的陈平,足见他对伦理道德并不重视。

曹氏父子四处掠夺美色,当然也是统治阶级腐朽生活的一个方面,但以秦宜禄妻、张济之妻和甄氏等人的身份来看,她们却是属于战争中的俘虏,战胜者视之若奴隶,任意加以占有,这在当时也是常有的事,于此可见封建社会中妇女地位的悲惨了。曹氏父子的与众不同,就在于不以她们的地位卑贱为嫌,甚至可以立为皇后,这却是其他人所做不到的。

曹操的族弟曹洪也好女乐,曹洪的女婿荀粲也好美色。《世说新语》卷六《惑溺》篇载荀粲之言曰:"妇人德不足称,当以色为主。"这是魏晋之间兴起的一种新观念,具有摆脱两汉礼法的新内容。曹氏父子的情况有类于此。卞氏、甄氏、毛氏并不是在礼法修养上有什么突出之处,而是以其美色受到宠爱。

曹操被人诋为"赘阉遗丑"。他出身于一个宦官的家庭,并非东汉那种礼法传家的门阀世族,而在时代的演变过程中,却又成了一名转变汉代社会风气的先行者。曹氏集团中人不再追求什么奇节异行的高名,而是重视世俗的享乐生活了;他们不再峨冠博带规行矩步,而是洒脱不拘行为放荡;他们不再重视那些烦琐无用的经学儒术,而是竞相写作抒写胸怀的文学作品了。这样的行为,在汉末出现,包含着复杂的内容。这里固然也包含着新统治者自身的消极面,但也是对汉代虚假迂腐的道德观念的唾弃与背叛。曹氏父子的思想和行为，破坏了汉代正统的社会准则，开启了魏晋南北朝的一代新风。

《三国志》卷一《魏书·武帝纪》裴松之注引《魏书》上说，曹操"创造大业，文武并施。御军三十余年，手不舍书，昼则讲武策，夜则思经传。登高必赋，及造新诗，被之管弦，皆成乐章"。作为一个创业霸主，曹操的主要精力一直放在建功立业上，然而戎马倥偬之际，仍不废吟咏，他的诗作也开启了一代新风。裴注引《曹瞒传》上说他"被服轻绡，身自佩小鞶囊，以盛手巾细物，时或冠帢帽以见宾客。每与人谈论，戏弄言诵，尽无所隐，及欢悦大笑，至以头没杯案中，肴膳皆沾污巾帻，其轻易如此"。这些生动的描写，反映出曹操的新面貌，他与两汉士大夫矜重虚矫的习气多么不同。

在曹操生前，就已形成了一个邺下文人集团，曹丕和曹植以其地位和文才，自然成了这一集团的领袖。他们兄弟二人少长军旅，经历过兵荒马乱，也有强烈的用世之志。但以时代不同，因而不像创业之主曹操那样具有喑呜叱咤的英雄气概，他们身上文人的气息更浓了。

《文心雕龙·明诗》篇中说："暨建安之初，五言腾踊。文帝、陈思，纵辔以骋节；王、徐、应、刘，望路而争驱。并怜风月，狎池苑，述恩荣，叙酣宴。慷慨以任气，磊落以使才。"于此可见邺下文人生活之一斑。曹氏兄弟和众文士的交往堪称融洽，因为他们不受礼法的拘束，生活放诞，意气豪迈，能够共享游猎之乐、声色之欢，形成感情上的交流，从而体现出建安文人的某些共同特点。

《三国志》卷二《魏书·文帝纪》裴松之注引《典论·自叙》，言初平元年（190），"余时年五岁，上以世方扰乱，教余学射，六岁而知射；又教余骑马，八岁而能骑射矣。以时之多故，每征，余常从"。其后历叙骑射之能、剑术之精、弹棋之妙，说明他在时代的考验中锻炼出了多方面的才能。《三国志》卷二十一《魏书·王粲传》裴松之注引《魏略》言邯郸淳事:"太祖素闻其名,召与相见,甚敬异之。时五官将博延英儒,亦宿闻淳名,因启淳欲使在文学官属中。会临淄侯植亦求淳,太祖遣淳诣植。植初得淳甚喜,延入坐,不先与谈。时天暑热,植因呼常从取水自澡讫,傅粉。遂科头拍袒,胡舞五锥锻,跳丸击剑,诵俳优小说数千言讫,谓淳曰:'邯郸生何如邪?'于是乃更着衣帻,整仪容,与淳评说混元造化之端,品物区别之意,然后论羲皇以来贤圣、名臣、烈士优劣之差,次颂古今文章赋诔及当官政事宜所先后,又论用武行兵倚伏之势。乃命厨宰,酒炙交至,坐席默然,无与伉者。及暮,淳归,对其所知叹植之材,谓之'天人'。"——多才,爱美;英武,游乐。说明在时代的孕育下,曹氏父子的风貌已与过去的文人有了根本的不同。

曹丕《与吴质书》中说:"昔日游处,行则连舆,止则接席,何曾须臾相失。每至觞酌流行,丝竹并奏,酒酣耳热,仰而赋诗。"作为这一文学集团的领袖,他还时常组织大家进行集体创作。《初学记》卷十引《魏文帝集》曰:"为太子时,北园及东阁讲堂并赋诗,命王粲、刘桢、阮瑀、应玚等同作。"这一批文人前后共赋的作品,还有不少流传下来。如曹植、王粲、刘桢、阮瑀、应玚都作有《公宴》诗,其他的人应当也有同一题材的诗篇,或因水平欠佳而未见著录。曹植有《三良》诗一首,王粲、阮瑀作有《咏史》诗,亦咏"秦穆杀三良"事。

按曹氏兄弟和建安七子的作品中多有《玛瑙勒赋》《车渠碗赋》《迷迭赋》等描写珍玩的小赋,均为同一时期共赋一物的作品。《太平御览》卷三百五十八引魏文帝《玛脑勒赋序》曰:"玛脑,玉属也,出自西域。文理交错,有似马脑,故其方人因以名之。或以系颈,或以饰勒。余有斯勒,美而赋之,命陈琳、王粲并作。"而曹植、应玚、陈琳、王粲、阮瑀都作有《鹦鹉赋》。鹦鹉这种鸣禽,当时也是被作为珍玩看待的。又《艺文类聚》卷八十八引魏文帝《槐赋序》曰:"文昌殿中槐树,盛暑之时,余数游其下,美而赋之。王粲直登贤门,小阁外亦有槐树,乃就使赋焉。"而曹丕写有《柳赋》，王粲、应玚、陈琳、繁钦也有同一题材的作品，说明王粲等人也是应教而作的。

曹丕、曹植、应玚都作有《愁霖赋》。曹植、杨修、王粲、陈琳、繁钦还都作有《大暑赋》，《文选》卷四十杨修《答临淄侯笺》曰："是以对《鹖》而辞，作《暑赋》弥日而不献。"李善注："植为《鹖鸟赋》，亦命修为之，而修辞让。植又作《大暑赋》，而修亦作之，竟日不敢献。"说明王、刘等人之赋也是应教而作的。

《古文苑》卷七章樵注引挚虞《文章流别论》曰："建安中，魏文帝从武帝出猎。赋，命陈琳、王粲、应玚、刘桢并作。琳为《武猎》，粲为《羽猎》，玚为《西狩》，桢为《大阅》。凡此各有所长，粲其最也。"与此同一类型的作品，如陈琳有《神武赋》，应玚有《撰征赋》；又如王粲有《初征赋》，徐幹有《序征赋》，阮瑀有《纪征赋》；而曹丕有《浮淮赋》，王粲亦有《浮淮赋》；徐幹有《西征赋》，应玚亦有《西征赋》。这些作品产生于一时，应当也是奉教而作的。

他们还一起写作有关妇女的作品，如曹丕、王粲都有《出妇赋》，曹丕、丁廙都有《蔡伯喈女赋》，王粲、陈琳、应玚、杨修都作有《神女赋》，其产生的背景应该也是相同的。阮瑀死后，曹丕悼念文友，同情其亡妻，并揣摩她凄婉的心理，组织大家共同写作《寡妇赋》。《文选》卷十六潘岳《寡妇赋》李善注引曹丕《寡妇赋序》曰："陈留阮元瑜与余有旧，薄命早亡，每感存其遗孤，未尝不怆然伤心，故作斯赋，以叙其妻子悲苦之情。命王粲等并作之。"《艺文类聚》卷三十四载丕、粲与丁廙妻《寡妇赋》各一篇，后者不知是否同一时期之作。

《太平御览》卷五百九十六引《文章流别传》曰："建安中，文帝、临淄侯各失稚子，命徐幹、刘桢等为之哀辞。"今存曹植的文集中有《仲雍哀辞》《金瓠哀辞》《行女哀辞》三篇。仲雍为曹丕之子，金瓠、行女为曹植之女，都在降生数月后即夭亡。

曹植《七启序》曰："昔枚乘作《七发》，傅毅作《七激》，张衡作《七辩》，崔骃作《七依》，辞各美丽，余有慕之焉，遂作《七启》，并命王粲作焉。"唐无名氏《文选集注》引陆善经曰："王粲作《七释》，徐幹作《七喻》，杨修作《七训》。"此亦一时先后同作。《七释》见《艺文类聚》卷五十七。

综观这一时期作品的题材，一般属于征戍、游猎、公宴、艳情、哀伤的范围，因为邺下集团的文人过的就是这样的生活，他们感慨时世，哀乐过人，渴望建功立业，而又不废声色之乐，追求物质上的享受，突出地表现为喜好美色。建安文人的这一特点，是由那个时代的生活环境所决定的。所谓建安风骨，乃是这种时代精神的升华，也只有从当时文人的新风貌上去考察，才能理解建安风骨的成因。

《文心雕龙·时序》篇中说："自献帝播迁，文学蓬转，建安之末，区宇方辑。魏武以相王之尊，雅爱诗章；文帝以副君之重，妙善辞赋；陈思以公子之豪，下笔琳琅：并体貌英逸，故俊才云蒸。仲宣委质于汉南，孔璋归命于河北，伟长从宦于青土，公幹徇质于海隅，德琏综其斐然之思，元瑜展其翩翩之乐。文蔚、休伯之俦，子叔、德祖之侣。傲雅觞豆之前，雍容衽席之上，洒笔以成酣歌，和墨以藉谈笑。观其时文，雅好慷慨，良由世积乱离，风衰俗怨，并志深而笔长，故梗概而多气也。"这一段文字，对于后人理解建安风骨的实质，有很大的帮助。而刘勰另一段论及诗歌的文字，也很重要，不容忽视，应该联系起来考察。《乐府》篇曰："至于魏之三祖，气爽才丽，宰割辞调，音靡节平。观其《北上》众引，《秋风》列篇，或述酣宴，或伤羁戍，志不出于淫荡，辞不离于哀思，虽三调之正声，实《韶》《夏》之郑曲也。"这里刘勰站在正统的立场上加以批判，但他介绍的时代背景，举出的代表作品，却正点明了建安文学的特点。当时文人努力摆脱儒家的束缚，在文学上开拓新的领域，突出地表现在抒写军旅之苦和男女之情方面，而这正是建安风骨的重要内容。

曹丕的表现，正像他生活的历史年代一样，介于曹操与曹叡之间。

自曹叡起,曹操身上那种创业霸主的英雄气概,已经消失殆尽;那种功业与美色兼顾的情景,也就一去不复返了。《三国志》卷三《魏书·明帝纪》青龙三年(235)裴松之注引《魏略》曰:"是年起太极诸殿,筑总章观,高十余丈,建翔风于其上;又于芳林园中起陂池,楫棹越歌;又于列殿之北,立八坊,诸才人以次序处其中,贵人夫人以上,转南附焉,其秩石拟百官之数。帝常游宴在内,乃选女子知书可付信者六人,以为女尚书,使典省外奏事,处当画可,自贵人以下至尚保,及给掖庭洒扫,习伎歌者,各有千数。"《三国志》卷二十五《魏书·杨阜传》上也记明帝治宫室,"发美女以充后庭"。这样的生活,就是和历代荒于酒色的帝王一般行径了。这对魏晋南北朝时期文人的纵欲之风起了推波助澜的作用。

曹操的父亲曹嵩,不言而喻,并非曹腾的嫡子,所以《武帝纪》上说他"莫能审其生出本末"。曹操生长在这样的一种家庭,也就在思想上增加了新的因素,那就是血统观念淡薄,所以能视假子如己出。其中的假子之一何晏,自小生长在宫廷之中,亲蒙熏沐,成了摆脱两汉传统观念束缚、开创新学风的一位创始者。他的学说的许多特点,正应该从曹氏父子的思想作风中去寻找。

阮籍《咏怀》诗其二十新解

杨朱泣歧路，墨子悲染丝。揖让长离别，"飘飘"难与期。岂徒燕婉情，存亡诚有之。萧索人所悲，祸衅不可辞。赵女媚中山，谦柔愈见欺。嗟嗟涂上士，何用自保持？

以上是阮籍《咏怀》诗其二十的全文。《晋书》本传上说他"作《咏怀》诗八十余篇，为世所重"。但也正像《文选》阮诗李善注中所说的："嗣宗身仕乱朝，常恐罹谤遇祸，因兹发咏，故每有忧生之嗟。虽志在刺讥，而文多隐避，百代之下难以情测。"因此尽管历代有人对此进行探索，但仍有不少篇章难得其确解，上述这首诗就未见有人作出过恰当的阐释。这里我试图提出一种新的解说，供大家参考。

理解这首诗的关键，在于认清诗中几个典故的背景和用意。下面先从第三、四句说起。

"飘飘"一词，出于《诗经·豳风·鸱鸮》。《诗序》曰："《鸱鸮》，周公救乱也。成王未知周公之志，公乃为诗以遗王，名之曰《鸱鸮》焉。"这一说法则又出于《尚书·金縢》，司马迁在《史记·鲁周公世家》中也曾承用，后人于此都无异说，阮籍的意思也不可能有什么两样。但阮籍在形容周公忧惧之心的"飘飘"二字底下接上"难与期"三字，则非直咏原来的史实，这里只是反其意而用之，对此表示存疑之意。显然，他是另有一番用意才使用这个典故的。

周公影射何人？不难想到，此人指的是曹操。曹操一直把自己比作周公。他也有招纳贤士的作风,所以《短歌行》中有句曰:"周公吐哺,天下归心。"他也有东征的历史,所以《苦寒行》中有句曰:"悲哉《东山》诗,悠悠使我哀。"但也由于功高震主,旁人疑其有不臣之心,因而建安十五年(210)《让县自明本志令》中又说:"所以勤勤恳恳叙心腹者,见周公有《金縢》之书以自明,恐人不信之故。"说明他像当年"周公救乱"一样,怕"成王未知周公之志",所以有《鸱鸮》中的"风雨所漂摇"之感。然而不管他怎样信誓旦旦,援《金縢》以自明,阮籍却是认为"难与期",即众人仍然表示不信。

问题何在？因为曹操决非存心归政于成王的周公。他实际上只是充当了周文王的角色。

建安十七年(212),曹操入朝不趋,剑履上殿,赞拜不名,如萧何故事。十八年(213),策为魏公,加九锡。二十一年(216),进爵为魏王。二十二年(217),设天子旌旗,出入称警跸,冕十有二旒,乘金根车,驾六马,设五时副车,以五官中郎将曹丕为魏太子。这时曹操的臣下都已按捺不住了,觉得这出周公辅成王的滑稽戏不必再演下去了,于是纷纷有人前来劝进。《三国志·魏书·武帝纪》建安二十四年(219)裴松之注引《魏氏春秋》曰:"夏侯惇谓王曰:'天下咸知汉祚已尽,异代方起。自古已来,能除民害为百姓所归者,即民主也。今殿下即戎三十余年,功德著于黎庶,为天下所依归,应天顺民,复何疑哉！'王曰:'"施于有政,是亦为政。"若天命在吾,吾为周文王矣。'"这就表明曹操本人不想再去改演其他角色,他已把未来的武王——曹丕安排在接班人的位子上了。

果然,建安二十五年(220)正月曹操去世,同年十月曹丕代汉称帝。一切都在曹操的计划之中。历史的发展表明,"曹公"自明心迹的《金縢》之言,又怎能信以为真？

但当代的这位周武王却并非使用武力夺取天下,因为汉室太衰弱了,于是这一次的改朝换代采取了武戏文唱的方式,曹丕迫使汉献帝以禅让的名义交出了刘氏天下。

曹氏父子苦心筹划的目的实现了。《三国志·魏书·文帝纪》黄初元年(220)裴松之注引《魏氏春秋》曰:"帝升坛礼毕,顾谓群臣曰:'舜、禹之事,吾知之矣。'"说明他是多么踌躇满志。因为曹氏上下两代取得政权时没有采取什么粗野的手段,他们都是以圣人的姿态临朝亲政的。

但这样的禅让与原来意义上的禅让毕竟相去太远了。按"禅让"一词,古代亦作"揖让",《韩非子·八说》曰:"古者人寡而相亲,物多而轻利易让,故有揖让而传天下者。"先秦诸子于此有类似的陈述,认为尧之禅舜,舜之禅禹,都发生在远古时代,那时风俗淳朴,原来的君主确是真心实意地让贤。只是此风一开,后代那些觊觎权位的人却常是利用"禅让"的名义窃取政权,逼迫主子让出君位了。就在春秋、战国之时,也就多次出现过"禅让"的事件,例如燕国的子之曾用权术诱使燕王哙让出君位,真的实现了异姓之间的"揖让"。

显然,后代那些充满着奸诈手腕的"禅让",已经把古代那种充满着光明正大的优美感情的"禅让"糟蹋得不成样子了;尧、舜、禹之间那种出于公心的美好政治理想,已经一去不复返了。所以阮籍慨叹地说"揖让长离别"矣!

曹操为了牢固地控制汉献帝,不让宫廷中再次出现伏后事件,建安十八年(213)时还把三个女儿许配给刘姓天子。夫妇好合,"燕婉之求",这本来是人生的美事,然而这种出于政治需要的结合,首先考虑的是有关政权得失的利害关系,所以阮诗在"揖让""飘飖"之后又接上了"岂徒燕婉情,存亡诚有之"二句,把婚姻问题和国家存亡之事联系了起来。

按"燕婉"一词,出于《诗经·邶风·新台》,用来指称婚姻之事,那是没有什么疑义的。这次曹、刘之间的联姻事件随后又有了新的发展,所以阮籍引用了历史上的另一个典故,指出它漂亮的帷幕下掩盖着的悲剧性质。

　　所谓"赵女媚中山",本事出于《吕氏春秋·孝行览·长攻》篇,说的是春秋时期通过婚姻而进行的一项阴谋勾当。赵襄子承他父亲赵简子的遗教,谋取代王的国土。他"虑所以取代,乃先善之。代君好色,请以其弟姊妻之。代君许诺。弟姊已往,所以善代者乃万故。……襄子谒于代君而请觞之。先令舞者置兵其羽中,数百人。先具大金斗。代君至,酒酣,反斗而击之,一成,脑涂地。舞者操兵以斗,尽杀其从者。因以代君之车迎其妻。其妻遥闻之状,磨笄以自刺"。这一事件还记载在《史记·赵世家》中。阮诗误以"代"为"中山",则是由于魏晋南北朝时的诗人使用典故时比较随便,还不注意考订。①

　　赵女发现自己受了欺骗。她的出嫁与人,只是父兄出于政治上的需要,对于她个人的幸福,没有加以一丝考虑,她的悲愤是可想而知的。女子出嫁从夫,她的利害得失,已与丈夫的地位结合起来,这时她自然会站在夫家的立场来反对兄弟的逼迫。阮籍的这个典故用得何等贴切! 现实生活中的那位"赵女",已被立为汉帝皇后的曹节,对于曹丕的逼迫也是悲愤异常,站在刘家的立场予以严厉的谴责。《后汉书·(献穆曹)皇后纪》曰:"魏受禅,遣使求玺绶,后怒不与。如此数辈,后乃呼使者入,亲数让之,以玺抵轩下,因涕泣横流曰:'天不祚尔!'左右皆莫能仰视。"大约要数这位被充作"媚"物的曹女,对乃兄"禅让"时玩弄的手腕,那种凶恶而又出之以伪善的表演,知之最深,因而厌恶特甚的了。

　　什么周公的《金縢》之志,什么舜禹的揖让之轨,在后代历史中就没有出现过。"揖让长离别,'飘飖'难与期",这是诗人的感受,也是活生生的现实。

　　曹女充当父兄的政治工具,从出嫁那天起就并非单纯为了燕婉之

━━━━━━━━━━━━━━━━━
① 参看黄节《读阮嗣宗诗札记》,萧涤非笔记,载《读诗三札记》,作家出版社1957年版。

情。她与汉献帝的结合,关系到国家的或存或亡,然而"祸衅"终究"不可辞",原因在于"谦柔愈见欺"。这时的汉室帝后已经完全丧失了自卫的能力,只能为号称"周公""舜""禹"的野心家所摆布,叫他们演出什么戏就照本宣科。"萧索人所悲",何况那些身临其境的人,曹女只能"涕泣横流",而敏感的诗人也就"怵惕常若惊"了。

《文心雕龙·事类》篇中说:"事类者,盖文章之外,据事以类义,援古以证今者也。"阮籍在《咏怀》诗其二十中援用上述几件"古"事,它所证明的"今"事,只能指曹氏父子与汉献帝之间的关系,除此之外别无他事可作解释,因为司马氏父子没有把女儿许配过曹氏的三位幼主。

但阮籍写作这诗可也不能理解为只是针对曹氏一家而言。他所抒发的郁愤,如此深沉,如此真切,因为他在现实生活中也有亲身的感受,他对此有切肤之痛。

"揖让""飘飖"等事,不光发生在汉末魏初,而且在他眼前又一次地重现了。司马氏父子俨然是当代的"周公",而且正在紧锣密鼓地准备重演"舜禹之事"。不幸的是,阮籍本人也被卷入了这一历史事件之中。

权臣谋取政权,完成"禅让"的典礼,事先总要经过一道封王、加九锡的手续,表示他功烈辉煌,可以继承前朝基业而无愧。魏元帝曹奂景元四年(263),司马昭进位相国,封晋公,加九锡,完成了"禅让"前的准备。而这篇劝说司马昭接受殊礼的大作,却是出于阮籍的手笔。这也就是保存在《文选》中的《为郑冲劝晋王笺》一文。

"司马昭之心,路人皆知",他们父子三人的阴险毒辣,又远远地超过了曹氏父子。阮籍对于这些政治活动的用意,自然洞若观火。他是多么不愿意干这违心的勾当!但由于他文名太大,而诡媚逢迎如司空郑冲之流却偏要借重他的文章来劝进,阮籍虽想托醉推辞,无奈那些人偏不肯放过,还要派人前来催逼,阮籍深知此中利害,也就不再采取消极抵制的办法,一气呵成草成此文呈上。就在这一年阮籍去世了,因而未能看到后年演出的"禅让"大典，但这一切都在他的意料之中。"揖让长离别，'飘飖'难与期"，他对眼前发生、亲身经历的事有着极为深刻的体会。

这就可以回到诗的开端来了。"杨朱泣歧路，墨子悲染丝"，阮籍引用《淮南子·说林》篇中的这两个故事，列于全诗之首，抒写他的心情，定下了一个悲慨的基调。人在纷乱的政局中彷徨。面前的歧路，可以往南，可以往北，稍有不慎就会误入歧途；本色的素丝，可以染黄，可以染黑，浮华的外形常掩盖着本质。世事翻覆，无所定准。自命忠诚的人，却包藏着祸心，进行龌龊勾当时，却穿戴起神圣的黻冕。冷眼旁观的人，既不能退出舞台，有时还不得不前去充当不愉快的角色。阮籍有感于此，自然要既悲且泣了。

阮籍本是局外的人，与"禅让"双方都没有什么深的关系，也不像那些趋炎附势的人那样想要从中得利，然而世事如此，不由自主，污秽的政治旋涡，硬是把他卷了进去，于是他在诗的结尾沉痛地诘问："嗟嗟涂上士，何用自保持？"这是发自内心的悲叹：生逢乱世，何以保此洁白之躯？

沈德潜《说诗晬语》曰："阮公《咏怀》，反覆零乱，兴寄无端，和愉哀怨，俶诡不羁，读者莫求归趣。"实则，若能联系其时代背景，把握作者思绪的脉络，循序以求，则还是有可能推究其用意之所在。即如这一首《咏怀》诗，似乎迷离恍惚，不可捉摸，然而试作探究，则又觉得章法甚明，每一句话都可以找到着落。只是诗中的寓意大家为什么会视而不见？原来过去的研究工作者总是有一种成见，以为阮籍乃阮瑀之子，而阮瑀是曹操的僚佐，因此大家都把他看作忠于曹魏政权、反对司马氏父子的坚定分子。这种看法有其合理的地方，阮籍确是不满于司马氏父子的弄权，同情于曹氏子孙的萧索，但他既未受知于曹氏，也不愿为司马氏出力，用诗中的话来说，他只是一名"嗟嗟涂上士"罢了。阮籍是受老庄思想影响很深的人,齐物等量,并不忠于一家一姓,因此他既不是司马氏的佞臣,也无意于去当曹家的忠臣,后人硬要把他归入曹魏阵营之中,有些篇章也就难于作出合理解释了。

阮籍"本有济世志",对自魏明帝起的腐败风气甚为不满,这在《咏怀》诗中有所发抒,前人也已指出,但他还对曹操、曹丕加以抨击,却是从未有人想到过的。其实阮籍持有这种观点也是容易理解的。《晋书》本传上说他"尝登广武,观楚、汉战处,叹曰:'时无英雄,使竖子成名'",可以想见,他对当代那些逐鹿之徒难道会看得比"竖子"还高明些吗?"竖子"之中,难道不可以包括曹操父子和司马懿父子吗?

阮籍眼界开阔,好作哲理上的探索。他在《咏怀》诗中的见解,统观古今世变,洞察当前人情,因而悲愤郁塞,歌哭无端。钟嵘《诗品》评其诗曰:"言在耳目之内,情寄八荒之表。"也就点明了《咏怀》诗的特点:言虽浅近易晓,然而寄托的理想,抒发的感情,却是俯仰今古,感喟莫名。

古往今来,在君权的争夺上演出了一幕幕的丑剧,使他感到由衷的厌恶,于是他设想有那么一个社会,没有君臣之别,没有强弱之分,大家都能顺其自然,尽其天年。《大人先生传》中形容这种无君的社会是:"明者不以智胜,暗者不以愚败;弱者不以迫畏,强者不以力尽。盖无君而庶物定,无臣而万事理。保身修性,不违其纪,惟兹若然,故能长久。"这种政治理想,正是他在经历了多次"周公见志""舜禹揖让"之后才提出来的。

《文赋》写作年代新探

魏晋南北朝时的文人,大都有研习哲理的作风,他们写作的一些文论名著,大都和当时的哲学思潮有关。例如曹丕的《典论·论文》,就和研究人物才性的风气有关;葛洪提出文学今胜于古之说,与自汉代建立的社会进化观有关;《文心雕龙》的作者刘勰,对儒、佛、道的哲学有深入的研究;钟嵘著《诗品》,受"九品论人"的影响,而品评人物一事,即与才性论有着紧密的联系。

陆机写作《文赋》,则与风行于魏晋时代的"言意之辨"有关。

研究这一哲学论题的产生,还应追溯到先秦时代。

《易·系辞上》:

> 子曰:"书不尽言,言不尽意。"然则圣人之意其不可见乎?子曰:"圣人立象以尽意,设卦以尽情伪,系辞焉以尽其言,变而通之以尽利,鼓之舞之以尽神。"

《易·系辞》融合了先秦后期儒家的许多不同方面的学说,内容很复杂。"言意之辨"属于名学研究的范围,它是先秦名辩思潮影响下的产物,但《易传》作者把它牵合到了易象上去,于是又成了聚讼纷纭的象意问题。

名辩的论争起于客观形势的需要。春秋、战国之时,社会剧变,事物的名实相互背离,于是兴起了研究二者之间关系的哲学思潮。自汉末起,社会又一次陷入动乱,名实之间再次出现背离,于是名辩思潮又高涨起来,学者们探讨着如何用语言文字去反映感受到了的意念和思想。上举《易·系辞》中的问题引起了广泛的注意。

言意问题具有理论思维的性质,故为名理家所研讨,而魏晋之际那些新学风的创始人,也就首先在经学的象意问题上提出了疑难。

荀粲提出"象不尽意"之说,认为"象外之意,系表之言,固蕴而不出"①,王弼则认为象以尽意,言以明象,然得意当忘象,得象当忘言②。其后殷融著《象不尽意论》③,孙盛著《易象妙于见形论》,孙盛、殷浩、刘惔为此还曾展开过激烈的争论④,可见象意问题曾在学术界产生很大的影响。

有关"言意之辨"的争论同样很激烈。

三国魏时的管辂在邺与典农石苞论《易》学问题时说:"夫物不精不为神,数不妙不为术,故精者神之所合,妙者智之所遇,合之几微,可以性通,难以言论。是故鲁班不能说其手,离朱不能说其目,非言之难。孔子曰'书不尽言',言之细也;'言不尽意',意之微也:斯皆神妙之谓也。"⑤但他的《易》学还是沿袭汉儒象数之术的一种旧说。

魏末嵇康作《言不尽意论》⑥,晋初欧阳建作《言尽意论》⑦,二者之间形成了尖锐的对立。

《言不尽意论》原文已佚,《言尽意论》则有文字留存,首称:"有雷同君子问于违众先生曰:'世之论者,以为言不尽意,由来尚矣,至乎通才

---

① 见《三国志·魏书·荀彧传》裴松之注引何劭《荀粲传》。
② 见《易略例·明象》。
③ 见《世说新语·文学》"江左殷太常父子并能言理"条刘孝标注引《中兴书》。
④ 见《世说新语·文学》篇、《晋书·刘惔传》。
⑤ 见《三国志·魏书·方伎传》裴松之注引《(管)辂别传》。
⑥ 见《玉海》卷三十六。
⑦ 载《艺文类聚》卷十九。

达识,咸以为然。若夫蒋公之论眸子,钟、傅之言才性,莫不引此为谈证。'"显然,这里所说的"雷同君子"指的是那些附和"世之论者"主张言不尽意的人,而"违众先生"则是作者本人的自称了。从"雷同""违众"等字面看来,可知由这项论题所引起的纠纷规模不小。下面这项材料也可用来说明这方面的问题。

《世说新语·文学》:

> 旧云:王丞相过江左,止道声无哀乐、养生、言尽意三理而已。然宛转关生,无所不入。

王导为东晋名臣,仕流统帅,平时倡导"风流",迷恋于正始之风。他所引重并大力宣扬的言尽意论,不言而喻,在两晋时代定当风靡一时。

"言意之辨"曾在思想界产生极为深远的影响[①],下面着重指出它在文艺领域中发生的影响。

绘画界发出了不能"尽意"的慨叹:

> 格体精微,笔无妄下,但迹不逮意,声过其实。(谢赫《古画品录》评顾恺之)

> 夫丹青妙极,未易言尽。(姚最《续画品录序》)

书法界也发出了不能"尽意"的慨叹:

> 子云善草隶书,为世楷法,自云善效钟元常、王逸少而微变字

[①] 参看汤用彤《言意之辨》,载《魏晋玄学论稿》,人民出版社 1957 年版。

体。答敕云:"臣昔不能拔赏,随世所贵,规摹子敬,多历年所。年二十六,著《晋史》至《二王列传》,欲作论语草隶法,言不尽意,遂不能成,略指论飞白一势而已。"(《梁书·萧子恪(附弟子云)传》)

音乐界也发出了不能"尽意"的慨叹:

(《狱中与诸甥侄书》)吾于音乐,听功不及自挥,但所精非雅声,为可恨。然至于一绝处,亦复何异邪?其中体趣,言之不尽,弦外之意,虚响之音,不知所从而来。(《宋书·范晔传》)

翻译界也曾提出如何"尽意"的问题:

维祇难曰:"佛言依其义不用饰,取其法不以严。其传经者,当令易晓,勿失厥义,是则为善。"座中咸曰:"老氏称:'美言不信,信言不美。'仲尼亦云:'书不尽言,言不尽意。'明圣人意深邃无极。今传胡义,实宜经达。"(《法句经序》)①

上列各种艺术,所用的手段虽然不同,但都存在着怎样才能曲尽情"意"的问题,因此在这"言意之辨"的哲学思潮的影响之下立即引起了敏锐的反响。《抱朴子·尚博》篇中说:"文章微妙,其体难识。"作家运用语言文字能否充分传情达意,更是引起普遍的关心了。

蜀国才士秦宓就曾说过:"仆文不能尽言,言不能尽意。"② 与陆机同时的作家对此抱有同感的那就更多了。

---

① 载《出三藏记集》卷七。按此序原题"未详作者",据近人考证,或为三国时支谦所作。

② 见《三国志·蜀书·秦宓传》。

《易》曰:"书不尽言,言不尽意。"然则书非尽言之器,言非尽意之具矣。况言有不得至于尽意,书有不得至于尽言邪!(卢谌《赠刘琨书》)①

庾子嵩作《意赋》成,从子文康见问曰:"若有意邪,非赋之所尽;若无意邪,复何所赋?"答曰:"正在有意无意之间。"(《世说新语·文学》)

卢谌之说近于言不尽意论,庾敳之说带有浓厚的时代色彩,玄学家习惯于以老庄哲学的观点处理《易》学问题。

陆机写作《文赋》,也受到了"言意之辨"的影响。他在序中说:"恒患意不称物,文不逮意。"因此他要"作《文赋》,以述先士之盛藻,因论作文之利害所由",以期"他日殆可谓曲尽其妙"。作为一个文人,他要探讨的是创作上的"言""意"问题。

陆机写作《文赋》时的观点,也接近于言不尽意论。他说:

若夫随手之变,良难以辞逮。

若夫丰约之裁,俯仰之形,因宜适变,曲有微情。……譬犹舞者赴节以投袂,歌者应弦而遣声。是盖轮扁所不得言,故亦非华说之所能精。

患挈瓶之屡空,病昌言之难属。故踸踔于短垣,放庸音以足曲。恒遗恨以终篇,岂怀盈而自足。

从文章中使用的一些譬喻和术语来看,陆机也喜欢用老庄哲学的观点说明《易》学上的问题。这也是《文赋》受到玄风影响的明证。此

---

① 载《文选》卷二十五。

外,文中带有玄学色彩的地方还很多。

　　　　伫中区以玄览,颐情志于典坟。
　　　　课虚无以责有,叩寂寞而求音。
　　　　同橐籥之罔穷,与天地乎并育。
　　　　揽营魂以探赜,顿精爽而自求。

　　其他像"虎变""龙见""司契""天机"等等,都是玄学著作中的专门术语,陆机熟练地使用这些玄学行话,可见他在写作《文赋》之时已经深受玄风的浸染。
　　以上事实表明:《文赋》的产生确与时代思潮有关。它是在"言意之辨"的影响下产生的。
　　陆机、欧阳建、卢谌、庾敳都是西晋的著名文人。《晋书·欧阳建传》称建"雅有理思,才藻美赡",《卢钦(附卢谌)传》亦称谌"清敏有理思",庾敳亦善玄谈能文章,与陆机的作风均有近似之处,都是一些善于思考问题的学者文人。他们之间还有某些交往。庾敳和陆机都是八王之乱的参加者。卢谌少时随从其父卢志,志与陆机同为成都王颖之掾属;卢谌后又北依刘琨,琨妻即谌之从母。而陆机、欧阳建、刘琨都列名于贾谧门下的"二十四友"之中。他们都曾生活在同一的学术环境里面。由此可以推断,《文赋》的写成最早也当在西晋文士群聚贾谧门下之时。
　　杜甫《醉歌行》中有"陆机二十作《文赋》"之句,后人大都据以断定《文赋》的写作年代。其实这种说法未必可信。从陆机受玄风影响这一点上,也可以证明《文赋》不能产生在太康元年(280)吴亡其家居之时。

　　　　陆机初入洛,次河南之偃师。时久结阴,望道左若有民居,因往投宿。见一年少,神姿端远,置《易》投壶,与机言论,妙得玄微。

机心服其能，无以酬抗，乃提纬古今，总验名实，此年少不甚欣解。既晓便去，税骖逆旅，问逆旅妪，妪曰："此东数十里无村落，止有山阳王家冢尔。"机乃怪怅。还睇昨路，空野霾云，拱木蔽日，方知昨所遇者信王弼也。（刘敬叔《异苑》卷六）①

刘氏并云传闻遇王弼者一作陆云。此事并见《晋书·陆云传》，最后说："云本无玄学，自此，谈'老'殊进。"这种异闻颇耐寻味。二说主角虽然不同，但那时陆氏兄弟境遇相同，故而究竟是谁遇见了王弼倒是无关紧要，值得注意的是产生这种传说的背景。

这种"鬼话"虽似荒唐无稽，但却说明了一个重要的问题，即陆氏兄弟在未入洛前，只能"提纬古今，总验名实"，写作《辨亡论》之类的作品；其后为了适应环境，有可能在入洛之时钻研过《易》《老》《庄》之类的玄学基本著作，或在入洛之后受到玄风影响而曾予以注意，因此才能给人以"谈'老'殊进"的感觉，并且产生了路遇王弼之鬼魂的传说。

这种推断与当时的学术情况也是符合的。三国之时，江南的学风比较保守，承袭汉代旧习，《易》主今文家说，王弼等人的影响未能深入。② 其时风行吴国的《易》学有陆绩注的《京氏易传》。陆氏专以象数说经，恪守西京博士的遗绪，与王弼注《易》摆脱汉人象数而参以老庄者大异其趣。值得注意的是：陆绩是陆机的从曾祖，而年岁则小于机祖陆逊。陆绩早年就以"怀橘遗母"而出名，正是吴郡陆氏祖上一辈所谓礼法传家的知名人物。古人重家学，世家大族更以世传经学为门户的光荣，陆氏世为江东大族，陆绩一系和陆逊一系又长期聚族而居，关系自

---

① 并见《水经·穀水注》引袁氏《王陆诗叙》和《艺文类聚》卷七十九，《太平御览》卷六一七、八八四，《太平广记》卷三一八引《异苑》。今从津逮秘书本《异苑》。又《太平御览》卷六一七引《异苑》另一则也认为遇王弼者乃陆云。

② 参看唐长孺《读〈抱朴子〉推论南北学风的异同》，载《魏晋南北朝史论丛》，生活·读书·新知三联书店 1955 年版。

极深切。陆机向以家世自负,"咏世德之骏烈,诵先人之清芬",在在不忘表彰"先德"。因此,他在江南家居之时只能学习陆绩的《易》学,不可能对世传《易》学有任何的偏离。况且这时的江南还完全被旧的学风所控制,陆机的早期作品中就没有什么玄学的痕迹出现。《文赋》的情况不同,里面已有以老庄观点处理《易》学问题的尝试,说明其时已经受到玄风的浸染,可见此文不能作于早年,只能产生在入洛之后。

按陆云有《与平原书》三十五札,年代可考者约占半数,均作于永宁二年(302)夏入邺转大将军右司马时。① 其第八书中亦曾论及《文赋》,次在《述思赋》《咏德颂》《扇赋》《感逝赋》《漏赋》之间。陆云于书末复云:"兄顿作尔多文,而新奇乃尔,真令人怖!"说明这些文章作于同一时期。而陆机在《感逝赋》中自言"年方四十"②,《述思赋》中有伤兄弟离别之意,可证二文确是作于永宁之前不久。据此可知《文赋》的写作时间也当在永宁二年或稍前不久。

但我们如作进一步的推断,则更可确定《文赋》的写成年代实际上不可能迟于永康元年(300)。因为"二俊"的第一知己张华于是年四月被害,"违众先生"欧阳建于八月被害,陆机也屡次险遭不测,此时变乱迭起,名理家们想来也势难再安心讨论什么学术问题了。

综上所言,可以推定:《文赋》当写成于永康元年或稍前不久。那时陆机为四十岁或将近四十岁。至此文坛上已经兴起过三次高潮(建安文学、正始文学和太康文学),其间涌现出了许多优秀的作品,积累下了许多宝贵的知识,而陆机本人也已有了二三十年的创作经验,洞悉文章"妍蚩好恶"之所由,这就是陆机在《文赋》中能把创作问题阐发得那么深入细致的原因。

---

① 参看逯钦立《〈文赋〉撰出年代考》,载《学原》第二卷第一期,1948年版。
② 《文选》卷十六、《艺文类聚》卷三十四、《陆士衡文集》卷三均作《叹逝赋》。

魏晋南北朝人对文学形象特点的探索

萧统编集《文选》，作序说明去取原则。他声明不收经、子、辞、史，但又认为史书中的某些部分应当另作别论，"若其赞论之综缉辞采，序述之错比文华，事出于沉思，义归乎翰藻，故与夫篇什，杂而集之"。显然，在他的心目之中，"沉思""翰藻"就是文学作品的标识。

魏晋南北朝人常用"巧思""妙思""文思""沉思""神思"等词形容创作时的思维状态。《南史·傅縡传》："（縡为文）未尝起草，沉思者亦无以加。"说明"沉思"一词的内涵有别于一般的思维活动。

魏晋南北朝人还喜欢用"丽藻""浮藻""芬藻""美藻""文藻"等词譬喻文学，前此则早已有人用"翰林"一词代表文学。潘岳《射雉赋》中有句云"敷藻翰之陪鳃"，李善注："藻翰，翰有华藻也。"萧统用此强调文学应有彩色之美，乃是时代风气的反映。他们都重视文学的美感特点。

由此可知，萧统举文学的艺术构思与美感特点为标准，将经、子、辞、史逐出"翰林"，说明他的文学见解有突过前人之处，但这种认识却也正是奠基在当时文学界新的研究成果之上。魏晋南北朝的文学理论家通过对"沉思""翰藻"的研究而接触到了文学的形象特点。

诗 赋

文学理论的提高，有赖于创作实践的发展。魏晋南北朝时的文学理论之所以能有进步，与创作实践的日趋丰富有关。

即以文体而言，我国古代有代表性的各种文体，除词、曲等数种外，其他样式此时差不多均已齐备。这些文体都对丰富我国文学宝库起了重要的作用。但在历史发展的这一阶段，对文学理论影响最大的两种文体，则是诗与赋。

《典论·论文》:"诗赋欲丽。"

《文赋》:"诗缘情而绮靡,赋体物而浏亮。"

《文章流别论》:"赋者,敷陈之称,古诗之流也。古之作诗者,发乎情,止乎礼义。情之发,因辞以形之;礼义之旨,须事以明之,故有赋焉。所以假象尽辞,敷陈其志。"(《艺文类聚》卷五十六引)

《文选序》:"诗者,盖志之所之也。情动于中而形于言。""古诗之体,今则全取赋名。荀(卿)、宋(玉)表之于前,贾(谊)、(司)马(相如)继之于末。自兹以降,源流实繁,述邑居则有'凭虚''亡是'之作,戒畋游则有《长杨》《羽猎》之制。若其纪一事,咏一物,风云草木之兴,鱼虫禽兽之流,推而广之,不可胜载矣。"

可知魏晋南北朝的文学理论家主要通过对诗、赋的研究而认识到了文学的美感特点。

大赋发展了《诗经》与"楚辞"刻画事物形象的能力

两汉是辞赋创作的鼎盛时代,魏晋南北朝时,此风迄未少衰,《文选》列赋体于全书之首,说明时人对此仍极重视。他们还对赋的起源和艺术特点作了多方面的探讨。

《文心雕龙·诠赋》篇中说:"赋也者,受命于诗人,拓宇于楚辞也。"此说与挚虞、萧统等人的看法大体相同,均承《汉书·艺文志》中的论点而来。他们认为:在这几种文体之间,不但经历着一段形式演变的历史,而且后代的赋家接受了前代诗人与楚辞作者的创作经验,在写作技巧方面也有了新的发展。

《文心雕龙·物色》篇中的一段文字说明了上述道理。

> 诗人感物,联类不穷,流连万象之际,沉吟视听之区。写气图貌,既随物以宛转;属采附声,亦与心而徘徊。故"灼灼"状桃花之鲜,"依依"尽杨柳之貌,"杲杲"为出日之容,"瀌瀌"拟雨雪之状,"喈喈"逐黄鸟之声,"喓喓"学草虫之韵。"皎日""嘒星",一言穷理;"参差""沃若",两字穷形:并以少总多,情貌无遗矣。虽复思经千载,将何易夺?及《离骚》代兴,触类而长,物貌难尽,故重沓舒状,于是嵯峨之类聚,葳蕤之群积矣。及长卿之徒,诡势瑰声,模山范水,字必鱼贯。所谓诗人丽则而约言,辞人丽淫而繁句也。

随着社会人事的日繁,作家的观察愈趋深刻,表现在文学语言和修辞技巧的运用上,后代的作品自然更为细致多样。刘勰为了反对当时日趋雕琢的文风,以宗经为号召,故对"辞人"之作不无微词,但他实际上并不抹杀赋家在形式技巧方面作出的贡献。《诠赋》篇中称司马相如等人为"辞赋之英杰",《丽辞》篇中说:"自扬(雄)、(司)马(相如)、张(衡)、蔡(邕),崇盛丽辞,如宋画吴冶,刻形镂法,丽句与深采并流,偶意共逸韵俱发。"对他们在文辞方面的贡献还是作了很高的评价。

作为汉赋源头的楚辞,在刻画事物形象方面取得了空前的成就,刘勰誉之为"气往轹古,辞来切今,惊采绝艳,难与并能"。他对楚辞的艺术成就还作了具体分析。

> 故其叙情怨,则郁伊而易感;述离居,则怆怏而难怀;论山水,则循声而得貌;言节候,则披文而见时。是以枚(乘)、贾(谊)追风以入丽,(司)马(相如)、扬(雄)沿波而得奇,其衣被词人,非一代也。(《文心雕龙·辨骚》)

总的说来，楚辞对汉赋的影响，表现于内容方面者为微，形式技巧方面者为著，对提高赋家刻画事物形象的能力更有直接的帮助。

由楚辞至汉赋，枚乘的《七发》起了桥梁的作用。《文心雕龙·杂文》篇说："及枚乘摛艳，首制《七发》，腴辞云构，夸丽风骇。"它开了汉赋中"极声貌以穷文"的风气，形成了细致刻画外物的传统。《才略》篇说："王逸博识有功，而绚采无力；延寿继志，瑰颖独标，其善图物写貌，岂枚乘之遗术欤！"可见自枚乘以下的历代赋家在发展文学的形象特点方面积累了许多宝贵的知识。

以上所言，偏于叙述大赋发展的历史。魏晋南北朝的文学理论家认为：赋在发展的过程中，一方面继承并丰富了诗人与楚辞作家刻画形象的能力，一方面则有趋于细致或雕琢的倾向。这种倾向是好是坏，各家评价不一，但若说到赋在刻画外物时有更高的表现力，则有很多人会表示同意。葛洪在《抱朴子·钧世》篇中说："《毛诗》者，华彩之辞也，然不及《上林》《羽猎》《二京》《三都》之汪濊博富也。""若夫俱论宫室，而奚斯路寝之颂，何如王生之赋灵光乎？同说游猎，而《叔畋》《卢铃》之诗，何如相如之言上林乎？并美祭祀，而《清庙》《云汉》之辞，何如郭氏《南郊》之艳乎？等称征伐，而《出车》《六月》之作，何如陈琳《武军》之壮乎？则举条可以觉焉。"这种意见具有很大的代表性。

小赋重视细致刻画事物外形，当时文人以此进行写作上的练习

魏晋南北朝时仍不断有人写作大赋，因此这方面的经验继续在积累提高，但比较地说，此时写作小赋的人却显得更多了。这是因为小赋在"体物"方面有更大的适应性，在刻画外物形象方面有更好的成绩。

小赋植根在民间文学"隐"中。它在发展的过程中不断汲取群众的智慧，丰富自己的表现力。

《汉书·艺文志》"诗赋略·杂赋"类载《隐书》十八篇，颜师古注引刘向《别录》云:"隐书者,疑其言以相问,对者以虑思之,可以无不谕。"盖即后世射覆、谜语一类玩意。设问者如以具体事物为题,则必尽力刻画此物形貌,这样也就孕育了后代咏物小赋的基本要素。"隐""赋"之间的关系在小赋之祖荀卿的作品中表现得最明显。

刘勰在《文心雕龙·谐隐》中说:"自魏代以来,颇非俳优,而君子嘲隐,化为谜语。谜也者,回互其辞,使昏迷也。或体目文字,或图象品物,纤巧以弄思,浅察以炫辞,义欲婉而正,辞欲隐而显。荀卿《蚕赋》,已兆其体;至魏文、陈思,约而密之,高贵乡公,博举品物,虽有小巧,用乖远大。"指出"隐""赋"之间有着紧密的联系,二者在"图象品物"方面有着共同的特点。

小赋在民间文学的基础上产生之后,渐次显示其刻画事物形象的优越性,由是作者接踵而出,创作极为繁荣。当时的人似乎以咏物为娱玩之具。《汉书·枚皋传》:"(皋)从行至甘泉、雍、河东,东巡狩,封泰山,塞决河宣房,游观三辅离宫馆,临山泽弋猎,射驭狗马,蹴鞠刻镂,上有所感,辄使赋之。为文疾,受诏辄成,故所赋者多。"《文心雕龙·诠赋》篇中也说:"(枚)皋、(东方)朔已下,品物毕图。"大约他们刻画出来的事物形象颇富魅力,故而能够博得武帝等人的喜爱。《诠赋》篇中还说:"子渊《洞箫》,穷变于声貌。"此文艺术上的成功,博得了宣帝太子的热爱,《汉书·王褒传》载:"太子喜褒所为《甘泉》及《洞箫颂》,令后宫贵人左右皆诵读之。"可见咏物赋取得的成就足以令人颠倒。

魏晋南北朝人仍以写作咏物赋为即兴之举。

《后汉书·文苑(祢衡)传》:"(黄)射时大会宾客,人有献鹦鹉者,射举卮于衡曰:'愿先生赋之,以娱嘉宾。'衡览笔而作,文无加点,辞采甚丽。"

《三国志·吴书·诸葛恪传》裴松之注引《(诸葛)恪别传》:"(孙)权尝飨蜀使费祎。……祎停食饼,索笔作《麦赋》,恪亦请笔作《磨赋》,咸称善焉。"

《三国志·吴书·朱桓传》裴松之注引《文士传》:"张惇子纯与张俨及(朱)异俱童少,往见骠骑将军朱据。据闻三人才名,欲试之,告曰:'老鄙相闻,饥渴甚矣。夫骠裹以迅骤为功,鹰隼以轻疾为妙,其为吾各赋一物,然后乃坐。'俨乃赋犬曰:'守则有威,出则有获,韩卢、宋鹊,书名竹帛。'纯赋席曰:'席以冬设,簟为夏施,揖让而坐,君子攸宜。'异赋弩曰:'南岳之干,钟山之铜,应机命中,获隼高墉。'三人各随其目所见而赋之,皆成而后坐。据大欢悦。"(并见《太平御览》卷三四八引《杂记》)

鲍照《野鹅赋序》:"有献野鹅于临川王世子,命为之赋。"

《梁书·刘孺传》:"孺少好文章,性又敏速,尝于御坐为《李赋》,受诏便成,文不加点。高祖甚称赏之。"

《文士传》:"刘桢坐,厨人进瓜,桢为赋,立成。"又"潘尼曾与同僚饮。主人有流璃碗,使客赋之。尼于坐立成"。(《太平御览》卷六百引)

这样的作品,篇幅量来不能过长,只能用精练的笔墨将描写对象扼要地勾勒出来。这类作品犹如绘画中的速写,虽然普遍缺乏深厚的内容,但作为技能锻炼来说,确是可以提高作家塑造形象的能力。试举例说明时人于此取得的成绩。

> 白鸟朱冠,鼓翼池干。举修距而跃跃,奋皓翅之皵皵。宛修颈而顾步,啄沙碛而相欢。岂忘赤霄之上,忽池籞而盘桓。饮清流而不举,食稻粱而未安。故知野禽野性,未脱笼樊。赖吾王之广爱,虽禽鸟兮抱恩,方腾骧而鸣舞,凭朱槛而为欢。(《西京杂记》卷四路乔如《鹤赋》)

赋家写作这类作品,犹如画家临景构拟。由于刻画细腻,词彩鲜明,因此一些成功的作品,倒也称得上栩栩如生。刘勰曾在《诠赋》篇中总结过咏物小赋的艺术特点:"至于草区禽族,庶品杂类,则触兴致情,因变取会。拟诸形容,则言务纤密;象其物宜,则理贵侧附。"赋家在细致的描绘过程中提高了塑造形象的能力。

魏晋南北朝人注意运用形象鲜明的譬喻

由于赋有巨大的表现能力,所以作家喜欢用它开拓写作的新领域。

马融《长笛赋序》:"(融)独卧郿平阳邬中,有雒客舍逆旅,吹笛为'气出''精列'相和。融去京师逾年,暨闻,甚悲而乐之。追慕王子渊、枚乘、刘伯康、傅武仲等箫、琴、笙颂,唯笛独无,故聊复备数,作《长笛赋》。"(《文选》卷十八)

《金楼子·立言下》:"杨泉《赋序》曰:古人作赋者多矣,而独不赋蚕,乃为《蚕赋》。"

赋的表现范围简直不受任何限制,随便什么题目都可用它来写。描写具体事物当然不成问题,就是以抽象事物为题材的作品也可用它来写。魏晋南北朝时就曾产生过许多后一类性质的作品。

又以赋者,贵能分赋物理,敷演无方。天地之盛,可以致思矣,历观古人未之有赋。岂独以至丽无文,难以辞赞;不然,何其阙哉?遂为《天地赋》。(《晋书·文苑(成公绥)传》)

(刘画)乃恨不学属文,方复缉缀辞藻,言甚古拙。制一首赋,以"六合"为名,自谓绝伦。乃叹儒者劳而寡功。曾以赋呈魏收而不拜,收忿之,谓曰:"赋名六合,已是太愚,文又愚于六合,君四体又甘于文。"画不忿,又以示邢子才,子才曰:"君此赋正似跻骆驼,伏而无妩媚。"(《北史·儒林(刘画)传上》)

一般说来，写作天地、六合等文确是难于下笔，以古拙之言作赋自然会遭到讥议，但成公绥却偏能犯他人之所难，其间又运用了什么写作诀窍呢？原来赋之所以具有极大的灵活性与适应性，还与它写作手法上的一些特点有关。赋主铺陈，因此不论哪一方面的题目到手，只要利用"假象尽辞"的手段，即可铺演成文。而当赋家写作有关抽象事物的作品时，则注意巧妙地利用譬喻，《淮南子·要略》篇中说："言天地四时而不引譬援类，则不知精微。"可见古人早就明白利用生动具体的有关形象有助于说明奥妙的道理。为此文人无不采用形象鲜明的具体事物作为譬喻，增强语言文字的表现力。

魏晋南北朝的文人喜欢讨论哲理，他们常用譬喻帮助说理。

《世说新语·文学》曰"裴成公作《崇有论》"，刘孝标注引《晋诸公赞》："（裴）𬱖疾世俗尚虚无之理，故著《崇有》二论以折之。才博喻广，学者不能究。后乐广与𬱖清闲欲说理，而𬱖辞喻丰博，广自以体虚无，笑而不复言。"

《世说新语·文学》："殷中军（浩）为庾公长史，下都，王丞相（导）为之集。……既共清言，遂达三更。……既彼我相尽，丞相乃叹曰：'向来语，乃竟未知理源所归，至于辞喻不相负，正始之音，正当尔耳！'"

《晋书·艺术（王嘉）传》："好尚之士，无不师宗之。问其当世事者，皆随问而对，好为譬喻，状如戏调。"

显然，作为形象艺术的文学，更应充分发挥譬喻的作用，何况当时学术界又有普遍注意用喻的风气，文学理论家自然会注意到这种描写手段的效果。

《文心雕龙·诸子》："韩非著博喻之富。"

《文心雕龙·论说》："邹阳之说吴、梁，喻巧而理至。"

《文心雕龙·檄移》："相如之难蜀老，文晓而喻博。"

《文心雕龙·书记》："刘廙谢恩，喻切以至。"

《诗品》评颜延之:"情喻渊深。"

刘勰在《文心雕龙·体性》篇中区分文之八体时,列出了"繁缛"一体:"繁缛者,博喻酿采,炜烨枝派者也。"大约这一流派的作家尤其喜欢利用譬喻,因而他们的作品特别富于彩色之美。刘勰对此持赞美的态度。

作家在写作上广泛地应用譬喻,必须通过丰富的联想作用,这样在他们的构思过程中,必然会浮现出鲜明的事物形象;而在完成的作品之中,也会显现出具体的事物形象。这些情况当然有助于文学特点趋于明确。

魏晋南北朝人常把赋、比两种手法交相为用刻画外物形象

在我国古代的文学理论中,对文学的艺术手法的探讨,早在汉代即已取得了相当高的成就。大约在西汉时,文学理论家研究《诗经》,归纳出了"赋、比、兴"三种不同的写作手法,对此还作了理论上的分析。尽管他们的解释尚嫌简略,而且未必切合《诗经》的艺术特点的实际情况,但它说明汉代研究文学理论的水平已经向前发展了一大步。

魏晋南北朝人对此继续进行钻研,提出了许多新的研究成果。

《文章流别论》:"赋者,敷陈之称也;比者,喻类之言也;兴者,有感之辞也。"(《艺文类聚》卷五十六引)

《文心雕龙·比兴》:"比者,附也;兴者,起也。附理者,切类以指事;起情者,依微以拟议。……何谓为比,盖写物以附意,飏言以切事者也。"

《诗品序》:"故诗有三义焉:一曰兴,二曰比,三曰赋。文已尽而意有余,兴也;因物喻志,比也;直书其事,寓言写物,赋也。"

上述各家所作的解释仍不甚一致,也很难说哪一种学说更切合实际,但在下面一点上各家的解释倒有近于一致之处,那就是"赋"主敷

陈，故与"比"为近，与"兴"为远。因此，作为一种文体的赋，在采用上述各种手法写作时，除了采用敷陈的"赋"之外，还经常采用"写物"的"比"。这点刘勰也已明确指出，他在叙述"比""兴"两种手法的发展时说：

  楚襄信谗，而三闾忠烈，依《诗》制《骚》，讽兼比兴。炎汉虽盛，而辞人夸毗，诗刺道丧，故兴义销亡。于是赋颂先鸣，故比体云构，纷纭杂遝，倍旧章矣。(《文心雕龙·比兴》)

  赋家"日用乎比，月忘乎兴"，于是汉代以后的作家不再重视婉而成章的托谕，见识较高的作家也只注意"词必巧丽"，"符采相胜"，"如组织之品朱紫，画绘之著玄黄"了。这种倾向确是不太佳妙，但说明后来的赋家却是更注意作品的形象问题了。

  刘勰对"比"作了细致的分析。他在《比兴》篇中说：

  夫比之为义，取类不常：或喻于声，或方于貌，或拟于心，或譬于事。宋玉《高唐》云"纤条悲鸣，声似竽籁"，此比声之类也；枚乘《菟园》云"猋猋纷纷，若尘埃之间白云"，此则比貌之类也；贾生《鵩赋》云"祸之与福，何异纠纆"，此以物比理者也；王褒《洞箫》云"优柔温润"，"如慈父之畜子也"，此以声比心者也；马融《长笛》云"繁缛络绎，范(睢)、蔡(泽)之说也"，此以响比辩者也；张衡《南都》云"起郑舞"，"蓝曳绪"，此以容比物者也。

  可见作为一种写作手法的"比"，基本上就是上面所说的譬喻。它能使抽象的事物具体化，因而具有巨大的描绘能力。于是后代的一些赋家，特别是小赋的作者，都把注意力集中到"比"上去了。刘勰说："至于扬(雄)、班(固)之伦,曹(植)、刘(桢)以下,图状山川,影写云物,莫不纤综比义,以敷其华,惊听回视,资此效绩。"指出的就是这样一段文学作品日趋形象化的历史。

赋家将赋、比两种手法结合起来使用,一方面注意随物赋形,对描写对象作细致的刻画,一方面注意假譬取象,插入某些富有表现力的譬喻。这样既能使作品铺叙细致,又能使作品形象鲜明。他们还根据写作对象的不同而将赋、比作种种不同的配合,例如描写具体事物时常用赋,描写抽象事物时常用比等。

我国文学向来注重"比兴之义","虬龙以喻君子,云霓以譬谗邪",言在此而意在彼,因此某些咏物小赋实际上另有寄托。其中描写的物体或喻己,或喻人,读者需要深入考察。

《晋书·张华传》:"初,未知名,著《鹪鹩赋》以自寄。……陈留阮籍见之,叹曰:'王佐之才也。'由是声名始著。"

《宋书·隐逸(王素)传》:"素既屡被征辟,声誉甚高。山中有蚿,虫声清长,听之使人不厌,而其形甚丑。素乃为《蚿赋》以自况。"

《南史·江禄传》:"(撰)《井絜皋木人赋》《败船咏》,并以自喻。"

《宋书·范晔传》:"撰《和香方》,其序之曰:'麝本多忌,过分必害;沉实易和,盈斤无伤。零藿虚燥,詹唐黏湿。甘松、苏合、安息、郁金、榇多、和罗之属,并被珍于外国,无取于中土。又枣膏昏钝,甲煎浅俗,非唯无助于馨烈,乃当弥增于尤疾也。'此序所言,悉以比类朝士:'麝本多忌',比庾炳之;'零藿虚燥',比何尚之;'詹唐黏湿',比沈演之;'枣膏昏钝',比羊玄保;'甲煎浅俗',比徐湛之;'甘松、苏合',比慧琳道人;'沉实易和',以自比也。"

《南齐书·文学(卞彬)传》:"彬又目禽兽云:'羊性淫而狠,猪性卑而率,鹅性顽而傲,狗性险而出。'皆指斥贵势。其《虾蟆赋》云'纤青拖紫,名为蛤鱼',世谓比令仆也;又云'科斗唯唯,群浮暗水,维朝继夕,聿役如鬼',比令史谐事也。文章传于闾巷。"

这类作品,说蚊并不就是蚊,说虾蟆并不就是虾蟆。以其刻画蚊与虾蟆的形象来说,则是用了赋的手法;以其譬喻作者自己或他人来说,则是用了比的手法。这里的赋、比已是融为一体,密不可分。

由此可知,咏物小赋基本上可分两类:有寄托的作品大都以比而用赋的手法写成;无寄托的作品,即单纯刻画事物形貌的作品,大都以赋而用比的手法写成。赋家利用赋、比两种手法,可以细致地塑造出事物的生动形象。这就是赋"体物"之功的奥妙所在。

刘勰在《文心雕龙·物色》篇中说:"体物为妙,功在密附。故巧言切状,如印之印泥,不加雕削,而曲写毫芥。故能瞻言而见貌,即字而知时也。"寥寥数语,对赋的形象问题作了明确的解释。

刘勰在《诠赋》篇的赞语中总结道:"赋自诗出,分歧异派,写物图貌,蔚似雕画。"纪昀指出刘氏此说仍侧重小赋一边,可见自赋体产生之后即在刻画事物形象方面显示其优越性,而魏晋南北朝的赋家写作小赋时在塑造形象方面更取得了不少成就。这在文学理论家认识文学的形象特点的过程中自然起了极为重要的作用。

山水诗和咏物诗的兴起提高了作家塑造形象的能力

诗歌的表现范围虽然不如赋体那样广阔,但在塑造形象方面却也未见多逊。文学理论家曾经指出,前代产生的某些诗篇具有鲜明的形象。

《文心雕龙·明诗》:"(古诗)观其结体散文,直而不野,婉转附物,怊怅切情,实五言之冠冕也。""(建安邺下文人)并怜风月,狎池苑,述恩荣,叙酣宴。慷慨以任气,磊落以使才。造怀指事,不求纤密之巧;驱辞逐貌,唯取昭晰之能:此其所同也。""宋初文咏,体有因革,庄老告退,而山水方滋。俪采百字之偶,争价一句之奇,情必极貌以写物,辞必穷力而追新,此近世之所竞也。"

《梁书·王筠传》:"(沈)约于郊居宅造阁斋,筠为草木十咏,书之于壁,皆直写文词,不加篇题。约谓人云:'此诗指物呈形,无假题署。'"

《颜氏家训·文章》:"兰陵萧悫,梁室上黄侯之子,工于篇什。尝有《秋诗》云:'芙蓉露下落,杨柳月中疏。'时人未之赏也。吾爱其萧散,宛然在目。"

由此可知,在五言诗的写作上,山水诗的兴起,咏物诗的发展,曾为刻画形象带来新的收获。因为山水诗要求具体描绘外界景物,而咏物诗更要求达到"指物呈形"的程度,这样自然会把五言诗的形象特点充分显示出来。

总起来说,魏晋南北朝时的文人普遍从事五言诗与小赋的写作,他们灵活地运用了赋、比两种手法,注意文学作品的形式美,精心塑造客观事物的具体形象。于是文学理论家首先认识到了文学的美感特点,继而认识到了文学的形象特点。这是魏晋南北朝人在文学理论上取得的重大成就。

《诗品序》:"五言居文词之要,是众作之有滋味者也。故云会于流俗。岂不以指事造形,穷情写物,最为详切者耶!"

《文心雕龙·诠赋》:"赋者,铺也。铺采摛文,体物写志也。"

五言与赋有相同处:"穷情"相当于"写志","写物"相当于"体物"。当然,五言可能更宜于"穷情",赋可能更宜于"体物",这是它们的同中之异,但二者均宜于"造形",则又是异中之同了。比起其他文体来,二者在塑造形象方面有更多的优点,这是经过文学发展史的严峻考验取得的自然结果。难怪魏晋南北朝的文人群趋于是,从而在创作与理论上都取得了重大的收获。

最后还应补充说明的是:魏晋南北朝人所理解的形象问题与现代文艺理论中的解释还有很大的距离。我国古代文论家通过对抒情诗与散文的研究，提出了许多宝贵的学说，同时由于我国古代小说、戏剧发展较迟，叙事诗不发达，因此在对形象问题进行探索时也就带有自身的特点。魏晋南北朝人所谈的形象一般指事物的外部形貌，有关人物形象的问题谈得还不多，这与我国文学发展的具体历史条件有关，无损于这一阶段文论的光辉。因为文学理论家对文学形象问题的探索也经历着一段由浅入深的过程，这一阶段的研究工作正为后代的深入钻研开辟了道路，它在文学理论发展史上占有重要的位置。正是由于当时理论家对文学的特点有了比较明确的认识，将文学从一般学术中区分了开来，这就为文学的独立发展创造了条件，为后代作家走上正确的创作道路作了理论上的启示。

形　似

魏晋南北朝的文学理论家之所以能够认识文学的形象特点，主要原因当然是文学本身的发展，特别是诗赋创作上取得的新成就。另一重要原因则基于其他艺术的发展，特别是绘画方面取得的新成就。我对前者已作了些分析，下面准备对后者也作些介绍。

魏晋南北朝的文学理论家经常吸收其他艺术的研究成果，解决文学问题

这一时期的文学理论家大都具有多方面的艺术修养。他们在探讨文学问题时，常用绘画和雕塑作为譬喻。这两种艺术都有直接诉诸视觉的感性特点，用来说明文学形象的具体性，自然是最适当不过的了。《文心雕龙》的赞语中就常用这种譬喻，例如《正纬》篇中说"朱紫腾沸"，"糅其雕蔚"，《诠赋》篇中说"写物图貌，蔚似雕画"，也就说明了文学与绘画等其他姐妹艺术有着紧密的联系。

汉代的画家在创作人物画方面已经达到了相当高的水平,魏晋南北朝的画家于此更有突出的成就。从下面一些富有情趣的文学小品中即可见一斑。

> 钟会是荀济北从舅,二人情好不协。荀有宝剑,可值百万,常在母钟夫人许。会善书,学荀手迹,作书与母取剑,仍窃去不还。荀勖知是钟而无由得也,思所以报之。后钟兄弟以千万起一宅,始成,甚精丽,未得移住。荀极善画,乃潜往画钟门堂,作太傅形象,衣冠状貌如平生。二钟入门,便大感恸,宅遂空废。(《世说新语·巧艺》)
>
> 瑱妹为齐鄱阳王妃,伉俪甚笃。王为齐明帝所诛,妃追伤,遂成痼疾,医所不疗。有陈郡殷蒨,善写人面,与真不别。瑱令蒨画王形象,并图王平日所宠姬共照镜状,如欲偶寝。瑱乃密使媪妳示妃。妃视毕,仍唾之,因骂云:"故宜其早死。"于是恩情即歇,病亦除差。宠姬亦被废苦。因即以此画焚之。(《南史·刘瑱传》)
>
> 武烈太子(萧方等)偏能写真,坐上宾客,随宜点染,即成数人。以问童孺,皆知姓名矣。萧贲、刘孝先、刘灵并文学已外,复佳此法。(《颜氏家训·杂艺》)
>
> 武帝崇饰佛寺,多命(张)僧繇画之。时诸王在外,武帝思之,遣僧繇乘传写貌,对之如面也。(张彦远《历代名画记》卷七)

大约在山水诗兴起的同时,山水画也开始萌芽成长了,经过南朝各代画家的努力,非但趋于成熟,并且获得了相当高的成就,这也可以举出一些材料作为例证。

> 好山水,爱远游,西涉荆巫,南登衡岳,因而结宇衡山,欲怀尚

平之志。有疾还江陵,叹曰:"老疾俱至,名山恐难遍睹,唯当澄怀观道,卧以游之。"凡所游履,皆图之于室。谓人曰:"抚琴动操,欲令众山皆响。"(《宋书·隐逸(宗炳)传》)

含毫命素,动必依真。尝画团扇,上为山川,咫尺之内,而瞻万里之遥;方寸之中,乃辨千寻之峻。(《续画品录》评萧贲)

其他一些画家在描绘虫鱼鸟兽、花草树木等方面,也都有很好的成绩。

当时文人普遍采用"如画"一词,说明他们重视形象的鲜明具体

时人在绘画领域取得了这样大的成就,丹青之妙几乎巧夺天工,于是人们在观察人物或自然景色之时,反而会很自然地联想到人物画与山水画的形象上去。汉末产生的"如画"一词反映了绘画艺术给人的深刻印象。

《后汉书·马援传》:"为人明须发,眉目如画。"李贤注引《东观记》:"援长七尺五寸,色理发肤眉目容貌如画。"

《水经·渐江水注》:"麻潭下注若邪溪,水至清,照众山倒影,窥之如画。"

诸葛亮(?)《黄陵庙记》:"乃见江左大山壁立,林麓峰峦如画。熟视于大江重复石壁间,有神像影现焉。鬓发须眉,冠裳宛然,如彩画者。"

当时文人也已普遍采用"如画"这一术语,如左思《娇女诗》曰"其姊字惠芳,面目粲如画",王僧孺《至牛渚忆魏少英》曰"枫林暖似画,沙岸净如扫",庾肩吾《和太子重云殿受戒》曰"连阁翻如画,图云更似真",傅縡《杂曲》曰"一娇一态本难逢,如画如花定相似"……他们都把描写对象看作优秀的绘画作品,把"如画"一词用作高度评价的形容词,表明当时文人已经普遍地把形象鲜明生动作为对文学作品提出的美学要求的

主要内容之一。

　　文论中的某些术语,如风骨等,也是从画论中移植过来的;反之,画论中也常用文学术语作为说明。例如《古画品录》评张墨、荀勖云:"但取精灵,遗其骨法,若拘以体物,则未见精粹。"《续画品录》评袁质云:"若方之体物,则伯仁《龙马》之颂;比之书翰,则长胤狸骨之方。虽复语迹异途,而妙理同归一致。"可见绘画理论家也曾注意到赋颂的艺术特点,并吸收其研究成果。

　　以上事实说明,文学与绘画在本质上有相通处,因此在理论上也常相互影响。谢赫在六法中有"应物象形"之说,刘勰在《文心雕龙·物色》篇中则有"写气图貌""随物婉转"之说,二者对"体物"作了极为类似的阐发。

　　显然,当时绘画界在创作上取得的成就,在画论上取得的研究成果,对魏晋南北朝人掌握文学形象特点有很大的启示。

"形似"一词的风行,说明当时文人重视用形象复写外物

　　最能说明时人借助绘画而认识到了文学的形象特点的地方,则是当时文论中已广泛地采用了"形似"一词。

　　按"形似"之说原由人伦识鉴而起。魏晋南北朝时的"胜流""名士",注意风韵气度,由于他们在社会上占有优越的地位,因而他们的言语举止常被人仿效,这样也就产生了所谓"形似"与"神似"的问题。

　　《世说新语·排调》:"桓豹奴(嗣)是王丹阳(混)外生,形似其舅,桓甚讳之。宣武云:'不恒相似,时似耳。恒似是形,时似是神。'桓逾不悦。"

　　《晋书·桓温传》:"温自以雄姿风气是宣帝、刘琨之俦。……及是征还,于北方得一巧作老婢,访之,乃琨妓女也。一见温,便潸然而泣。温问其故,答曰:'公甚似刘司空。'温大悦,出外整理衣冠,又呼婢问。

婢云：'面甚似，恨薄；眼甚似，恨小；须甚似，恨赤；形甚似，恨短；声甚似，恨雌。'温于是褫冠解带，昏然而睡，不怡者数日。"（并见《太平御览》卷三九六引《语林》）

《南史·王筠传》："沈约见筠，以为似外祖袁粲。谓仆射张稷曰：'王郎非惟额类袁公，风韵都欲相似。'稷曰：'袁公见人辄矜严，王郎见人必娱笑，惟此一条，不能酷似。'"

其后在绘画领域中产生了有关的理论。宗炳在《画山水序》中提出了"以形写形"之说，顾恺之在《魏晋胜流画赞》中提出了"以形写神"之说，这对当时艺术界起过巨大的影响。

文学理论中普遍采用"形似"一词作为评语，显然，这类作品之中都呈现出绘画般鲜明的形象。

《宋书·谢灵运传论》："相如巧为形似之言。"

《南齐书·文学(卞彬)传》："永明中，琅邪诸葛勖为国子生，作《云中赋》。指祭酒以下，皆有形似之目。"

《文心雕龙·物色》："自近代以来，文贵形似。"

《诗品》评张协："巧构形似之言。"

《诗品》评谢灵运："尚巧似。"

《诗品》评颜延之："尚巧似。"

《诗品》评鲍照："善制形状写物之词。""贵尚巧似。"

《颜氏家训·文章》："何逊诗实为清巧，多形似之言。"

他们认为上述各家诗赋的突出之点在于"形似"，也就掌握了文学以形象反映客观事物的特点。他们把作家用语言文字塑造的鲜明的形象理解为相当于画家用色彩和线条描绘成的一幅幅图画，这就把文学与一般学术论文区分了开来，从而认识到了文学的艺术个性。实则诗人中"多形似之言"者何止上述数人，魏晋南北朝时形象鲜明的诗句已经大量涌现。除何逊有"薄云岩际出，初月波中上"等脍炙人口的名句外,他如王融的"日汨山照红,松映水华碧",谢朓的"余霞散成绮,澄江静如练",吴均的"日昏筱乱动,天曙马争嘶",萧纲的"叶密鸟飞碍,风轻花落迟"……都当得上"巧构形似之言"的评语。《岁寒堂诗话》引《文心雕龙·隐秀》篇佚句云"状溢目前曰秀",秀句云云即与形象鲜明生动有关。

唐时旅华日僧遍照金刚撰《文镜秘府论》,地卷中载"诗有十体"之说,其中首先提出的就是"形似体"。"形似体者,谓貌其形而得其似,可以妙求,难以粗测者是。诗曰:'风花无定影,露竹有余清。'又云:'映浦树疑浮,入云峰似灭。'"原注:"如此即形似之体也。"同样的记载还见于托言李峤所撰的《评诗格》中。显然,这种认识与上面介绍的有关形似的学说有着直接的继承关系。魏晋南北朝时有关形象问题的学说曾对唐代作家起过不小的影响。

神　思

用五言诗"写物",用赋"体物",描写的对象是外界的事物;用五言诗"穷情",用小赋"写志",叙述的内容是内心的情志。外界的事物与内心的情志又有密切的联系,情志受到环境的影响而波动,通过对外界事物的描述而宣泄,于是作品之中也就融合了作家主观的感情,用以描述的事物成了作家表达思想的手段,这样的创作过程体现了情景交融的复杂关系。魏晋南北朝的文学理论家对此作了许多细致的研究,刘勰则集其大成而提出了许多宝贵的学说。

《文心雕龙·神思》:"故思理为妙,神与物游。""神用象通,情变所孕。物以貌求,心以理应。"

同上《诠赋》:"原夫登高之旨,盖睹物兴情。情以物兴,故义必明雅;物以情观,故词必巧丽。丽词雅义,符采相胜,如组织之品朱紫,画绘之著玄黄。"

同上《物色》:"是以诗人感物,联类不穷,流连万象之际,沉吟视听之区。写气图貌,既随物以宛转;属采附声,亦与心而徘徊。"

随物宛转为表达的过程,与心徘徊为思维的过程,二者不可分割地组成了创作过程的整体,从作品的酝酿到完成都是围绕着塑造形象而展开的。显然,这种认识基本上已经掌握了文学的形象思维的特点。

其实这种学说早在陆机的《文赋》中已以相当完整的体系提出了。

作家观察外界事物时,首先接触到的难题是:"体有万殊,物无一量,纷纭挥霍,形难为状。"客观事物极为丰富多彩,而且处在不断的变化之中,作家又有什么办法加以掌握呢?

陆机卓越地提出了想象问题。通过想象,可以沟通主客体而顺利地完成反映外物的工作。

"其始也,皆收视反听,耽思傍讯。"这就是说,创作开始之时,要使心地平静,注意力高度集中,让思维活动顺畅地展开,让想象的翅膀高高地飞翔。

"精骛八极,心游万仞","观古今于须臾,抚四海于一瞬",捕捉形象的手掌向四面八方展开,超越了时间、空间的限制;"抱景者咸叩,怀响者毕弹",凡是可以使文学作品增进美感的材料,无不加以细心的抉择。这样,作品在头脑中就逐渐酝酿成熟了,"其致也,情瞳昽而弥鲜,物昭晰而互进",思想感情愈来愈明确,事物形象愈来愈清楚,于是作品也就自然地产生了。

形象在思维活动中趋于明晰的过程,也就是找到恰切的语言文字加以表达的过程,"浮天渊以安流,濯下泉而潜浸,于是沉辞怫悦,若游鱼衔钩而出重渊之深;浮藻联翩,若翰鸟缨缴而坠曾云之峻"。客观事物通过文字被描绘下来了,"笼天地于形内,挫万物于笔端",刻画出来的形象再现了客观事物。

以抒发作者的思想感情而言，成熟的作品可将情绪上的细微变化曲折地表达出来，"思涉乐其必笑，言方哀而已叹"，阅读这样的作品，真可谓如亲謦欬；以描绘客观事物而言，完美的作品可将形象刻画得栩栩如生，"播芳蕤之馥馥，发青条之森森，粲风飞而猋竖，郁云起乎翰林"，这样的作品，就像是一幅色彩鲜明的图画，使人犹如面对着大自然一般。可见作品写得成功与否的关键，在于形象是否鲜明生动，所以陆机郑重告诫作家的是："虽离方而遁员，期穷形而尽相。"

陆机对想象过程中的一些问题作了阐发，并且明确地提出了注意文学作品形象化的具体建议，这些地方说明文学理论家对此已有相当全面的认识，也说明魏晋文学在创作上已经取得了很大的成就。

后人对此不断进行探索，从而发展了有关的理论。

齐梁时人一般称这种特殊的思维过程为"神思"。

萧子显在《南齐书·文学传论》中说："属文之道，事出神思，感召无象，变化不穷。俱五声之音响，而出言异句；等万物之情状，而下笔殊形。"

刘勰在《文心雕龙》中特著《神思》一篇，更全面地进行了研究。他将前人意见中某些流于玄虚的论点加以澄清，将该问题置于现实的基础上加以考察。

首先，他对这种思维过程作了非常生动的描绘。

> 文之思也，其神远矣。故寂然凝虑，思接千载；悄焉动容，视通万里。吟咏之间，吐纳珠玉之声；眉睫之前，卷舒风云之色：其思理之致乎！

显然，刘勰认为作家在构思之时脑海中浮现着鲜明的形象。

但刘勰学说的可贵之处，不在于把这种思维活动描述得如何细致，发挥得如何充分,而是在于解决了若干项前人未能解决的问题。

陆机对文思开塞的问题感到困惑,他在《文赋》中说:

> 若夫应感之会,通塞之纪,来不可遏,去不可止。藏若景灭,行犹响起。方天机之骏利,夫何纷而不理。思,风发于胸臆;言,泉流于唇齿。纷葳蕤以馺遝,唯毫素之所拟,文徽徽以溢目,音泠泠而盈耳。及其六情底滞,志往神留,兀若枯木,豁若涸流。览营魂以探赜,顿精爽而自求。理翳翳而愈伏,思乙乙其若抽。是以或竭情而多悔,或率意而寡尤。虽兹物之在我,非余力之所戮。故时抚空怀而自惋,吾未识夫开塞之所由。

这里所谈的内容,用现代的文学术语讲来,就是所谓灵感的问题。灵感的出现与泪没确是微妙而难于捉摸的,古人自然无法加以说明。陆机坦白地提出了自己的疑难之处,毋宁说是一种值得赞许的老实态度,但他对此作了许多过分的渲染,则又会使人产生神秘的感觉。

作家虽然不能控制灵感的起伏,却有可能为思维的顺畅展开创造条件,刘勰的高明之处,就是在这方面提出了解决的办法。

他是从两方面考虑问题的。《神思》篇中说:

> 是以陶钧文思,贵在虚静,疏瀹五藏,澡雪精神。积学以储宝,酌理以富才,研阅以穷照,驯致以怿辞。然后使玄解之宰,寻声律而定墨;独照之匠,窥意象而运斤。此盖驭文之首术,谋篇之大端。

从作家的主观方面而言,应该排除杂念,保持心地平静,达到"水停以鉴"的境界,从而为正确反映事物准备条件。他在《养气》篇中作了进一步的说明:"是以吐纳文艺,务在节宣,清和其心,调畅其气,烦而即舍,勿使壅滞。意得则舒怀以命笔,理伏则投笔以卷怀,逍遥以针劳,谈笑以药倦。常弄闲于才锋,贾余于文勇。"这样就能"使刃发如新,腠理无滞",思维活动永远保持新鲜活泼。

这是刘勰"神思"说中的一个方面,而且应该说是属于次要的部分,因为作家如果只注意了一个"闲"字,生活中只有"逍遥""谈笑",缺乏积极钻研,那又怎能产生好作品呢?为此刘勰紧接着"虚""静"二字提出了"积学""酌理""研阅""驯致"四项要求,促使作家注意:应该不断积累学识,研究客观事物的情理,丰富生活经验,熟练地驾驭文学语言。这是文学活动的关键所在。作家只有在掌握了丰富的社会知识和熟练的文学技巧之后,才有可能写出成功的作品。刘勰举此作为先决条件,是正确的。

为了达到上述四项要求,必须进行艰巨的劳动,因而刘勰在这里强调的是一个"勤"字。"勤"和"闲"是对立的两个方面,但又是互相补充的。《养气》篇上说:"夫学业在勤,功庸弗息,故有锥股自厉,和熊以苦之人。志于文也,则申写郁滞,故宜从容率情,优柔适会。若销铄精胆,蹙迫和气,秉牍以驱龄,洒翰以伐性,岂圣贤之素心,会文之直理哉!"作家平时应该刻苦向学,勤加钻研,为创作准备条件;行文之时则应从容不迫,使文思滔滔汩汩,永不涸竭。这样的论述符合创作的实际情况,尽管其中还有一些消极的因素,如过多地强调了养气保性的重要,但其基本精神还是可取的。

可以说,刘勰主张虚静,与陆机"收视反听,耽思旁讯"的论点还有近似之处,但他继而提出"积学"等四项要求,则确有新创的意义。刘勰不光考察了形象思维过程中的某些微妙现象,而且把它与逻辑思维结合起来,借助后者加以解决,这就把玄妙的灵感问题化为可以致力的修养问题了。应该说,刘勰将这种容易流于玄虚的理论置于现实的基础之上,确是他在形象思维问题上的巨大贡献。

魏晋南北朝的文学理论家对想象问题作了深入的探索，接触到了形象思维活动中的许多特殊现象，这样自然会加深对文学形象特点的认识。

在上两段——诗赋、形似文字中，我对"写气图貌，既随物以宛转"中的许多问题作了分析；在这段——神思文字中，又对"属采附声，亦与心而徘徊"中的许多问题作了论述。情况表明，魏晋南北朝的文学理论家正是通过对文学的艺术构思与美感特点的研究而认识到了文学的形象特点。这里还可举出一系列例子作为佐证：刘勰在《文心雕龙·序志》篇中解释书名时说"夫文心者，言为文之用心也"，不是也注意到了创作中的"沉思"问题吗？"古来文章，以雕缛成体"，不也是从"翰藻"方面探索的吗？谢惠连在《雪赋》中托言梁王命司马相如曰："抽子秘思，骋子妍辞，侔色揣称，为寡人赋之。""秘思""妍辞"即是"沉思""翰藻"，二者构成了创作过程的整体。范晔在《后汉书·文苑传》赞中说"情志既动，篇辞为贵，抽心呈貌，非雕非蔚"，则简括地说明了作家从构思到刻画形象的过程。……由此可知，萧统在区别作品时举"沉思""翰藻"为准，反映了这一阶段文学理论家的认识水平。

余　论

张彦远在《历代名画记·论画六法》中说："夫象物必在于形似，形似须全其骨气。骨气、形似，皆本于立意，而归乎用笔。"又说："鬼神人物，有生动之可状，须神韵而后全。若气韵不周，空陈形似；笔力未遒，空善赋彩；谓非妙也。"可见绘画本不以形似为贵，只有在此基础上提高到了"神似"的境界之后，才可称是上乘之作。

顾恺之提出"传神"的要求，谢赫在六法中首举"气韵生动"，表明他们都强调神似的首要意义。

在文学理论中也曾提出同样的要求。范晔在《狱中与诸甥侄书》中说:"文患其事尽于形,情急于藻,义牵其旨,韵移其意。虽时有能者,大较多不免此累,政可类工巧图缋,竟无得也。常谓情志所托,故当以意为主,以文传意。以意为主,则其旨必见;以文传意,则其词不流。然后抽其芬芳,振其金石耳。"只是这种意见未能扭转文坛的趋势,以致《文心雕龙》上有"近代以来,文贵形似"的记述。

这种情况的产生,当然有其深刻的社会原因。魏晋南北朝是我国历史上少有的动乱时代。三国统一于晋之后不久,爆发了八王之乱,接着又有十六国的大乱。是时人命草菅,文士若非偷生于世,即在各种矛盾的夹缝中丧生。东晋之后,偏安江隅,外有强敌压境,内有起义农民的打击,统治阶级也分崩离析,豪门世族与军阀官僚互争权势,篡弑相寻,短短二百余年之间,竟然相继建立了六个朝代,其中立国最长的东晋也不过仅逾百年,而立国最短的萧齐只维持了二十三年,这些情况都说明了当时政治的极端黑暗,统治阶级命运的朝不保夕。显然,处在这样的时代气氛之下,虚无浮华的思想定会相应抬头,从而给学术活动带来不良的影响。

东晋之时玄风大盛,其后更伴随着佛、道的活动,宣传消极思想。士大夫先是耽于清谈,继又溺于山水,文学领域中也相应地兴起了玄言诗与山水诗。随着政治形势的进一步恶化,统治阶级更趋腐朽,他们愈发纵情声色,谋求朝夕之欢,于是文学方面也就相应地兴起了所谓的"宫体"。

一般说来,玄言诗与山水诗是缺乏真情实感的作品,贵族文人大都用以表达虚伪的"高雅"情趣;宫体作品倒是包含着真实的性情,但其中却充满着污秽的淫欲。在这样的作品之中,自然难于发现积极的内容,文坛上普遍形成了忽视文意的不良倾向。

文人们既不去追求积极的思想内容,也就自然会滑到追求形式技巧的轨道上去。自魏晋至梁陈,这种不良作风有增无已,于是汉魏风骨的传统中断了,托谕起兴的手法不见了。作品丧失了崇高的灵魂,只剩下了华靡的躯壳,弊端日渐显露,有识之士群思改革,于是南朝文学也就在新的历史条件下被扬弃了。

隋代李谔在《上隋高帝革文华书》中说:

> 魏之三祖,更尚文词,忽君人之大道,好雕虫之小艺。下之从上,有同影响,竞骋文华,遂成风俗。江左齐、梁,其弊弥甚,贵贱贤愚,唯务吟咏,遂复遗理存异,寻虚逐微,竞一韵之奇,争一字之巧。连篇累牍,不出月露之形;积案盈箱,唯是风云之状。

隋文帝时已有改革政治的动向。文教方针之一,便是扫除南朝的浮靡文风。唐代更步入了我国封建社会的繁荣时期,反映在文艺上,也需要有一种健康的风气。于是南朝的靡靡之音自然遭到了否定,那些描写得很生动的诗文也因缺乏教育意义而受到了攻击。

"形似"一词被唾弃了。

元结《箧中集序》:"近世作者,更相沿袭,拘限声病,喜尚形似,且以流易为辞,不知丧于雅正,然哉!"

柳冕《与滑州卢大夫论文书》:"屈宋以降,则感哀乐而亡雅正;魏晋以还,则感声色而亡风教;宋齐以下,则感物色而亡兴致。教化兴亡,则君子之风尽,故淫丽形似之文,皆亡国哀思之音也。自夫子至梁陈,三变以至衰弱。"

苏轼《书鄢陵王主簿所画折技》:"论画以形似,见与儿童邻;赋诗必此诗,定非知诗人。"

许顗《彦周诗话》:"写生之句,取其形似,故辞多迂弱。"

这些意见的提出,表明唐宋之时的文学已经发展到了新的阶段,大家不再满足于停留在"形似"的水平,而是像司空图在《二十四诗品·形容》中所提出的,要求"离形得似",向更高的境界挺进了。

陈子昂以其未见丰富的文学理论和未臻精粹的文学创作,竟能在文学发展史上占有极为崇高的地位,原因就在于得风气之先,看准了南朝文学的缺点,对症下药,要求继承汉魏风骨的传统,恢复"兴寄"的手法,这对唐代文学确是起了先导的作用。唐人正是在批判南朝文风的过程中开创了一代文风。但是,唐代各家,除杜甫外,对南朝文学的评价大都是片面的。他们往往激于义愤而采取一笔抹杀的态度,这样也就难于认识到南朝文学在其他方面的可取之处了。

我们必须对魏晋南北朝文学中的消极因素进行批判,但要作具体分析。那时的作家对形式技巧作了深入的钻研,对文学的感性特点加以细心的琢磨,突出了文学与一般学术的异点,积累下一些有用的资料。当时一些具有先进观点的文学理论家,在批判不良文风的同时,就曾利用创作中的许多新成果,加以总结提高,构成完整的理论体系。他们对文学的美感特点和艺术构思问题进行研究,认识到了文学的形象特点,这就为我国古代文学的飞速发展准备了条件。

总的说来,在我国的文学发展史上,魏晋南北朝的文学还应占有重要的地位。如果这一阶段的文人在创作经验方面无所积累,也就难于产生繁荣的唐代文化;如果这一阶段的文人在理论方面无所建树,那我国的文学批评史就会显得逊色不少。魏晋南北朝的文人为塑造形象进行了多方面的探索,积累了丰富的学识,这对后代都是不可或缺的有用材料,那我们又怎能轻易否定上述研究成果呢?

梁代文论三派述要

南朝梁代，在我国文学史上占有极为重要的地位。古体五言诗发展至此，逐渐变化为律诗；两汉魏晋大赋、宋齐俳赋发展至此，逐渐变化为律赋；魏晋骈文发展至此，逐渐变化为原始的四六体。声律、对偶、用事的讲求，增加了文学的形式美。文、笔的辨析，表明人们对文学特征的认识愈来愈深入了。

萧子显与刘勰

处在这样一段前后交替的时期，创作界自然会出现各种不同的倾向：有的守旧，有的趋新。

裴子野、刘之遴等可以作为守旧派的代表。

> 子野为文典而速，不尚丽靡之词。其制作多法古，与今文体异。当时或有诋诃者，及其末皆翕然重之。（《梁书·裴子野传》）
> 之遴好属文，多学古体。与河东裴子野、沛国刘显常共讨论书籍，因为交好。（《梁书·刘之遴传》）

徐摛父子和庾肩吾父子可以作为趋新派的代表。

> 属文好为新变，不拘旧体。……摛文体既别，春坊尽学之，宫

体之号,自斯而起。(《梁书·徐摛传》)

> 初,太宗在藩,雅好文章士,时肩吾与东海徐摛,吴郡陆杲,彭城刘遵、刘孝仪、弟孝威同被赏接。及居东宫,又开文德省,置学士,肩吾子信、摛子陵、吴郡张长公、北地傅弘、东海鲍至等充其选。齐永明中,文士王融、谢朓、沈约文章始用四声,以为新变;至是转拘声韵,弥尚丽靡,复逾于往时。(《梁书·庾于陵(附弟肩吾)传》)

> 其文颇变旧体,缉裁巧密,多有新意。每一文出手,好事者已传写成诵,遂被之华夷,家藏其本。(《陈书·徐陵传》)

> 起家湘东国常侍,转安南府参军。时肩吾为梁太子中庶子,掌管记;东海徐摛为左卫率;摛子陵及信并为抄撰学士。父子在东宫,出入禁闼,恩礼莫与比隆。既有盛才,文并绮艳,故世号为徐庾体焉。当时后进竞相模范,每有一文,京都莫不传诵。(《周书·庾信传》)

可见上述两大流派的势力都很可观,然总以后者的气焰为盛。在此文学转变时期,趋新派比守旧派自然更具吸引力。趋新派的写作特点在于追求形式华美,讲究声律、对偶,注意篇章结构;他们还喜欢摆脱常规,自出"新意"。只是这些"意"的内涵主要是些淫靡的男女欢爱之情。这样的作品就是常为后代所诟病的"宫体"。

产生宫体的原因很复杂。当时的贵族阶层生活极度糜烂,这是产生宫体的社会基础;六朝诗文一直沿着华丽的道路前进,至此乃变本加厉而更趋浮艳。在宫体作家看来,这样的发展是自然的、合乎情理的。时代在变,文学在变,写作对象和写作技巧也应该随着变。因此,对待这样一种文坛新物,应该用另一种眼光来看待,另一种理论来评价。宫体作家萧绎就曾发表过这样的意见:

> 夫世代亟改,论文之理非一;时事推移,属词之体或异。(《内

典碑铭集林序》）

于是从这一流派之中产生出了所谓"新变"的理论。萧子显在《南齐书·文学传论》中系统地阐发了这种理论。

> 习玩为理，事久则渎，在乎文章，弥患凡旧，若无新变，不能代雄。建安一体，《典论》短长互出；潘、陆齐名，机、岳之文永异。江左风味，盛道家之言，郭璞举其灵变，许询极其名理。仲文玄气，犹不尽除；谢混情新，得名未盛。颜、谢并起，乃各擅奇；休、鲍后出，咸亦标世：朱蓝共妍，不相祖述。

总的说来，趋新派在发展文学形式技巧方面作了许多努力，其间不无可取之处，对后代文学也曾产生过某些良好的影响，只是他们在文学的内容部分却灌输进了许多不健康的因素。尽管他们也曾写出过一些较好的作品，但总的倾向却是把创作界导入题材狭隘而又充满着色情气氛的歧路。这种情况与守旧派大异其趣，自然会引起后者的严重不满。

裴子野写下了著名的《雕虫论》，攻击当时的不良文风。他从宋明帝叙起，认为上之所好，下必有甚焉者。

> 自是闾阎少年，贵游总角，罔不摈落六艺，吟咏情性。学者以博依为急务，谓章句为专鲁。淫文破典，斐尔为功。无被于管弦，非止乎礼义。深心主卉木，远致极风云。其兴浮，其志弱。巧而不要，隐而不深。讨其宗途，亦有宋之遗风也。

显然，裴文重点并不在于责难前人；他所指斥的"闾阎少年，贵游总角",实际上当是指趋新派一类作家。只是他所攻击的对象中包括萧纲等王子在内,使他不得不采取指桑骂槐的方法。

趋新派对守旧派的作风自然也是看不入眼的。萧纲就曾公然提出批评。他在《与湘东王书》中说:

> 又时有效谢康乐(灵运)、裴鸿胪(子野)文者,亦颇有惑焉。何者?谢客吐言天拔,出于自然,时有不拘,是其糟粕;裴氏乃是良史之才,了无篇什之美。是为学谢则不届其精华,但得其冗长;师裴则蔑绝其所长,惟得其所短。谢故巧不可阶,裴亦质不宜慕。

两大流派之间的冲突可说是尖锐的。一派是"淫文破典",内容方面太过污秽;一派是"质不宜慕",形式方面过于苍白。二者相互指责,却把彼此的优缺点都暴露无遗。这些不同文风的形成当然不是一朝一夕之事,而是自刘宋以来文学演变的结果。这些复杂现象,自然会有人加以注意,特别是处在这样一个社会上颇为注意研究文学理论的齐梁时代,自然会有人想到:应该撷取两派之长,避免两派之短,写出既"典"且"华"的作品来。

这派理论可以刘勰为代表。

刘勰在《文心雕龙·序志》篇中曾介绍过自己的论文要旨:"擘肌分理,唯务折衷。"所谓折中,就是分析同一事物矛盾着的两端,较其得失,然后取其所长,弃其所短,融合成为一种较全面、平稳的理论。这种做法虽然有时不免流于调和,但若处理得当,则其中确可包含若干辩证法的因素。他在处理当前文坛上各种不同流派的矛盾冲突时就采取着折中的态度。

首先,他对创作界各种不同的文风作了归纳:"若总其归涂,则数穷八体。"这八体是："一曰典雅,二曰远奥,三曰精约,四曰显附,五曰繁缛,六曰壮丽,七曰新奇,八曰轻靡。""典雅者,熔式经诰,方轨儒门者也";"壮丽者,高论宏裁,卓烁异采者也";"新奇者,摈古竞今,危侧趣诡者也";"轻靡者,浮文弱植,缥缈附俗者也"。"雅与奇反","壮与轻乖",二者作风正相对立。可以看到,守旧派的作风近于"典雅"一类,其文之高者并可得"壮丽"之长①;趋新派的作风近于"新奇"一类,其文之卑者皆陷诸"轻靡"之失。《体性》篇中扼要地指出了不同文派的差异之处,明确了他们的优缺点所在。

刘勰认为趋新派的弊病在于抛弃了古代学术中的优良传统,"不相祖述",流为师心自用。《风骨》篇中说："若骨采未圆,风辞未练,而跨略旧规,驰骛新作,虽获巧意,危败亦多。"因此他提出了向古代经典学习的问题,认为这样可以保证思想内容的正确。

> 若夫熔铸经典之范,翔集子史之术,洞晓情变,曲昭文体,然后能孚甲新意,雕画奇辞。昭体故意新而不乱,晓变故辞奇而不黩。……《周书》云："辞尚体要,弗惟好异。"盖防文滥也。(《风骨》)

为此折中派特别注意习染问题。《体性》篇中说："夫才有天资,学慎始习。斫梓染丝,功在初化,器成彩定,难可翻移。故童子雕琢,必先雅制,沿根讨叶,思转自圆。"认为只有从童年时代起就注意树立正确的思想,才能避免日后误入歧途。这种说法显与趋新派不同,当为防弊救偏而发。

折中派与守旧派也有不同。一味继承,缺乏新创,那也会走入另一

---

① 守旧派中多史家。史家每以识见著称,故善作论说文。《南史·裴松之(附曾孙子野)传》:"子野更撰为《宋略》二十卷,其叙事评论多善……兰陵萧琛言其评论可与《过秦》《王命》分路扬镳。"《史通·论赞》亦曰:"(论)必择其善者,则干宝、范晔、裴子野是其最也。"

极端,出现另一偏向。《定势》篇中说:"渊乎文者,并总群势。奇正虽反,必兼解以俱通;刚柔虽殊,必随时而适用。若爱典而恶华,则兼通之理偏,似夏人争弓矢,执一不可以独射也。"可见作品缺乏文采,会由"典"而不"华"流为"质不宜慕"。

如上所述,为了避免重蹈两派覆辙,能使文章既"典"且"华",刘勰提出了著名的"通变"说:

> 文律运周,日新其业。变则其久,通则不乏。趋时必果,乘机无怯。望今制奇,参古定法。(《通变》)

萧纲与萧统

一种文学流派的兴起,必定有它的社会背景,而在中国文学批评史上,还有一些值得注意的现象。唐代以前,基本上是大地主贵族专政的时代,那时一切文学流派的形成与风行,都与最高统治集团的支持或倡导有关,例如建安七子之依附于曹氏父子即是。梁代守旧派、趋新派与折中派的产生与风行,也与当时最高统治集团即萧氏王室密切相关。

守旧派中人物年事较长,他们所依附的对象,行辈也高,即"高祖"萧衍。这批人物都兼有学者、文士的双重身份。他们缘饰经术,潜心释典,与萧衍作风一致。《梁书·沈约传》载约撰《四声谱》,"高祖雅不好焉。帝问周舍曰:'何谓四声?'舍曰:'"天子圣哲"是也。'然帝竟不遵用"[1]。可

---

[1] 《文镜秘府论》天卷《四声论》曰:"(刘善)经数闻江表人士说:梁王萧衍不知四声,尝从容谓中领军朱异曰:'何者名为四声?'异答曰:'"天子万福"即是四声。'衍谓异:'"天子寿考"岂不是四声也?'"以萧主之博洽通识,而竟不能辨之。时人咸美朱异之能言,叹萧主之不悟。"又《天中记》卷二十六引《谈薮》:"沙门重公尝谒梁高祖。问曰:'闻在外有四声,何者为是?'答曰:'天保寺刹。'既出逢刘焯,说以为能,焯曰:'何如道"天子万福"。'"此皆一事之异传,然可证萧衍确是不懂声律。

见他对当时文坛上讲求声律的新风气持反对态度。这些地方表明萧衍也是一个旧学风的代表者,无怪乎守旧派的活动会获得他的赞赏与支持。

《梁书·裴子野传》:

> 子野与沛国刘显、南阳刘之遴、陈郡殷芸、陈留阮孝绪、吴郡顾协、京兆韦棱,皆博极群书,深相赏好;显尤推重之。时吴平侯萧劢、范阳张缵,每讨论坟籍,咸折中于子野焉。普通七年,王师北伐,敕子野为喻魏文,受诏立成。高祖以其事体大,召尚书仆射徐勉、太子詹事周舍、鸿胪卿刘之遴、中书侍郎朱异,集寿光殿以观之,时并叹服。高祖目子野而言曰:"其形虽弱,其文甚壮。"俄又敕为书喻魏相元乂,其夜受旨,子野谓可待旦方奏,未之为也;及五鼓,敕催令开斋速上,子野徐起操笔,昧爽便就。既奏,高祖深嘉焉。自是凡诸符檄皆令草创……中大通二年卒官,年六十二。……高祖悼惜,为之流涕。诏曰:"鸿胪卿领步兵校尉知著作郎兼中书通事舍人裴子野,文史足用,廉白自居,勍劳通事,多历年所。奄致丧逝,恻怆空怀。可赠散骑常侍,赙钱五万,布五十匹。"即日举哀,谥曰贞子。

《梁书·谢徵传》:

> 徵与河东裴子野、沛国刘显同官友善。子野尝为《寒夜直宿赋》以赠徵,徵为《感友赋》以酬之。时魏中山王元略还北,高祖饯于武德殿,赋诗三十韵,限三刻成;徵二刻便就,其辞甚美。高祖再览焉。

《梁书·到溉传》：

　　溉素谨厚，特被高祖赏接，每与对棋，从夕达旦。溉第山池有奇石，高祖戏与赌之，并《礼记》一部，溉并输焉。未进，高祖谓朱异曰："卿谓到溉，所输可以送未？"溉敛板对曰："臣既事君，安敢失礼。"高祖大笑，其见亲爱如此。……性又不好交游，惟与朱异、刘之遴、张绾同志友密。

《梁书·陆云公传》：

　　是时天渊池新制鯿鱼舟，形阔而短，高祖暇日常泛此舟。在朝唯引太常刘之遴、国子祭酒到溉、右卫朱异。云公时年位尚轻，亦预焉。其恩遇如此。

可见这一流派的中坚分子有裴子野、刘之遴、刘显、谢徵等人，依附对象为武帝萧衍。

趋新派的成员大都是些"风流人物"，依附对象为晋安王萧纲（后为简文帝）和湘东王萧绎（后为梁元帝）。其首领为萧纲。

这一流派的中坚人物，与萧纲关系密切的有徐摛、庾肩吾、徐陵、庾信、陆杲、刘遵、刘孝仪、刘孝威等人。关于他们的活动，详见上引《梁书·庾于陵（附弟肩吾）传》和《周书·庾信传》，此处不再重述。和萧绎关系密切的有徐君蒨、刘缓等人。

《南史·徐羡之（附孝嗣孙君蒨）传》：

　　（君蒨）善弦歌，为梁湘东王镇西谘议参军，颇好声色。侍妾数十，皆佩金翠，曳罗绮，服玩悉以金银。……君蒨辩于辞令。湘东王尝出军，有人将妇从者，王曰："才愧李陵，未能先诛女子；将非孙武，遂欲驱战妇人。"君蒨应声曰："项籍壮士，犹有虞兮之爱；纪信成功，亦资姬人之力。"君蒨文冠一府，特有轻艳之才，新声巧变，人多讽习。

《南史·刘昭（附子缓）传》：

> 缓，字含度，为湘东王中录事。性虚远，有气调，风流跌宕，名高一府。常云："不须名位，所须衣食；不用身后之誉，唯重目前知见。"

这一流派中人都是著名的宫体作家。萧纲本人就是宫体诗的首创者，《梁书》本纪上说他："雅好题诗。其序云：'余七岁有诗癖，长而不倦。'然伤于轻艳，当时号曰宫体。"萧绎作风与此仿佛。[①] 两人关系特别深切，《南史·梁武帝诸子·庐陵威王续传》："始元帝母阮修容得幸，由丁贵嫔之力，故元帝与简文相得。"二人合力提倡宫体。萧纲对萧绎期望很高，在《与湘东王书》中说："文章未坠，必有英绝，领袖之者，非弟而谁？每欲论之，无可与语，思吾子建，一共商榷。辨兹清浊，使如泾渭；论兹月旦，类彼汝南。朱丹既定，雌黄有别。"可见二人对创作活动与批评工作极为热衷，意见甚为一致。

关于《南齐书》的作者萧子显，一般都只知道他是个史家，而不了解他还是一个著名的宫体作家。其实他在趋新派中的地位甚为突出，这可从以下几件事中看出。

---

① 萧绎与守旧、折中两派人物都有交往，某些议论与折中派相似，但其实际活动则与萧纲相近。《南史·梁本纪》上说他"性好矫饰"，因此他更多地采用一些仁义道德的话装饰门面，这是与萧纲不同的地方。

宫体诗集中收集在《玉台新咏》中。上列徐、庾等人的作品占有很大的比重。萧子显的作品数量也很可观，共计有十一首之多。此外吴均有《和萧洗马子显古意》六首，费昶有《和萧洗马画屏风》二首。特别值得注意的是：皇太子（简文）有《和萧侍中子显春别》四首，湘东王有《春别应令》四首，于此可见萧子显的作品在宫体作家中曾受到高度的重视。

《南史·陆杲（附子罩）传》："初，简文在雍州，撰《法宝联璧》，罩与群贤并抄撮区分者数岁。中大通六年而书成，命湘东王为序。其作者有侍中国子祭酒南兰陵萧子显等三十人，以比王象、刘邵之《皇览》焉。"按萧绎《法宝联璧序》全文尚存，载《广弘明集》第二十卷，萧子显的大名高居于学士三十余人之首，于此可见萧子显的学术文章在宫体作家中也占有优越的地位。

《梁书·萧子恪（附弟子显）传》："太宗数重其为人。在东宫时，每引与促宴。子显尝起更衣，太宗谓坐客曰：'尝闻异人间出，今日始知是萧尚书。'其见重如此。"于此可见萧子显的为人在宫体领袖的心目中占有特殊的位置。

这些事实都有力地说明了萧子显的宫体作家身份，因此我们完全可以把他作为趋新派的理论家来看待。"新变"说是趋新派的理论。

折中派是否也有统治集团中的领袖人物？有。此人即昭明太子萧统。

萧统服膺儒术，事亲至孝，有仁政爱民思想，史称其"仁德素著"——思想作风与二弟不同。

萧统爱好陶渊明文，尝为之编集立传。《梁书》本传上说他"性爱山水，于玄圃穿筑，更立亭馆，与朝士名素者游其中。尝泛舟后池，番禺侯轨盛称此中宜奏女乐，太子不答，咏左思《招隐诗》曰：'何必丝与竹，山水有清音。'侯惭而止。出宫二十余年，不蓄声乐。少时敕赐大乐女妓一部,略非所好"——美学趣味与二弟有别。

萧统《答湘东王求文集及〈诗苑英华〉书》:"夫文典则累野,丽亦伤浮,能丽而不浮,典而不野,文质彬彬,有君子之致,吾尝欲为之,但恨未逮耳!"刘孝绰奉命纂录《昭明太子集》,序中有言:"窃以属文之体,鲜能周备:长卿徒善,既累为迟;少孺虽疾,俳优而已;子渊淫靡,若女工之蠹;子云侈靡,异诗人之则。孔璋词赋,曹祖劝其修今;伯喈答赠,挚虞知其颇古。孟坚之颂,尚有似赞之讥;士衡之碑,犹闻类赋之贬。深乎文者,兼而善之,能使典而不野,远而不放,丽而不淫,约而不俭,独善众美,斯文在斯。"——文学见解也与简文、湘东异趣。

不难看出,昭明系统的文人提出的艺术标准与刘勰提出的折中说是一致的。萧统在《文选序》中也提出了类似"通变"的学说。

若夫椎轮为大辂之始,大辂宁有椎轮之质?增冰为积水所成,积水曾微增冰之凛。何哉?盖踵其事而增华,变其本而加厉。物既有之,文亦宜然。随时变改,难可详悉。

这是说艺术形式与艺术手法是随着时代发展的,向美的方向发展的,于此不能有保守观点。这等于刘勰说的"文律远周,日新其业","变则其久","望今制奇"。

萧统还说过:

若夫姬公之籍,孔父之书,与日月俱悬,鬼神争奥。孝敬之准式,人伦之师友,岂可重以芟夷,加之剪裁?(《文选序》)

这段文字向来被人认为是礼请儒家经典退出文学领域的客套话,实则并不尽然。这里固然表现出萧统对文学的特点已有较明确的认识,开始把不属文学范围之内的儒家经典排除于外,但他还是强调这些经典能起"准式""师友"的作用,这就意味着后代文士仍然应该向它学习,这样才能保证思想内容方面的完善。这种态度近于刘勰所强调的"宗经""征圣",也就是《通变》篇中所说的"通则不乏""参古定法"。

萧统与刘勰的私人关系也是很密切的。《梁书·刘勰传》记载他在天监时,"除仁威南康王记室,兼东宫通事舍人……迁步兵校尉,兼舍人如故。昭明太子好文学,深爱接之"。二人相处既久,感情又很融洽,当与文学见解上的相合有关。

于此可见,折中派的势力亦复不弱,其首领为萧统,其理论家为刘勰。这一流派之中又有哪些人物呢?

《南史·王彧(附锡)传》:

> 时昭明太子尚幼,武帝敕锡与秘书郎张缵使入宫,不限日数,与太子游狎,情兼师友。又敕陆倕、张率、谢举、王规、王筠、刘孝绰、到洽、张缅为学士十人,尽一时之选。

《梁书·刘孝绰传》:

> 昭明太子好士爱文,孝绰与陈郡殷芸、吴郡陆倕、琅邪王筠、彭城到洽等同见宾礼。

《梁书·王筠传》:

> 昭明太子爱文学士,常与筠及刘孝绰、陆倕、到洽、殷芸等游宴玄圃,太子独执筠袖抚孝绰肩而言曰:"所谓'左把浮丘袖,右拍洪崖肩'。"其见重如此。筠又与殷芸以方雅见礼焉。

可见这一流派的中坚分子有刘孝绰、陆倕、王筠、到洽等人。

以上叙述的是三大流派的一般情况。尽管各派人物之间交往上有些交错，同派人物之间年代上或有前后，不像后代一些文学流派那样壁垒分明，但从上述材料来看，这些因志趣相投或仕宦遇合而结成的集团，各有其首领与基本成员，作风相同，宗旨相合，它们具备了文学史上组成各种流派的基本条件，因此我们完全可以说，这是在文学转变时期涌现出来的三大文学流派。

萧氏兄弟有养士之风，昭明、简文尤其著称。

《梁书·昭明太子传》：

> 引纳才学之士，赏爱无倦。恒自讨论篇籍，或与学士商榷古今，间则继以文章著述，率以为常。于时东宫有书几三万卷，名才并集，文学之盛，晋宋以来，未之有也。

《梁书·简文帝本纪》：

> 引纳文学之士，赏接无倦。恒讨论篇籍，继以文章。

兄弟二人均以文学为天下倡，周围都聚集有一批文人，形成两个作风不同的文学流派。尽管兄弟二人私人感情不错，但文学见解有别，对后代的影响也就不一样。

《玉台新咏》与《文选》

这是中国文学批评史的特点：一种文学流派，除了发表理论主张之外，往往同时编选一部总集，通过具体作品的去取，表明宗旨。趋新派与折中派的活动也有类于此。

趋新派编选了一部《玉台新咏》，他们的理论"新变"说具体体现在这书中。

《大唐新语》卷三：

> 梁简文帝为太子，好作艳诗，境内化之，浸以成俗，谓之宫体。晚年改作，追之不及，乃令徐陵撰《玉台集》，以大其体。

可见徐陵编书时目标很明确，纯为推广宫体诗服务，因此词非有关"绮罗脂粉"者不收，这是《玉台新咏》反映新变观点的具体表现。

折中派编选了一部《文选》，他们的理论"通变"说也具体体现在这书中。

《中兴书目》：

> 《文选》，昭明太子萧统集子夏、屈原、宋玉、李斯及汉迄梁文人才士所著赋、诗、骚、七、诏、册、令、教、表、书、启、笺、记、檄、难、问、议、论、序、颂、赞、铭、诔、碑、志、行状等为三十卷。（原注：与何逊、刘孝绰等选集）(《玉海》卷五十四引）

可知《文选》一书的编选实出众手。除何、刘外，刘勰极有可能曾对编选工作提供过意见[①]，王筠等人也极有可能参加过工作[②]。《梁书·王筠传》载沈约称筠诗"实为丽则"，"古情拙目，每伫新奇"。《梁书·何逊传》则载范云与逊结忘年之好，"自是一文一咏，云辄嗟赏，谓所亲曰：

---

① 参看骆鸿凯《文选学》一书内《纂集第一》，中华书局1937年版。
② 参看何融《〈文选〉编撰时期及编者考略》，载《国文月刊》第76期。

'顷观文人,质则过儒,丽则伤俗,其能含清浊,中今古,见之何生矣'"。萧统集合这么一批"丽则""今古"并重的文人编集《文选》,书中自然也会反映出"通变"的观点。

这主要表现在编选的态度上。

折中派讲求继承传统,凡是曾在历史上占一定地位,可以代表某一阶段或某一流派的成功之作,即可考虑采纳。孙梅《四六丛话》卷一小序上说:"自昔文家,尤多派别。《文志》表江左之盛,《典论》诠邺下之贤。《选》之所收,或人登一二首,或集载数十篇,诗笔不必兼长,淄渑不必尽合。《咏怀》《拟古》,以富有争奇;元虚、简栖,以单行示贵。"说《文选》有"博综"之长,这也是讲通变的人的一种特点。

二者原则不同,彼此有排斥现象。在《玉台新咏》中,除王筠、刘孝绰曾与简文、湘东有过较密切的关系,因而留下艳诗数首之外,折中派中的其他作家无一作品入选。《玉台新咏》中也不收昭明只字,其原因或如纪容舒在《玉台新咏考异》中所说的,为新旧太子避嫌而起,但兄弟二人作风不同,当是主要原因之一吧。

反观《文选》,绝对排斥淫秽的作品,因此趋新派或作风与此相近者的作品,一概受到摒弃。萧统注意"风教",陶渊明作《闲情赋》,尚且引起他"白璧微瑕"的指责与"惜哉!亡是可也"的慨叹,宫体一类的作品自然更不在话下了。

不同流派的作家具有不同的作风,这从上面一些记载中可以看到,下面还可再引用几条有关的史料。

《资治通鉴》太清三年侯景上启陈梁武帝十失,且曰:

皇太子珠玉是好,酒色是耽,吐言止于轻薄,赋咏不出《桑中》。

《南史·始兴忠武王憺(附亮弟暎)传》:

湘东王爱奇重异。

《梁书·到洽传》：

昭明太子与晋安王纲令曰："明北兖（山宾）、到长史（洽）遂相系凋落，伤怛悲惋，不能已已。去岁陆太常（倕）殂殁，今兹二贤长谢。陆生资忠履真，冰清玉洁，文该四始，学遍九流，高情胜气，贞然直上；明公儒学稽古，淳厚笃诚，立身行道，始终如一，傥值夫子，必升孔堂；到子风神开爽，文义可观，当官莅事，介然无私：皆海内之俊乂，东序之秘宝。此之嗟惜，更复何论！"

萧纲、萧绎、徐君蒨、刘缓等人的举止风度和作品风貌是一种类型，萧统、明山宾、到洽、陆倕等人的为人和作品又是一种类型。趋新派的成员与折中派的成员之间，按其行为和修养来说，确是各具特点。这些反映在作品之中，也就形成了趋新派与折中派的根本差别。

综上所言，可以概括如下：梁代的文学创作，正处在新旧交替时期，随着时代潮流的激荡，在文人之间形成了三个不同倾向的流派：守旧派以裴子野、刘之遴等为代表，依附在梁武帝萧衍的周围。趋新派以徐摛父子和庾肩吾父子为代表，依附在简文帝萧纲的周围；萧子显为代表这一流派的理论家，提出了"新变"说；他们的宗旨还具体体现在《玉台新咏》一书中。折中派以王筠、陆倕等人为代表，依附在昭明太子萧统的周围；刘勰为这一流派的理论家，提出了"通变"说；他们的宗旨还具体体现在《文选》一书中。

贡献与影响

由上所述，可知梁代的文学创作甚为繁荣，文学思想甚为活跃。现在要问：不同流派曾经分别作出过哪些贡献，发生过哪些影响？

守旧派的文学见解很保守，违背历史发展潮流，虽然对趋新派的批判还有某些可取之处，但在理论建设工作中却不可能取得什么成就。这一流派的特点是注意学古，熟悉前言往行，多识古文奇字，因此他们的贡献在史学、考古、校雠等方面，如裴子野著《宋略》二十卷，刘之遴校《汉书》真本，刘显识《尚书》所删逸篇等。

趋新派与折中派的创作实践与理论批评则均有可观。由"新变"与"通变"所引起的问题牵涉到创作的各个方面，其中颇有可资后代借鉴之处。今将二者的活动作些分析，考察他们的得失。

陆机在《文赋》中说："遵四时以叹逝，瞻万物而思纷；悲落叶于劲秋，喜柔条于芳春。"诗人感物，联类不穷，摇荡性情，形诸舞咏；六朝文人都有这种认识，他们常强调自然景物的作用。萧子显在自序中说："若乃登高目极，临水送归，风动春朝，月明秋夜，早雁初莺，开花落叶，有来斯应，每不能已也。"（《梁书·萧子恪（附弟子显）传》）萧纲除了提到自然景物的影响之外，也提到了社会人事的激动人心。"伊昔三边，久留四战。胡雾连天，征旗拂日，时闻坞笛，遥听塞笳，或乡思凄然，或雄心愤薄，是以沉吟短翰，补缀庸音，寓目写心，因事而作。"（《答张缵谢示集书》）这种认识与刘勰在《明诗》《物色》等篇中提出的"感物吟志"说是一致的。不过更为可贵的是：刘勰在《时序》篇中还论述了时代、政治与文学的关系，"故知歌谣文理，与世推移，风动于上，而波震于下者"，"故知文变染乎世情，兴废系乎时序"。说明一代文风之形成，每因时代风气及政治形势之激荡。这种见解在新变说中是没有认识到，至少是没有论述到的。

作家临文之际,又要做好哪些准备工作呢?萧子显在《南齐书·文学传论》中说:"若夫委自天机,参之史传,应思悱来,勿先构聚。"他在自序中自述写作经验时也说:"每有制作,特寡思功,须其自来,不以力构。"这些说法,除强调灵感的萌发之外,还相对地否定了逻辑思维的作用。刘勰则在《神思》篇中全面地探讨了形象思维过程中的许多问题。他非但提出了"无务苦虑""不必劳情"的劝告,并且正面提出了"秉心养术""含章司契"的主张。因为灵感的出现是飘忽而不可捉摸的,形象思维有时会遭遇各种障碍而难于顺畅地展开,如果仰恃于此,则行文的成败就难操胜算。因此刘勰在指出写作中有难于控制的精微部分之外,着重强调了人所能及的修养问题。他提出了"虚静"和"博练"的问题,要求"积学以储宝,酌理以富才,研阅以穷照,驯致以绎辞",这就把难于捉摸的玄虚问题化为可以致力的现实问题了。应该说,通变说的这种见解更见高明。

趋新派强调"寓目写心""吟咏情性",偏重主观方面的表达,不大考虑到文章体式的约束作用。萧子显在自序中也谈到了这一点:"少来所为诗赋,则《鸿序》一作,体兼众制,文备多方,颇为好事所传,故虚声易远。"这种作风与折中派不同。刘勰就曾提出"曲昭文体"的要求,"昭体故意新而不乱"(《文心雕龙·风骨》)。本来哪一方面的题材适合于用哪一种文体去表现,这是古人在长期的写作过程中积累下了无数的宝贵经验之后所取得的认识。借鉴于此,可以防止内容、形式的失调;因有规范可循,易使文章得体。但作者如果过分拘泥于文体的约束作用,则又有可能产生削足适履之弊。按当时的情况来说,两派的见解是各有高低的。我们或许可以这样说,新变说注意发展形式,借以更自由地表现内容,其末流失之于奇诡;通变说注意研究文体,重视形式的相对稳定性,其末流失之于保守。当然,刘勰提出这种学说时所起的救偏作用也是不容忽视的。

以上情况表明，两派在文学理论的许多根本问题上持有不同见解。这些问题之所以存在，则与如何对待历史传统有关。趋新派与折中派的分歧关键在于对文学传统的继承与革新持不同态度。

虽然两派都注意革新，但折中派为防弊救偏起见，首先强调继承，趋新派则强调革新而不大讲继承。

这当然也只是比较而言的。实则意识形态范畴内的东西，都是有所继承而来的。按趋新派的作品来说，他们继承的是吴歌、西曲等言情之作，受到了鲍照、汤惠休一派的影响，只是他们抛弃了上述作品的积极因素，只突出了艳冶的一面，并经恶性发展，堕入色情描写。

南朝流行的民歌，所谓吴歌、西曲，从东晋时起即在宫廷中传播，自宋少帝起历代帝王屡有拟作。这种作品的内容和形式都是很顽艳的。《世说新语·言语》云："桓玄问羊孚：'何以共重吴声？'羊曰：'当以其妖而浮。'"说明贵族阶层中人正是从"妖而浮"的角度来接受这些民间作品的。他们抛弃了民间文学中真挚的感情，片面发展了绮靡的形式，并把统治阶级自身的感情充塞进去，这样也就扼杀了吴歌、西曲的生命，使得这些南朝民歌犹如昙花之一现。

本来向过去的作品学习时还有善学与否的问题。鲍照接受了民间文学的影响，融合了自己的新创，不但写出了许多轻灵婉丽的佳作，而且在形成七言诗、发展五言诗等方面都作出了贡献。只是这些优点在其后继者中却发生了变质。《诗品》卷中评鲍照："然贵尚巧似，不避危仄，颇伤清雅之调，故言险俗者多以附照。"《南齐书·文学传论》中论及当时文学三大流派时也提到了受鲍照影响的一派，"次则发唱惊挺，操调险急，雕藻淫艳，倾炫心魂，亦犹五色之有红紫，八音之有郑卫，斯鲍照之遗烈也"。趋新派的活动与此不无关系。只是对起于民间的吴歌、西曲和"才秀人微"的鲍照，趋新派是不愿意承认他们的先导作用的，何况他们主观上又正是强调创新而抹杀继承的。

继承问题中包含着两方面的内容:思想方面的继承与形式技巧方面的继承。如果不注意学习并发扬古典作品中的积极内容,一味强调"吟咏情性",结果就有可能走上宣扬淫欲或其他低级趣味的道路,因为封建文人的情性之中本来就杂有种种不健康的因素。趋新派处在颓靡的梁代社会里面,由于时局动荡,危机四伏,士大夫过着得过且过的生活,纵情声色,从追求肉欲的物质享受,一直发展到追求变态的心理享受。他们彻底抛弃了古代思想传统中的积极因素,并从理论上加以摒弃,有意识地把文学送进了宫体的污秽境地。

在形式技巧方面,趋新派中人物作了很大的努力,但其末流却竟于雕琢,专用浮艳的字句修饰一己的情欲。魏徵在《隋书·文学传序》中加以批判道:"梁自大同之后,雅道沦缺,渐乖典则,争驰新巧。简文、湘东,启其淫放;徐陵、庾信,分路扬镳。其意浅而繁,其文匿而彩,词尚轻险,情多哀思。格以延陵之听,盖亦亡国之音乎!"可见当时舍本逐末之风的严重了。

折中派坚决反对"习华随侈,流遁忘反"(《文心雕龙·风骨》)的文风。他们在肯定了文学的某些形式技巧应该"变"的前提下,认为文学还有其不能变的部分,因此特别强调了"通"的一面。《文心雕龙·通变》篇中说:

夫设文之体有常,变文之数无方,何以明其然耶?凡诗赋书记,名理相因,此有常之体也;文辞气力,通变则久,此无方之数也。名理有常,体必资于故实;通变无方,数必酌于新声,故能骋无穷之路,饮不竭之源。

所谓"名理有常,体必资于故实",就是后文所说的"练青濯绛,必归蓝蒨,矫讹翻浅,还宗经诰"。刘勰认为写作文章时应该学习古代经典,继承并发扬其中的积极因素,因此他写作了《征圣》《宗经》等篇,专门阐述了前贤经典中的可取之处。

近人大都主张刘勰为儒家学派的信徒,其实并不尽然。刘勰并不盲目崇拜儒家学说。他之所以强调"征圣""宗经",目的在于确立一种典范,树立一种标准,作为裁夺后代一切文学作品的尺度,并且以此作为后代作家的学习典范。因为通变说主张"参古定法",故而刘勰必须在古代各种学派里面选出一种学说,作为他人仿效的对象。儒家学派的理论之中本来就包含着许多可取的见解,孔子在思想界向来占有优越的地位,这样刘勰就很自然地依傍儒家学说而构成了他的理论体系。

刘勰在《征圣》《宗经》篇中对五经作了许多具体分析,指出各种经典在表现手法上各有其独特的优点,给人指出了学习的方向以及应该继承经典中的哪些部分。末后他又总起来说:

> 故文能宗经,体有六义:一则情深而不诡,二则风清而不杂,三则事信而不诞,四则义直而不回,五则体约而不芜,六则文丽而不淫。(《宗经》)

这就说明学习经典也就是"还宗经诰"的结果,可以起到"矫讹翻浅"的作用。所以刘勰的"征圣""宗经"并不是什么复古主义,而是有目的地从经典中汲取养料的一种学说。

总的看来,通变说比新变说要全面得多,稳当得多。"资故实","酌新声",既有继承,又有发展;不比新变说的"厌黩旧式,故穿凿取新"(《文心雕龙·定势》),以致其步入邪途,流为淫声哇语。"斟酌乎质文之间,而檃括乎雅俗之际"(《文心雕龙·通变》),这种折中理论,既反对了守旧派的保守观点,又反对了趋新派的错误倾向。折中派对理论建设工作的贡献是巨大的。

再以《文选》与《玉台新咏》来说,二者也有高下之分。一清一浊,犹如泾渭分流。因为《玉台新咏》中集合了许多宫体诗人轻侮妇女的作品,《文选》则是辑录历代文学作品的精华而成,二者的价值自然大相悬殊。

关于《文选》,范文澜曾有一段评语,颇为扼要,可以介绍:

> 萧统不仅自己有足够的学力,而且也凭借众人的学力,合众力来选录古今文章,宜乎《文选》三十卷成为选择最精的文学总集。《文选》取文标准是"事出于沉思,义归乎翰藻",就是说,入选的文章必须情义与辞采内外并茂,偏于一面的概不录取。在这个标准下,《文选》自然是正统派的文集,以立意为宗,不甚讲求采色的文章就很难入选了。《文选》取文,上起周代,下迄梁朝。七八百年间各种重要文体和它们的变化,大致具备,固然好的文章未必全得入选,但入选的文章却都经过严格的衡量,可以说,萧统以前,文章的英华,基本上总结在《文选》一书里。唐李善《上文选注》里说"后进英髦,咸资准的",唐士人有"《文选》烂,秀才半"的谚语,《文选》对唐以后文学的影响是十分深远的。(《中国通史简编(修订本)》第二编)

可见只要不抱古文家的偏见,客观地来估计一下《文选》的贡献,那就应该承认该书在我国文学发展史上曾经起过里程碑的作用。

折中派的理论遗产是丰富的。前人早称《文心雕龙》为"体大虑周"之作,近人对此也极重视,不时有研究文章发表,因此这里就不作全面的介绍了。趋新派在理论上贡献较小,而且由于他们把当时的文学更进一步地引入了萎靡柔弱的错误道路,因此引起了自古至今许多文人的同声斥责。批判这种不良倾向是很必要的,但光凭义愤还不能解决如何对此进行全面认识的问题,这里必须作些细致的分析,才能看清文学发展过程中的各个方面,从而给这一流派作出比较切合实际的评价。

下面我们就想通过比较,谈谈趋新派的一些可取之处。

《文选》与《玉台新咏》著录作品的体例是不同的。

《昭德先生郡斋读书志》卷二十:

> 窦常谓统著《文选》,以何逊在世,不录其文。盖其人既往,而后其文克定,然则所录皆前人之作也。

盖棺论定,在古人看来,是种郑重的著述态度;《玉台新咏》不然,备录时人之作,简文诗收八十首,徐陵自作亦收四首,其间不无恩怨之见,难免标榜之嫌,比起前者来自然浮薄得多了。

但我们再从另一种角度来看,则又不能不说《文选》的态度未免保守。一种作品,一定要得到定评之后才能考虑,则势必埋没许多新产生的佳作,也不能起到奖掖后进的作用。即如与简文、湘东关系密切的诗人王籍,所作名篇《入若耶溪》,中有名句"蝉噪林逾静,鸟鸣山更幽",极为世所称,有关记载见《梁书·王籍传》与《颜氏家训·文章》篇,然格于体例不能入《文选》,于此可见一斑。

折中派恪守正统原则,重视传统固是好事,但有时却受到历史重压而陷于保守,则又不如趋新派的一空依傍之为善了。即如对诗体的评价来说,尽管折中派中人物还是四言、五言并重,但在理论上却必须强调更具古典意味的四言。《文心雕龙·明诗》篇:"若夫四言正体,则雅润为本;五言流调,则清丽居宗。"《章句》篇:"至于诗颂大体,以四言为正。"强调传统的四言诗的尊贵,也就相对地压低了新兴的五言诗的进步意义。趋新派不然,极口称颂五言诗的价值。《南齐书·文学传论》

上说:"五言之制,独秀众品。"正是从趋新的角度出发而肯定了这种新兴的文体。因为趋新派特别强调创新,不受传统的清规戒律的束缚,所以能够大胆肯定新文体,这是趋新派的贡献之一。

江南旧有吴歌,荆襄复有西曲,流连哀思,倾炫心魂。其中不乏佳作,对当时文学的影响也极大。折中派中人物只能推崇已成经典的《诗经》,接受某些已有定评的乐府古辞,对于本地区内产生不久的吴歌、西曲,则不理不睬。这也是他们的正统思想的一种表现。趋新派重视言情之作,对于那些抒发男女真挚感情的歌谣,自然视若拱璧,大量采纳。于是《玉台新咏》中保留下了像古乐府诗六首、辛延年《羽林郎》诗一首(卷一),歌辞二首、《盘中诗》一首(卷九),古绝句四首、近代西曲歌五首、近代吴歌九首、近代杂歌三首、近代杂诗一首、《丹阳孟珠歌》一首、《钱塘苏小歌》一首(卷十)等佳作。特别值得我们赞许的,就是《玉台新咏》中还记载下了《古诗无人名为焦仲卿妻作(孔雀东南飞)》一诗。由于《文选》与《玉台新咏》对待民间文学持不同的去取标准,也就形成了前者"尺有所短"和后者"寸有所长"的新形势。应该说,重视民间文学,这是趋新派的贡献之二。

趋新派注意创新,不受陈规旧矩拘束。萧纲在《诫当阳公(大心)书》中说:"立身之道,与文章异。立身先须谨重,文章且须放荡。"(《艺文类聚》卷二十三引)"放荡"一词虽然不妨使读者联系到他们所写的宫体的内容而作很坏的理解,但作为一个封建帝王,告诫后辈时,恐怕还不至于耳提面命地叫自己的儿子去沉溺于情欲;目的可能还是在于说明文学的特点,即文学应该"吟咏情性","操笔写志",不必"拟《内则》之篇","摹《酒诰》之作",如他在《与湘东王书》中所言者。《三国志·魏书·王粲传》裴松之注引《典略》记陈留路粹奏称孔融:"与白衣祢衡言论放荡。衡与融更相赞扬。衡谓融曰:'仲尼不死也。'融答曰:'颜渊复生。'"又《王粲传》记"(阮)瑀子籍,才藻艳逸,而倜傥放荡;行己寡欲,以庄周为模则"。《世说新语·文学》篇刘孝标注引《名士传》记刘伶"肆意放荡,以宇宙为狭"。《南齐书·高祖十二王·武陵昭王晔传》载齐高帝萧道成批评谢灵运"放荡",说是"作体不辩有首尾"。上述诸人的共同特点是毁弃礼法,放任自适。他们的作品都富于新意,但不涉于淫秽。因此,从魏晋南北朝人对"放荡"一词的习惯用法中,也可以知道萧纲的原意是在破除陈规旧矩的束缚,追求创新。他们的作品也的确具有一些与前人不同的新面貌。

这里可举萧绎的《采莲赋》为例以说明之。

紫茎兮文波,红莲兮芰荷,绿房兮翠盖,素质兮黄螺。于是妖童媛女,荡舟心许。鹢首徐回,兼传羽杯,棹将移而藻挂,船欲动而萍开。尔其纤腰束素,迁延顾步,夏始春余,叶嫩花初,恐沾裳而浅笑,畏倾船而敛裾。故以水溅兰桡,芦侵罗襦,菊泽未反,梧台迥见。荇湿沾衫,菱长绕钏,泛柏舟而容与,歌采莲于枉渚。

歌曰:碧玉小家女,来嫁汝南王,莲花乱脸色,荷叶杂衣香,因持荐君子,愿袭芙蓉裳。(《艺文类聚》卷八十二引)

此文思想内容固无足取,然在表现手法方面却有可观。前四句咏莲,可称刻画巧似。中间一段,点染成趣,既有微妙的心理描写,又有艳冶的背景烘托,寥寥数笔,把采莲舟的动势,小儿女的娇态,宛然呈现于前。末复结以民歌体的五言,在赋体中也别开生面。他们还喜欢凭借空中设想发挥心理刻画的技巧,如《荡妇秋思赋》等,凡是阅读过齐梁小赋的人均可了解,此处不再多说。

这些作品,与大赋采用板重字眼以形成磅礴气势者不同,与咏物小赋专作密不通风式的外部刻画者不同,与前此的抒情小赋之着重外景描写借以映衬内心活动者也有一些不同。趋新派的小赋,注意外形刻画,也注意心理活动,并且致力于情景的协调,内质和外形的统一。他们选择富有色彩的词汇,推敲悦耳动听的声调,注意结构的严谨,形式的错综,精雕细琢,组织成文。这样的作品自然会具有一些新的特点,在这样的写作过程中自然会积累起许多形式技巧方面的经验。这些精力当然不会全是白费的。他们的创作经验给予隋唐以后的文人以借鉴,他们的作品对当时正在演变中的各种文体起了推动的作用。

自永明声律说兴起后,梁陈文人无不注意调谐对切,趋新派的作家更是斗巧出奇,讲求隔句作对,从而促使俳赋与骈文更迅速地演化成律赋与四六文。律赋已是趋于僵死的一种文体,因此趋新派在这方面的活动起了助长形式主义的作用。他们在骈文领域中的活动功过不一,一方面表现出更趋雕琢的倾向,一方面却也提高了写作技巧,因为"在骈体文的初期,文学家们只知道讲求整齐的美,还来不及讲求抑扬的美。……从庾信、徐陵开始,已经转入骈体文的后期,他们把整齐的美和抑扬的美结合起来,形成了语言上的双美"[①],这些创造具有一定的价值。至于他们在诗歌领域中的活动,在形式技巧方面贡献较大,因为他们的诗作开五律之先声,为唐代近体诗的繁荣准备了条件,这些创新工作也应该批判地予以肯定。

趋新派中人物众多,各人的经历也不一样。即如上举徐、庾二人,在生活的后半期经历了战乱的洗礼,深受亡国之痛,因此逐渐摆脱原来宫体作家的创作道路,写出了一些有内容的作品。特别是庾信,由南入北之后,运用早期积累下的丰富技巧,写作沉痛迫切的诗赋,形成一种温丽、苍劲的风格,对唐代的一些大诗人起过很大的影响。

总起来说,趋新派的作家在提高写作技巧、发展文学形式方面作出

---

① 王力《略论语言形式美》,《光明日报》1962年10月9日。

过贡献，留下了一些较好的作品，这是趋新派的贡献之三。

我们说，在祖国丰富多彩的文学宝库中，各种不同流派的人都曾投入过一珠一宝。折中派的贡献固不必说，趋新派的贡献也不应忽视。二者在创作与理论上的得失都值得加以研究。这不仅是为了说明我国文学是如何发展过来的，而且从他们的生动事例中还可吸取若干经验和教训，这对我们当前的文学活动也不无借鉴意义。

刘勰的两个梦

刘勰做过两个奇怪的梦。他在《文心雕龙·序志》篇中说：

> 予生七龄，乃梦彩云若锦，则攀而采之。齿在逾立，则尝夜梦执丹漆之礼器，随仲尼而南行；旦而寤，乃怡然而喜。大哉，圣人之难见也，乃小子之垂梦欤！

这段文字最易令人产生疑问：刘勰自叙著书旨趣时为什么要突然插入这两个梦？它与《文心雕龙》全书有什么相干？

至今似乎还未有人对此作出进一步的解释。这两个梦，倒成了一对扑朔迷离的谜，令人难以究极其奥妙。

本文试图揭穿其谜底。

下面先讨论第二个梦。

梦是一种生理现象。古人科学知识有限，不能说明梦的成因，于是转用迷信解释，结果产生了占梦等数术。《诗经》《左传》等典籍中屡记占梦之事，《周礼》记占梦"以日月星辰，占六梦之吉凶"。说明古代很早就有了各种解释梦的说法。

孔子曰："甚矣，吾衰也！久矣，吾不复梦见周公。"（《论语·述而》）王符解释道："孔子生于乱世，日思周公之德，夜即梦之，此谓意精之梦也。"（《潜夫论·梦列》）刘勰梦见孔子，情况与此相似；或许有人认为：这应当也是"意精之梦"吧？

其实二者之间有很大的不同。

孔子足迹虽广,但其行踪不难考索。他曾经到过西南方的楚国,但从未到过正南方的吴越,只是令人诧异的是:刘勰为什么偏要强调"随仲尼而南行"呢?

看来奥妙就在这个"南"字上面。原来刘勰为东莞莒人,与孔子同为北地鲁人,而刘氏避乱南迁世居京口,正有一段"南行"的经历在。他之所以托言梦随孔子南行,当是巧妙地利用了与孔子的同乡关系而寓以深意。

所谓"丹漆之礼器",乃指笾豆之属,以其用于宗庙故为儒家所重视。《史记·儒林传序》上说:"陈涉之王也,而鲁诸儒持孔氏之礼器,往归陈王。"则是礼器一项还寓有象征儒家文化的意义。刘勰自言梦执丹漆之礼器而南行,表示他是一个儒家学派的信徒,追随孔子之后,准备宣扬儒家教义于南土。

由此可以推断,孔子"垂梦"云云,恐怕只是一种托大的手法罢了。

第一个梦又说明了什么问题呢?

大家知道,魏晋南北朝时的文学以形式华艳著称。当时的文人无不注意藻彩,这种作风从汉末即已开始。《释名·释言语》曰:"文者,会集众采以成锦绣,会集众字以成词谊,如文绣然也。"其后许多学者也常用锦绣等物比喻文学,如《文赋》中形容为"炳若缛绣,凄若繁弦";《世说新语·赏誉》篇中说"著文章为锦绣,蕴五经为缯帛";孙绰言"潘(岳)文烂若披锦,无处不善"(《世说新语·文学》)[①];鲍照评颜延之诗"若铺锦列绣,亦雕缋满眼"(《南史·颜延之传》)。

《文心雕龙》中也常用锦绣等物比喻文学,例如《总术》篇中形容道:"视之则锦绘,听之则丝簧,味之则甘腴,佩之则芬芳。"《才略》篇中说:"一

---

① 《诗品》卷上以为乃谢混语。

朝综文,千年凝锦。"《时序》篇中说:"茂先摇笔而散珠,太冲动墨而横锦。"

有趣的是,当时许多文人也曾做过一些奇怪的梦,与若干彩色之物发生关系。

《三国志·魏书·方技传》:

(魏文)帝复问曰:"吾梦摩钱文,欲令灭而更愈明,此何谓邪?"(周)宣怅然不对。帝重问之,宣对曰:"此自陛下家事,虽意欲尔而太后不听,是以文欲灭而明耳。"时帝欲治弟植之罪,逼于太后,但加贬爵。

臧荣绪《晋书》:

(罗含)少时梦五色鸟入怀,遂取吞之。含觉,胸中如吞物,意谓不吉,乃告叔母朱氏。朱氏曰:"此鸟有文章,汝当善文章矣。"果如其言。(《太平御览》卷三九八引)①

《南史·江淹传》:

淹少以文章显,晚节才思微退。云为宣城太守时,罢归,始泊禅灵寺渚,夜梦一人,自称张景阳,谓曰:"前以一匹锦相寄,今可见还。"淹探怀中,得数尺与之。此人大恚曰:"那得割截都尽。"顾见丘迟,谓曰:"余此数尺,既无所用,以遗君。"自尔淹文章踬矣。又尝宿于冶亭,梦一丈夫,自称郭璞,谓淹曰:"吾有笔在卿处多年,可以见还。"淹乃探怀中,得五色笔一以授之。尔后为诗绝无美句,时

---

① 并见《罗含别传》(《太平御览》卷三九三引)、《晋书·罗含传》。

人谓之才尽。①

《南史·任昉传》：

遥妻河东裴氏,高明有德行。尝昼卧,梦有五色采旗盖四角悬铃,自天而坠。其一铃落入怀中,心悸因而有娠。占者曰:"必生才子。"及生昉,身长七尺五寸,幼而聪敏,早称神悟。

《南史·纪少瑜传》：

少瑜尝梦陆倕以一束青镂管笔授之云:"我以此笔犹可用,卿自择其善者。"其文因此遒进。

《陈书·徐陵传》：

母臧氏尝梦五色云化而为凤,集左肩上,已而诞陵焉。

这些奇迹的共同特点是:不论梦见彩云也好,锦绣也好,都与"文""采"二字有关。梦是个人在无形迹可循的微妙状态中独自完成的,旁人自然无法判断它的真伪,但依常情而言,上述许多梦中总有若干则故事出于本人自编或他人代编,则是不成问题的。因为彩色之物象征文学,在当时的风气之下,若有文士言及梦见"文""采"之物,也就说明了他在文学事业上得天独厚。

由此可知,刘勰自言梦攀若锦之彩云,目的可能也在暗示他从小与

---

① 彩笔事并见《诗品》卷中、刘璠《梁典》(《文选》卷十六江淹《恨赋》李善注引)。

文学即若有宿缘。

如果上述论断可以成立的话,那就应该说,刘勰在这两个梦中寓有很深的用意:前者用以表明他自小与文学即有宿缘,后者用以表明他将宣扬儒家教义于南土。这两个梦不但与《序志》篇的内容有着紧密的联系,而且与《文心雕龙》全书总的精神也息息相通。它们不是书中可有可无的部分,而是理解全书的两把钥匙。

但这里又产生了问题:魏晋南北朝时为什么会有"文人说梦"的风气出现?

这与当时的具体历史条件有关。自魏至隋,战乱不已,人民生活在水深火热之中。他们所向往的美好生活无法实现,对变乱中的现实又无法作出解释,统治者则利用宗教宣扬宿命论的思想,由是社会上迷信的风气极为严重。过去承袭下来的各种旧有迷信更猖獗了,有关梦的各种说法也有了进一步的传播。当时占梦之风极盛。张勃《吴录》称"宋寿占梦,十不失一"(《三国志·吴书·赵达传》裴松之注引)。崔鸿《十六国春秋·前凉录》称索统"凡所占梦,莫不中验"(《太平御览》卷三九七引)。[1] 不独方技之士竞趋于是,文人学士也多染指者。谢灵运《山居赋》曰:"六艺以宣圣教,九流以判贤徒,国史以载前纪,家传以申世模。篇章以陈美刺,论难以核有无。兵技医日,龟策筮梦之法,风角冢宅,算数律历之书。或平生之所流览,并于今而弃诸。"说明他早年在占梦上也下过功夫。此时还有很多有关梦的著述出现,继前代《黄帝长柳占梦》、《甘德长柳占梦》、京房《占梦书》、崔元《占梦书》之后,迷信界还产生了几本新的占梦书,例如列名于《三国志·魏书·方技传》中的周宣就传下了一本《周宣梦书》,梁元帝萧绎曾命丁觇撰《梦书》十卷。[2]

---

[1] 并见《晋书·索统传》。
[2] 见《金楼子·著书》篇。

他们都认为某种梦境的出现应验着某一方面的问题。上述各种梦的故事就是在这样的时代背景之下产生的。

梦的迷信有着深厚的社会基础。刘勰是个佛教信徒,当然不能超脱于迷信思想之外,如他在《梁建安王造剡山石城寺石像碑》中就曾提到沙门三人垂梦于吴郡陆咸一事,大力宣扬了佛门的"灵机"和"神证"[1];但他在《文心雕龙》中提出的这两个梦却也具有某些不同于宗教迷信的意义,这从以下几个方面可以看出。

齐梁之时通行的占梦之书,其中作出的解释与文人理解的梦境不完全一样。

> 锦绣为忧事,有文章。梦得锦绣,忧县官也。(《太平御览》卷八一五引《梦书》)

当时的文人都以锦绣象征文章,刘勰的解释也是这样。他的看法显与《梦书》上的记载不同,说明《文心雕龙》中的锦绣之梦与时行的迷信解释并不一样。

梦中还留下了作者刻意虚构的痕迹。刘勰自言七岁梦攀彩云,目的在于说明入学前夕即与文学结缘,因为古人每于八岁时入小学,刘氏的情况谅亦如此。根据近代学者的考证,刘勰写作《文心雕龙》时约当三十三四岁,正与"齿在逾立"之说相符[2],可见梦见孔子云云,目的只在暗示他着手"论文"时的指导思想。什么七岁梦攀彩云,什么三十多岁梦见孔子随之南行,言之凿凿,令人诧异何以能把迷离恍惚的梦境记叙得这样鲜明具体? 今如刘勰虚构这两个奇怪的梦,介绍自己与文学

---

[1] 载《会稽掇英总集》卷十六。
[2] 参看范文澜《文心雕龙注》内《序志》篇注六。

的关系,既然出之于精心撰述,自然与虚无缥缈的迷信说法有所不同了。

托梦示意的风气还有它学术上的根源。

魏晋南北朝时玄风大盛。《颜氏家训·勉学》篇中说:"何晏、王弼,祖述玄宗,递相夸尚,景附草靡。……洎于梁世,兹风复阐。《庄》《老》《周易》,总谓三玄。"齐梁文人无不熟悉"三玄",而"三玄"中的《庄子》一书,喜欢利用梦来说理,有如庄生梦蝶云云,通过这种巧妙的手段表达自己的观点。其后产生的另一部玄学著作《列子》,也喜欢利用奇幻的梦发表意见,在《周穆王》篇中,还提出了"梦有六候"之说。显然,魏晋南北朝时的文人在受到玄风濡染的同时,也会受到这种托梦示意的手法的影响。当时的诗歌中就常见感梦之作,小说中常有奇幻的梦境的叙述,散文中常有以梦说理的写法,而文士中如缪袭、释贞观、徐份等人都作有《梦赋》[①],这些情况都与玄风大盛有着直接或间接的关系。

《庄子》总结创作经验时,提出了"寓言""重言"等说,梦是这些写作手段的一种表现形式。

> 古之道术有在于是者,庄周闻其风而悦之。以谬悠之说,荒唐之言,无端崖之辞,时恣纵而不傥,不以觭见之也。以天下为沈浊,不可与庄语;以卮言为曼衍,以重言为真,以寓言为广。独与天地精神往来,而不敖倪于万物。(《庄子·天下》)

刘勰写这两个奇怪的梦,与上述《庄子》的作风相近。可以说,他在

---

① 缪袭作《嘉梦赋》,见《文选》卷二十沈约《别范安成诗》李善注引;释贞观、徐份作《梦赋》,分别见于《广弘明集》卷二十九与《陈书·徐陵传》。

前一个梦中运用了"寓言"的手法,后一个梦中运用了"重言"的手法,以此表达著书旨趣,因此这两个梦是为他的文学创作服务的,它的目的并不在宣扬迷信;但他有意识地利用社会上的迷信风气,故弄玄虚,虚拟梦境,借以取信于人,则又不能不说是文人的狡狯之笔了。

刘勰的主要研究方法
——"折中"说述评

"中国言六艺者折中于夫子"
——刘勰著述的基本态度

刘勰在《文心雕龙·序志》篇中自述著书宗旨曰：

> 及其品列成文，有同乎旧谈者，非雷同也，势自不可异也；有异乎前论者，非苟异也，理自不可同也。同之与异，不屑古今，擘肌分理，唯务折衷。

"折中"之说，自然是他研究工作中的基本态度和主要方法。

按"折中"一词，古籍数见，但它作为一种基本方法和重要原则而被使用，则与儒家学派密切相关。

《史记·孔子世家》："孔子布衣，传十余世，学者宗之。自天子王侯，中国言六艺者折中于夫子，可谓至圣矣！"司马贞《索隐》："《离骚》云'明五帝以折中'，王叔师云：'折中，正也。'[1] 宋均云：'折，断也。中，当

---

[1] "明五帝以折中"乃《惜诵》中文，古人以"骚"为楚辞通称，故此处篇名亦称《离骚》。王叔师，原文误为"王师叔"，《后汉书·文苑·王逸传》曰："王逸，字叔师。"今据正。

也。'按：言欲折断其物而用之，与度相中当，故以言其折中也。"

司马贞从字面出发而作出的解释，看来还是符合原意的。"折断其物"，使之与"度"中当，学术思想上的"度"，也就是孔子的学说。汉代独尊儒术，孔子的学说成了折中群言的最高准则。自从司马迁在《孔子世家》中扼要地指出这点之后，后人不断加以申述，如《汉书·贡禹传》曰："孔子，匹夫之人耳，以乐道正身不解之故，四海之内，天下之君，微孔子之言亡所折中。"颜师古注："折，断也。非孔子之言，则无以为中也。"又《盐铁论·相刺》曰："（孔子）退而修王道，作《春秋》，垂之万载之后，天下折中焉。"都郑重地指出了这一重要事实。其他汉儒的文字或传记中提到"折中"一词时，也常寓有以孔子之言或圣贤之道为准则的意思。

王充著《论衡》，在《自纪》篇中申述著书的原则，曰：

> 上自黄、唐，下臻秦、汉而来，折衷以圣道，析理于通材，如衡之平，如鉴之开。幼老生死古今，罔不详该。

王充把《自纪》篇置于全书之末，和《序志》的位置相当。众所周知，中古之前的书都把自序列为最后一篇，作者在序中介绍著书宗旨和著作体例，这点上《文心雕龙》和《论衡》的格局是一样的。二者的著述态度也有相通之处，都"折中以圣道"，尽管由于历史条件的差异，二人对"圣"的评价还有一些不同。

刘勰在《序志》篇中叙述自己的著书动机时曾谈到，他"齿在逾立，则尝夜梦执丹漆之礼器，随仲尼而南行"，于是受到很大的启发和鼓舞，决心写作《文心雕龙》一书，也来"敷赞圣旨"。显然，刘勰把著书的因缘追溯到孔子的垂梦，表示论文之时也要以"圣旨"为准则，这样写，意在表明著作《文心雕龙》时，继承的是儒家的传统。

由此可见，刘勰的"折中"之说上承汉儒而来，"折中"不是一个不表明任何倾向性的普通词语,而是一个表达作者个人学术见解的关键性词语。

刘勰对全书五十篇文章的内容也作了介绍。《序志》篇中说:"盖《文心》之作也,本乎道,师乎圣,体乎经,酌乎纬,变乎骚:文之枢纽,亦云极矣。"这里指的是全书开端的五篇文章。刘勰在《正纬》《辨骚》二文中,对纬书和骚体的特点作了分析,主张有分析地从中酌取有助文章的成分;他在《原道》《征圣》《宗经》三文中,则着重论证了"道""圣""文"之间的关系,而这又可用《原道》中的"道沿圣以垂文,圣因文而明道"二句来概括。所谓"文",主要指孔子整理过的五经。相传孔子整理过六经,而有文字传世者则为五经。经文中的义理,在古人看来,垂之万世而皆准,可以作为后代文人著述的准则。《原道》中说:"至夫子继圣,独秀前哲。熔钧六经,必金声而玉振;雕琢情性,组织辞令,木铎起而千里应,席珍流而万世响,写天地之辉光,晓生民之耳目矣。"《宗经》中说:"自夫子删述而大宝咸耀,于是《易》张十翼,《书》标七观,《诗》列四始,《礼》正五经,《春秋》五例,义既极乎性情,辞亦匠于文理,故能开学养正,昭明有融。"这就说明,刘勰论文虽从"道"谈起,但在树立准则时,强调的是"征圣",而"圣"中的重要一员就是孔子,孔子的思想则又体现在五经之中。

刘勰把孔子的思想树立为供人师法的最高准则。"中国言六艺者折中于夫子",这是他著述的基本态度。

"叩其两端而竭焉"——儒家一种重要的研究方法

但"折中"可不仅是信奉儒家学说者的一种基本态度,而且是儒家人物常用的一种重要研究方法。刘勰也继承和发展了这一方法。

"折中",作为一种方法,孔子没有从理论上加以说明,但在《论语》中却有与此相当的论述。《子罕》中说:"我有知乎哉?无知也。有鄙夫问于我,空空如也。我叩其两端而竭焉。"这就含有"折中"之意。

《先进》篇中记载："子贡问：'师与商也孰贤？'子曰：'师也过，商也不及。'曰：'然则师愈与？'子曰：'过犹不及。'"又："子路问：'闻斯行诸？'子曰：'有父兄在，如之何其闻斯行之？'冉有问：'闻斯行诸？'子曰：'闻斯行之。'公西华曰：'由也问闻斯行诸，子曰"有父兄在"；求也问闻斯行诸，子曰"闻斯行之"。赤也惑，敢问。'子曰：'求也退，故进之；由也兼人，故退之。'"这两件事，可以算是"折中"说的具体运用。

孔子的这些见解，传到子思时，也就形成了影响深远的"中庸"之说。《中庸》六章言"舜好问而好察迩言，隐恶而扬善，执其两端，用其中于民，其斯以为舜乎！"就可以作为"叩其两端"说的注脚。朱熹作《四书集注》，总结《中庸》的基本精神，曰："中者，不偏不倚，无过不及之名。"对儒家处理问题的这一重要方法和基本态度作了很好的概括。

由此可知，人们使用这一方法"折断其物"时，并非随便哪里"折"一下就可解决问题。若要"折中"，先要"执其两端"，两端何在？先要"叩"求明白。这也就是说，试图解决问题的人，先要将研究对象本身包含着的趋于对立的两个方面明确地把握住，例如子张之"过"与子夏之"不及"，冉有之"退"与子路之"兼人"等即是。

"叩"其两端的过程，也就是分析的过程，比较的过程。只有通过分析，才能知道"端"在何方；只有通过比较，才能区分"两端"之异。这种分析和比较的方法，刘勰在书中应用得很熟练，这是他成功的诀窍，所以他要郑重地宣称："擘肌分理，唯务折衷。"

前面已经提到，刘勰把孔子整理过的五经作为折中群言的准则。五经为什么有这样的妙用，刘勰在《宗经》篇中作了分析，文曰："《易》惟谈天，入神致用，故《系》称旨远辞文，言中事隐。韦编三绝，固哲人之骊渊也。《书》实记言，而训诂茫昧，通乎《尔雅》，则文意晓然。故子夏叹《书》昭昭若日月之明，离离如星辰之行，言昭灼也。《诗》主言志，诂训同《书》，摛风裁兴，藻辞谲喻，温柔在诵，故最附深衷矣。《礼》以立体，据事制范,章条纤曲,执而后显,采掇片言,莫非宝也。《春秋》辨理,一字见义,五石六鹢,以详略成文;雉门两观,以先后显旨,其婉章志晦,谅以邃矣。"这里除了对五经的内容加以宣扬之外,还对各种经典的表现手法也作了探讨,于是他接着又说:"《尚书》则览文如诡,而寻理即畅;《春秋》则观辞立晓,而访义方隐。此圣人之殊致,表里之异体者也。"通过比较,《尚书》和《春秋》的特点各趋于一端,也就清楚地显示出来了。《征圣》篇中对五经的表现手法也有细致的分析,如云:"夫鉴周日月,妙极机神,文成规矩,思合符契。或简言以达旨,或博文以该情,或明理以立体,或隐义以藏用。故《春秋》一字以褒贬,《丧服》举轻以包重,此简言以达旨也;《邠诗》联章以积句,《儒行》缛说以繁辞,此博文以该情也;书契断决以象夬,文章昭晰以效离,此明理以立体也;四象精义以曲隐,五例微辞以婉晦,此隐义以藏用也。故知繁略殊形,隐显异术,抑引随时,变通适会,征之周、孔,则文有师矣。"这里也是运用"叩其两端"的折中方法进行分析研究的。

"繁略""隐显""抑引""变通",这四对概念,正是刘勰在分析了五经的创作成就之后,通过比较而提炼出来的处于对立状态中的不同写作特点。文章的内容丰富多样,文章的形式千变万化,五经中的种种妙处,可以作为后世文人作文的典范,从中汲取取之不尽的养分。刘勰运用"叩其两端"的方法分析出了它们具有不同特点的各种表现手法,从而要求以圣人的述作为楷模,这里又是"中国言六艺者折中于夫子"的意思,只是这种研究方法已是紧紧结合文艺特点而进行探讨的了。

"理定而物易割也"
——玄学提高了人们分析事物的能力

孔子运用了"叩其两端"的方法,认识事物的能力大为提高,就在他所关心的伦理道德范围内,也就分析出了许多处于对立统一状态中的社会观念,例如仁义、礼乐、忠恕、圣智等。① 他在阐述自己的学说时,常借助于分析这些重要范畴而深入地掌握社会现象的本质。

大家知道,先秦道家学派中人对发展朴素辩证法曾作出过很大的贡献。成书于战国时期的《老子》一书中,提出了很多对对立统一的概念,例如牝牡、雌雄、刚柔、善恶、美丑、祸福、利害、曲直、盈洼、虚实、强弱、兴废、与夺、厚薄、进退、得亡、贵贱、智愚、生死、大小等。《老子》二章中说:"有无相生,难易相成,长短相形,高下相倾,音声相和,前后相随。"说明这些概念之间有着对立而又同一的关系。假如一方不存在,则另一方也就失去了存在的条件。这些问题的提出,说明道家学派中人对事物的观察更深入了,他们对事物本质的辨析已经有了更为科学的方法。这是人类认识能力的很大进步。

韩非在《解老》篇中也讨论到了这个问题。他说:"凡物之有形者易裁也,易割也。何以论之?有形,则有短长;有短长,则有小大;有小大,则有方圆;有方圆,则有坚脆;有坚脆,则有轻重;有轻重,则有白黑。短长、大小、方圆、坚脆、轻重、白黑之谓理,理定而物易割也。"人们的认识能力由浅入深,由具体到抽象。他们分析具体事物时,分析它们内部所固有的各种不同方面的属性,然后把握这一特殊事物。所以韩非又说:"凡理者,方圆、短长、粗靡、坚脆之分也,故理定而后可得道也。"韩非的"解老",可谓深得其精髓,这里对道家学派在认识论上作出的贡献,在理论上作了很好的说明。当然,道家学派对客观事物的分析,已经不限于具体事物,但他们对抽象事物的认识过程,则与上述原理一致。

魏晋时期的一些哲学家,受到先秦道家的影响,也在"理"上深入钻研,由此博得了"名理"家的称誉。

----

① 参看庞朴《儒家辩证法论纲》,载《中华学术论文集》,中华书局1981年版。

我国古来"名""法"并称，因为这两大学派都重视辨析事理。处在先秦名辩思潮之下的学术环境中，各大学派都有这样的特点。尤其是名家，对概念的分析、逻辑的探讨，更是取得了可贵的成绩。时至魏晋，名辩思潮又起，《晋书·傅玄传》载玄上晋武帝疏曰："近者魏武好法术，而天下贵刑名。"这是由于政治形势的改变，学术思想也发生了变化。

魏晋时期的文人习惯于用老庄的观点阐述儒家学说，随之兴起了玄学。玄学与名理学有关。从思想史的角度来看，前者正是由后者发展起来的，所以有些人就径称名理学为玄学。玄学以《老》《庄》《易》这三部典籍为基本读物。魏晋南北朝时的文人受玄风的濡染，无不熟悉这三部典籍。因此，这三部典籍中所包含的朴素辩证法，也就给了这一时期的文人以很多滋养。《老子》中多对立统一的范畴，《庄子》中也多辩证法，只是其中夹杂着很多相对主义的东西。《易经》中多辩证的观点，也是学术界所公认的。它以天地为基础，解释寒暑、昼夜、生死、刚柔、进退等一系列的自然现象和社会现象。这种观察问题和分析问题的方法，对当时的文人也必然会产生影响。

玄学之祖王弼固然推重老子，但尤为推尊孔子。《三国志·魏书·王弼传》上说他"好论儒道"，他的学说重视综合儒道两家。后来研究玄学的人当然也会注意到孔子思想中的"折中"之说。《世说新语·言语》载："王中郎令伏玄度、习凿齿论青、楚人物。临成，以示韩康伯。康伯都无言，王曰：'何故不言？'韩曰：'无可无不可。'"刘孝标引马融《论语注》曰："唯义所在。"这里引用的是《论语·微子》中的一段话，"逸民：伯夷、叔齐、虞仲、夷逸、朱张、柳下惠、少连。子曰：'不降其志，不辱其身，伯夷、叔齐与！'谓'柳下惠、少连，降志辱身矣，言中伦，行中虑，其斯而已矣'。谓'虞仲、夷逸，隐居放言，身中清，废中权。我则异于是，无可无不可'"。何晏《集解》引马融曰："亦不必进，亦不必退，惟义所在。"这种灵活而又有原则的态度，也是孔子"叩其两端"的方法在政治上的运用。

魏晋南北朝的文人对哲学领域中的几对基本范畴进行了深入的探讨,当时陆续兴起的"名实""本末""有无""言意""形神"以及才性四本(同、异、合、离)等学术辩难,其规模之大,争辩之烈,见解之深入,方法之细致,都已远超前代。总的看来,这一时期的文人探讨学术时可谓雍容大度,他们进行辩难时,不以势凌人,不作意气之争,一般说来,也不大用政治手段强行压制。他们认真地追求真理。尽管这一时期的文人语涉浮虚,实则他们的研究方法已经不大像先秦时期的思想家那样总是想把结论直接归结到政治伦理的运用上。他们的研究方法更具有思辨的性质,总是围绕着论题而作深入的探讨,针锋相对,层层剖析。这种风气的出现,说明魏晋南北朝时期的思想家分析事物的能力已经达到了新的高度。

刘勰对此予以很高的评价,他在《论说》篇中说:

> 魏之初霸,术兼名法,傅嘏、王粲,校练名理。迄至正始,务欲守文,何晏之徒,始盛玄论,于是聃、周当路,与尼父争途矣。详观兰石之才性,仲宣之《去伐》,叔夜之辨声,太初之《本玄》,辅嗣之两《例》,平叔之二《论》,并师心独见,锋颖精密,盖人伦之英也。至如李康《运命》,同《论衡》而过之;陆机《辨亡》,效《过秦》而不及,然亦其美矣。次及宋岱、郭象,锐思于几神之区;夷思、裴颜,交辨于有无之域:并独步当时,流声后代。……逮江左群谈,惟玄是务,虽有日新,而多抽前绪矣。

刘勰对此加以称颂,说明他也接受了玄学的影响。作为这一时期的文人,他对《老》《庄》《易》中的内容和思辨方式不会不加以注意。

当时的文人喜欢辨析名理,他们受到玄风的影响,对钻研理论的兴趣也大为提高。《颜氏家训·勉学》篇中说:"夫老庄之书,盖全真养性,不肯以物累己也。……何晏、王弼,祖述玄宗,递相夸尚,景附草靡。……直取其清谈雅论,辞锋理窟,剖玄析微,妙得入神。"《世说新语·赏誉》"王汝南既除所生服"条刘孝标注引邓粲《晋纪》记王湛与王济"因共谈《易》,剖析入微"。足见这一时期的玄学在提高人们的思辨能力上起过促进的作用。

这一时期的学术是在摆脱汉代正统学风的束缚下向前发展的。自汉末起,文学更重视彩色之美;学术论文的写作,更重视论证的精密和逻辑的谨严。《文心雕龙·定势》篇载曹植之言曰:"世之作者,或好烦文博采,深沉其旨者;或好离言辨句,分毫析厘者:所习不同,所务各异。"这是时代思潮激荡的结果。大势所趋,天下文士莫不皆然。这样的风气,不论在主观方面或客观方面,都为刘勰的理论总结工作准备了良好的条件。

随着文学的发展,人们对作品中的形式要素分析得更细致了,《文心雕龙·丽辞》篇中说:"至魏晋群才,析句弥密,联字合趣,剖毫析厘。"而他在《声律》《章句》《丽辞》《比兴》《事类》《练字》等篇章中,也就对此作了细致的剖析和全面的总结。

刘勰在《体性》篇中曾把文章的风格分为八类。其中"精约"一类,其特点是"核字省句,剖析毫厘"。具有这种风格的作品,表现为分析事理的透辟和用字造句的精练。《文心雕龙》一书,如从学术论文的风格而言,也可以称之为"精约"。这与魏晋南北朝时期的文人思辨能力的提高有关。刘勰在理论上的成就,正是时代孕育的结果。

在《文心雕龙》中,刘勰也提出了许多对对立统一的概念,如文质、情采、意辞、华实、风骨、奇正、通变、隐秀、繁约、熔裁等等。他在明确这些概念时,有时沿用前人的思想资料,有的则出之以新创。这些地方也可看出刘勰运用了"叩其两端"的研究方法。他对文学问题至为精熟,对文学的特点,不论内容、形式、风格等方面,都曾作过剖析入微的研究,因此才能区别出这么多处于对立统一状态中的概念,并在此基础上进行研究。

刘勰运用"折中"这一手段进行剖析,常用下述三种手法。

(一) 裁中

这种手法,与汉代以来所说的折中之说最为接近。它以孔子的学说或与此有关的作品为标准,然后拿研究的对象和它比较,从而评判其得失。例如刘勰在《史传》中分析历史记载中的两种错误倾向,一伤于讹,一伤于枉,这些都是由材料和人事等复杂的因素构成的。"若夫追述远代,代远多伪,公羊高云'传闻异辞',荀况称'录远略近',盖文疑则阙,贵信史也。然俗皆爱奇,莫顾实理。传闻而欲伟其事,录远而欲详其迹,于是弃同即异,穿凿傍说,旧史所无,我书则传,此讹滥之本源,而述远之巨蠹也。至于记编同时,时同多诡,虽定、哀微辞,而世情利害。勋荣之家,虽庸夫而尽饰;迍败之士,虽令德而嗤埋。吹霜煦露,寒暑笔端,此又同时之枉,可为叹息者也。故述远则诬矫如彼,记近则回邪如此,析理居正,唯素臣乎!"这里提出要以深得孔子心传的左丘明作为史书著述的榜样,也就是依傍《春秋》而立论,把《左传》作为史书折中之"度"的意思。

《春秋》笔法的精髓,在于褒贬的运用,所谓"褒见一字,贵逾轩冕;贬在片言,诛深斧钺"。这也是孔子在史学领域中立下的准则,后人自当遵循弗逾。《史传·赞》中说:"腾褒裁贬,万古魂动。"不管是批判还是表扬,目的都在归于正道。

政治上斗争激烈之时,言词常陷于过激,《奏启》中说:"是以世人为文,竞于诋诃,吹毛取瑕,次骨为戾,复似善骂,多失折衷。若能辟礼门以悬规,标义路以植矩,然后逾垣者折肱,捷径者灭趾,何必躁言丑句,诟病为切哉!"这里悬礼义为奏启时立言的准则,也就是"折之以圣道"的意思。

刘勰在《铭箴》篇中还讨论了历代文人写作铭文的得失,凡是模经为式的文字就有可观,如果不遵从前人的规范而随波逐流,文字也就不可能妥帖。"敬通杂器,准矱戒铭,而事非其物,繁略违中。"则是由于冯衍所作的刀、杖等铭,虽说模仿传为周武王所作的铭文而成,然而事不称物,详略失当,陷于失败。致误之由,就是由于偏于一端而不能归之于正的缘故。

(二) 比较

刘勰善于运用比较的方法,达到"叩其两端"的目的。他在分析文学问题时,更是经常采用这种手段论证文学创作中相反相成的现象,取得了很好的效果。例如他在《章表》中说:"至于文举之荐祢衡,气扬采飞;孔明之辞后主,志尽文畅。虽华实异旨,并表之英也。"这里他把两种不同类型的作品归入"华""实"这一对范畴之中,二者并不偏废,故各有其长处。

魏晋南北朝时骈文大盛,文人趋向于追求华彩。当时的文学作品,大都"句句相衔""字字相俪",形式特别整齐划一。由于我国的方块汉字容易组成对仗工整的外观形式,而有声调的语言又容易组成"左宫右徵"的声音特征,这就更容易把文章内容中的对立统一关系呈现出来。假如在"丽辞"的手法中采用了"反对"的形式,那么文章中的这些特点会显得更突出。"叩其两端"的研究方法自然会以"左提右挈"的方式表现出来。

刘勰在《总术》篇中对当时文学界竞趋新丽的倾向作了分析批判。这种潮流中涌现出来的作品,有成功的精品,也有粗糙的劣作,这种良莠不齐的情况,往往夹杂而不易识别。刘勰通过比较的方法,"叩其两端",作了细致的分析,从而将二者之间的不同之点和混淆之处区分了开来。"落落之玉,或乱乎石;碌碌之石,时似乎玉。"在文学中,也就出现了如下的情况:

  精者要约,匮者亦鲜。博者该赡,芜者亦繁。辩者昭晰,浅者亦露。奥者复隐,诡者亦曲①。

  这里出现了复杂的情况。文章之"精"者与"匮"者经常混淆不清而引起人们的迷惑,这就构成了一对矛盾,刘勰加以区别,说明"精"者的特点是"要约","匮"者的特点是"鲜";这也就是说:那些精练的文章,简明扼要,而那些内容贫乏的文章,外貌虽很类似,实际却正相反。"博"和"芜"的文章也经常混淆而引起人们的迷惑,实则"博"的特点是"该赡","芜"的特点是"繁",芜杂绝不是丰富,二者不能混为一谈。"辩浅""奥诡"两对矛盾的情况也是如此。读者决不要把"露"看成"昭晰","曲"看成"复隐"。

  这四句句子,也就是四对矛盾。刘勰将同一类型的文字作了精细的区分,"叩其两端",找到了对立面之所在,这就把文学现象的复杂内容作了充分的揭露,有助于读者的鉴赏,有益于作者的写作。但刘勰的分析工作并不仅限于此,这四句句子,又可重新组合为四对矛盾:"精者要约"与"博者该赡"又很自然地组成了一对矛盾,"辩者昭晰"与"奥者复隐"也很自然地组成了一对矛盾,这些都是成功的例子。相反,"匮者亦鲜"与"芜者亦繁","浅者亦露"与"诡者亦曲",也都构成了矛盾,失败的作品也可以从各趋极端的缺陷中找到原因。这种分析研究的工作,是细致的,有价值的。

---

 ① 曲,原文作"典",形近而误,今改。

《文心雕龙》中的这类文字,可以作为"擘肌分理,唯务折衷"的典范之作。与前相较,刘勰的研究能力和分析水平确已青出于蓝而胜于蓝。

这里还可一提的是:刘勰在评论作家的成就时,也常采用比较的方法,借以突出各家的写作特点和创作成就。例如《才略》篇中说:"嵇康师心以遣论,阮籍使气以命诗,殊声而合响,异翮而同飞。""魏文之才,洋洋清绮,旧谈抑之,谓去植千里,然子建思捷而才俊,诗丽而表逸;子桓虑详而力缓,故不竞于先鸣,而乐府清越,《典论》辩要,迭用短长,亦无懵焉。但俗情抑扬,雷同一响,遂令文帝以位尊减才,思王以势窘益价,未为笃论也。"这些精辟的见解,无不得力于比较研究的科学方法。

(三) 兼及

儒家的折中之说,要求平稳妥帖,不偏于一端。在它的影响下,人们评论某一现象时,常是既说优点又说缺点,或是既说缺点又说优点,不作过激之论。这种两头兼顾的方法,我们就可以把它叫做"兼及",这是因为刘勰常用"然""但""而"等表示语气的转折,从而达到兼顾两头的目的。

在《史记》《汉书》论学术的文章中,就可以看到这种方法的运用。司马谈论六家要旨,里面提到"法家严而少恩,然其正君臣上下之分,不可改矣。名家使人俭而善失真,然其正名实,不可不察也……"《汉书·艺文志》中也说:"法家者流,盖出于理官。信赏必罚,以辅礼制。《易》曰'先王以明罚饬法',此其所长也。及刻者为之,则无教化,去仁爱,专任刑法,而欲以致治,至于残害至亲,伤恩薄厚。""名家者流,盖出于礼官。古者名位不同,礼亦异数。孔子曰'必也正名乎!名不正则言不顺,言不顺则事不成',此其所长也,及警者为之,则苟钩鈲析乱而已。"二者论证之时肯定与否定的编排次序虽有不同,然而语气的转折,兼及两端,正反论证,却有一致之处。

《文心雕龙·封禅》中说:"秦皇铭岱,文自李斯,法家辞气,体乏弘润,然疏而能壮,亦彼时之绝采也。"可以看出,刘勰对李斯这位法家的创作特点的分析,和司马迁、班固对法家思想特点的分析,采用的是同样的方法。

《知音》篇中说:"夫篇章杂沓,质文交加,知多偏好,人莫圆该。慷慨者逆声而击节,酝藉者见密而高蹈,浮慧者观绮而跃心,爱奇者闻诡而惊听。会己则嗟讽,异我则沮弃,各执一隅之解,欲拟万端之变,所谓'东向而望,不见西墙'也。"这一组文字,也是用两两相对的方式写成的。刘勰反对主观武断,要求全面考察,不作一偏之论。这对于克服观察问题时的简单片面之弊,确有可供参考之处。

"剖情析采"——刘勰对文学的横向研究

刘勰在《序志》篇中介绍《文心雕龙》一书的体例时说:"若乃论文叙笔,则囿别区分,原始以表末,释名以章义,选文以定篇,敷理以举统,上篇以上,纲领明矣。至于剖情析采,笼圈条贯,摛神性,图风势,苞会通,阅声字,崇替于《时序》,褒贬于《才略》,怊怅于《知音》,耿介于《程器》,长怀《序志》,以驭群篇,下篇以下,毛目显矣。"说明此书的结构:上面二十篇有关文体论的文章,他是抓住"有韵为文,无韵为笔"的原则而编排次序的;后面一些文章,则是紧紧抓住"情""采"两个方面而展开论证的。

就从"下篇"开端几篇文章的名字来看,"情采""风骨""体性""熔裁"等,都与文学作品中"情采"这一对基本范畴密切相关。"风""性""熔"等,是从"情"中生发出去的;"骨""体""裁"等,是从"采"中生发出去的。犹如《易经》中的"阴阳"这一对基本范畴一样,书中其他的对等概念,如牝牡、生死、昼夜、寒暑等,都是由此生发出去的。

因此，刘勰研究文学的内部规律时，总是紧紧抓住"情""采"二者而展开论证。解剖刘勰文学理论的体系，也得从此着手。

魏晋南北朝时，五言诗趋于成熟，并且得到了前所未有的发展。在文学领域内，这种文体很有代表意义。五言诗的主要特点是洋溢着作者的主观感情，所谓"诗缘情而绮靡"，因此刘勰常用"情"字代表诗篇或文章的内容。随着文学事业的发展，形式技巧等方面的经验不断积累，而且受到浮华的社会风气的影响，作品更讲求彩色之美了。因此，刘勰又常用"采"字来代表形式方面的主要特征。他在《情采》篇深入地讨论了内容和形式之间的关系。

> 夫水性虚而沦漪结，木体实而花萼振，文附质也。虎豹无文，则鞟同犬羊，犀兕有皮，而色资丹漆，质待文也。

质与情是属于同一范畴的概念，文与采是属于同一范畴的概念。用现在的话来阐释，也就是说：内容和形式是紧密联结着的，二者互为依存，不可分割，这样也就牢固地把握住了文学的特征。可贵的是，刘勰还认识到了二者之间有主从之分。

> 故情者，文之经；辞者，理之纬。经正而后纬成，理定而后辞畅，此立文之本源也。（《情采》）

他认为文学内部所包含着的这两种主要成分，内容是矛盾的主导方面，居于支配的地位，这就抵制了齐梁文学中的形式主义潮流。这样也就说明了他的"折中"之说不是什么无原则的折中主义。

刘勰还对"情""辞"二者分别提出了要求。前者应该"述情必显"，"意气骏爽"，"结响凝而不滞"；后者应该"析辞必精"，"结言端直"，"捶字坚而难移"。"风""骨"二者,可分别标举,因为这些写作上的要求,如同上述,原是以"情""辞"二者为基础而构成的,但二者一经融合,也就形成了文学领域中一个崭新的概念,作为一种新的美学标准,要求于创作界。它是为纠正萎靡柔弱的齐梁文学而提出的。

从作者方面来说,"情"的表现,与他本人的个性有关。从作品方面来看,"采"或"辞"的表达,也就外现为风格的问题。当然,风格不完全是形式方面的问题,但它总是由创作个性所决定,而通过一定的形式表现出来。《体性》成了讨论作家创作个性和风格之间的关系的专篇。按照刘勰一贯的命名方式来看,此文应当正称之曰《性体》,文字上所以有此颠倒,则是为了协调声律的缘故。

"性""体"二词,代表作家、作品两个方面。作品是由作家写成的,因此前者居于主导的地位。作品中的内容(情理)没有表达出来之前,深藏作者胸中,故与性有关。发为言文(形式)之后,也就成了"体"的问题。性决定体,这是他对作品风格成因的基本看法。

"性"是什么东西决定的呢?刘勰又从两个方面进行考察。他认为作家创作个性的形成,有先天的条件,也有后天的条件;前者可以归结为"情性"问题,后者可以归结为"陶染"问题。"情性"之中又可分为"才""气"两项因素,"陶染"之中又可分为"学""习"两项因素。"才"决定"辞理庸俊","气"决定"风趣刚柔","学"决定"事义浅深","习"决定"体式雅郑"。"辞理""风趣""事义""体式"等不同条件也就决定了作家的不同风格。由于每个作家先天、后天方面的条件千差万别,所以文章的风格也就极为多样。

刘勰又把各种文章的不同风格作了理论上的归纳,分为八类;他还根据风格中的矛盾对立现象作了区分,归为四组。所谓"雅与奇反,奥与显殊,繁与约舛,壮与轻乖"。这种研究方法,犹如抽丝剥茧,层层深化。此中关键,也就是后来的人常说的一分为二。而这正是运用了"叩其两端"的方法。任何一个问题到手，先找出它处在矛盾对立状态中的两个侧面，掌握其不同的内涵，然后再把其中一个侧面作为研究对象，找出它处在矛盾对立状态中的两个侧面……这样不断分析下去，事物的本质也就越来越清楚。人们的认识也就通过这样的过程而不断得到深化。

刘勰的主要研究方法是"折中"，所以经他不断剖析而得出的成果，常是以对称的形式出现。《体性》一文的结构，显得那么整齐，甚至可以用图表的方式显示出来。

$$
(内)性 \begin{cases} (先天)情性 \begin{cases} 才——辞理庸俊 \\ 气——风趣刚柔 \end{cases} \\ (后天)陶染 \begin{cases} 学——事义浅深 \\ 习——体式雅郑 \end{cases} \end{cases} 作品 \begin{cases} (1)典雅\ (2)远奥\ (3)精约\ (4)显附 \\ (5)繁缛\ (6)壮丽\ (7)新奇\ (8)轻靡 \end{cases} 体(外)
$$

向来以为研究文学不能机械采用图解的方式，实则这也不能一概而论。刘勰研究风格问题，就曾采取层层分析的方法。文章的结构，确是整齐划一，近乎机械，但刘勰运用的是辩证的方法，所取的态度，当然也是灵活的。"八体屡迁"，风格是可以改变的。如果决定风格的原因发生了变化，那么"表里必符"，作品的风格自然也会跟着发生变化。这就提示人们应该培植那些能够影响风格向健康道路发展的因素。

刘勰的风格论也有他的局限。他已认识到后天学习的重要性，这是可贵的卓识，问题在于决定作家风格的因素，究何者为先，这在《体性》篇中就没有作出明确的答复。他在论证过程中总是左提右挈，不分轩轾。但他对此也并不持折中主义的态度，在《事类》篇中还是作出了答复。文章中说："夫姜桂同地，辛在本性，文章由学，能在天资。才自内发，学以外成。……是以属意立文，心与笔谋。才为盟主，学为辅佐，主佐合德，文采必霸；才学偏狭，虽美少功。"才、学虽然同占重要地位，但毕竟有主佐之分。刘勰还是偏重先天的因素，这就不可避免地在他的理论上盖下了唯心主义的标记。这也说明,方法和世界观毕竟不能等同起来,有人能够采用先进的方法进行研究,但并不足以说明他的世界观也一定很先进,尽管其中可以包含有许多先进的成分。

按照近代文学理论的研究来说,作品的独特风格首先是由作家的生活道路所决定的。这里牵涉到作家的社会实践问题。刘勰提出"学""习"两项因素,也是社会实践中的重要方面,但绝不是作家社会实践的全部内容。因此,从现代人的眼光来看,刘勰的风格论有待于补充的地方尚多。

文章写成之后,还应仔细推敲,为此刘勰又写下了《熔裁》篇。"熔"与"情"有关,"裁"与"采"有关,他也是分别从两个方面立论的。由于骈文注重对称,《熔裁》篇中阐述原理的第一段,文字也整齐划一,两两作对,开合成势,"规范本体谓之熔,剪截浮词谓之裁。裁则芜秽不生,熔则纲领昭畅,譬绳墨之审分,斧斤之斫削矣"。为了解决"熔"的问题,他提出了"三准"说;为了解决"裁"的问题,他讨论了字句。"字有可削,足见其疏;字不得减,乃知其密。……谓繁与略,随分所好。"显然,这里又是折中法的运用。但刘勰有见于齐梁文学的日趋繁芜,因而批判了以陆机为代表的"缀辞尤繁"的倾向,可见刘勰运用的是辩证方法,处处自有其主见。

在《情采》篇开端时,刘勰就论证了"文""质"相互依存的道理,"文附质也","质待文也",这样也就对文学的内容和形式这一对基本范畴的关系作了简明扼要的介绍。文章结束时又说:"夫能设谟以位理,拟地以置心,心定而后结音,理正而后摛藻,使文不灭质,博不溺心,正采耀乎朱蓝,间色屏于红紫,乃可谓雕琢其章,彬彬君子矣。"这显然是从孔子有关文质的理论中发展出来的。

子曰:质胜文则野,文胜质则史,文质彬彬,然后君子。(《论语·雍也》)

按孔子的原意来说,并非针对文学问题而发,但在主张"原道""征圣""宗经"的刘勰来说,必须依经立论,"征之周孔,则文有师矣"。因此《文心雕龙》中有关"文质"问题的一系列论点,都可上溯到这种理论。这也是"折中于夫子"的意思。

《熔裁》篇中还说:"夫百节成体,共资荣卫;万趣会文,不离辞情。"这种认识,在儒家学派的典籍中也可找到根据,《礼记·表记》中说:"子曰:'情欲信,辞欲巧。'"也是从"情""辞"二者着眼而分别提出要求的。"信""巧"二者,又正是刘勰所追求的目标。《章表》篇中说:"恳恻者辞为心使,浮侈者情为文使。繁约得正,华实相胜,唇吻不滞,则中律矣。子贡云:'心以制之,言以结之。'盖一辞意也。"这里刘勰援引了《左传》哀公十二年中的一段话,而又断章取义地作了解释,目的也在重申"辞""意"二者的结合不可分割。他之所以借重子贡的言论,无非此人乃是孔子高足的缘故。

"观通变于当今"——刘勰对文学的纵向研究

研究刘勰的文学思想,还应注意他所处的时代。齐梁时期,我国古代的文学正处在重要的转变阶段。世代相传的几种主要文体,发展至此,都在发生急剧的变化。随之创作界也出现了各种不同的倾向,有的守旧,有的趋新。这在理论界也有充分的反映。①

刘勰在这过程中采取的立场,正像他所采取的方法一样,也持折中

---

① 参看拙作《梁代文论三派述要》。

的态度。按照当时文学界出现的三大流派来说,他是属于以萧统为首的"折中"一派。这一派的观点,在其他人的文章中,也有与刘勰的论点相似的表达。萧统《答湘东王求文集及〈诗苑英华〉书》曰:"夫文典则累野,丽亦伤浮,能丽而不浮,典而不野,文质彬彬,有君子之致,吾尝欲为之,但恨未逮耳!"刘孝绰奉命纂录《昭明太子集》,序中也说:"窃以属文之体,鲜能周备:长卿徒善,既累为迟;少孺虽疾,俳优而已。子渊淫靡,若女工之蠹;子云侈靡,异诗人之则。孔璋词赋,曹祖劝其修今;伯喈答赠,挚虞知其颇古。孟坚之颂,尚有似赞之讥;士衡之碑,犹闻类赋之贬。深乎文者,兼而善之,能使典而不野,远而不放,丽而不淫,约而不俭,独善众美,斯文在斯。"不难看出,这里的一些见解和刘勰的理论如出一辙。

作为这一流派的理论家,刘勰注意的是如何克服守旧派和趋新派的局限,在继承优秀传统的基础上吸收创作界的新成果。

为此刘勰提出了著名的"通变"说。

> 文律运周,日新其业。变则其久,通则不乏。趋时必果,乘机无怯。望今制奇,参古定法。(《通变》)

既重继承,又重创新,这里也是两面都照顾,不偏于一端。

《通变》一开始就说:"夫设文之体有常,变文之数无方,何以明其然耶?凡诗赋书记,名理相因,此有常之体也。文辞气力,通变则久,此无方之数也。名理有常,体必资于故实;通变无方,数必酌于新声:故能骋无穷之路,饮不竭之源。"下面可以就"有常之体"与"无方之数"、"不竭之源"与"无穷之路"这些基本范畴作些分析。

刘勰把《文心雕龙》上篇的前面五篇文章称为"文之枢纽"。"文之枢纽"不能都看作"不竭之源",因为"经"与"纬""骚"之间还有区别。

《原道》《征圣》《宗经》系正面立论，发挥儒家正统的文艺观点，《正纬》讨论辅经而行的纬书，《辨骚》讨论与经齐名的楚辞，意在区别同异，有选择地从中汲取创作上的养料。因为纬书"乖道谬典"，不容与经混淆，但"无益经典而有助文章"，也足资借鉴。楚辞更是文学上的重要源头，但与《诗》比较，亦复有同有异。细析起来，其间同于风雅者有四事，即"典诰之体""规讽之旨""比兴之义""忠怨之辞"，而异乎经典者也有四事，即"诡异之辞""谲怪之谈""狷狭之志""荒淫之意"。从四异来说，因其杂有战国"夸诞"之风，故贬之为"雅颂之博徒"；从四同来说，因其远承三代典诰之体，故褒之为"词赋之英杰"。何者可取，何者可弃，前提已经解决，于是刘勰提出了如下的处理意见：

<blockquote>
若能凭轼以倚雅颂，悬辔以驭楚篇，酌奇而不失其贞（正），玩华而不坠其实，则顾盼可以驱辞力，咳唾可以穷文致，亦不复乞灵于长卿，假宠于子渊矣。（《辨骚》）
</blockquote>

刘勰对诗、骚二者仔细地加以考核，从而提出了"奇正"结合、"华实"结合的要求，这也就是"通变"观点的具体运用和具体说明。要使奇特的新创不流于诡奇，华美的文辞不流于浮靡，这自然是文学上的完美境界。

刘勰对文学的特点有清楚的认识。他也明白，光是学习古人的传统，甚至唯质朴是慕，那也写不出什么好文章来。因此他在《定势》篇中说："渊乎文者，并总群势。奇正虽反，必兼解以俱通；刚柔虽殊，必随时而适用。若爱典而恶华，则兼通之理偏，似夏人争弓矢，执一不可以独射也。"若要写好美文，必须吸收创作界新的成果。

魏晋南北朝时的文人最重视的形式问题是声律、对偶、事义等要素，刘勰对此提出了自己的看法。

刘勰讨论对偶时,也曾条分缕析,比较优劣,然后作出结论。根据当时的创作实践,刘勰把"丽辞"归为四类,《丽辞》中说:"丽辞之体,凡有四对。言对为易,事对为难,反对为优,正对为劣。"其中反对一项尤称上乘,例如王粲《登楼赋》中说的"钟仪幽而楚奏,庄舄显而越吟","理殊趣合",相反相成,从正反两方面说明问题,就把作者复杂的内心世界阐发得更为突出和具体。

处理事类问题,刘勰是从"博""约"这两方面着眼的。《事类》篇中说:"综学在博,取事贵约,校练务精,捃理须核。"只有在"博"的基础上求"精",才能做到"众美辐辏,表里发挥"。仅就应用事义的方法而言,这样的处理也是恰当的。

永明文人发明声律,影响后代文学至巨。如果正确地利用声调规律,确是有助于提高文学的音乐性;但如不顾文章的内容,只是玩弄技巧,那也会坠入形式主义的邪路上去。刘勰写作《文心雕龙》时,学术界废本逐末的风气还没有像钟嵘在《诗品序》中所批判的那么严重。刘勰认为"标情务远,比音则近",思想感情只有通过语言文字来宣泄,才能把抽象的东西变成具体的东西。音律一项,也有助于思想感情的表达,因此他是赞成音律学说的,"古之佩玉,左宫右徵,以节其步,声不失序。音以律文,其可忽哉!"他又认识到,"音律所始,本于人声",人为的音律,应该适应自然的语言节奏,这种认识自然是很可贵的。

我国的语言具有很多特点,声调有平、上、去、入之分,由此可以构成双声叠韵;再作安排,可以构成复杂的骈俪文句。《声律》篇中说:"凡声有飞沉,响有双叠;双声隔字而每舛,叠韵杂句而必睽。沉则响发而断,飞则声飏不还;并辘轳交往,逆鳞相比,迕其际会,则往蹇来连,其为疾病,亦文家之吃也。"这种说法,开了后代骈文中所谓马蹄韵的先声。

再以押韵而言,各家的习惯用法不同,如何掌握也费斟酌。刘勰在《章句》篇中提出:"两韵辄易,则声韵微躁;百句不迁,则唇吻告劳。妙才激扬,虽触思利贞,曷若折之中和,庶保无咎。"可见他在研究这一问题时也采用了折中的方法,并得出了以自然音律为重的结论。

刘勰在讨论形式技巧中的这些具体问题时,很注意用实践去加以检验。音韵问题本是口耳之学,必须通过实际运用才能掌握。刘勰同意陆云的意见,以为"四言转句,以四句为佳"。这种意见自然是可取的。不但四言,其他的五、七言句等,写作长诗时也常以四句为一单位。这是通过长期的经验积累之后才获得的认识。他在《章句》篇中还讨论了文章中的字数问题。"若夫笔句无常,而字有条数。四字密而不促,六字格而非缓,或变之以三、五,盖应机之权节也。"这也是通过实践的检验而得出的经验之谈。散文中句子的字数虽然不受什么限制,但在日常运用中,短句和长句,因为和语言差距太远,总是不能常用,而文字总要和语言暗合,才能经受得起人们讽诵的考验。四字句和六字句,在人们日常写作的文字中确占多数,尤其是在双音节词越来越多的情况下,这项结论更有其普遍意义。

总结以上所言,可知刘勰在"酌于新声"的工作中也作了许多细致的分析。他在研究问题时,时时不忘运用折中的方法。

"资故实","酌新声",这种"通变"理论,也出于儒家的学说。追查这种理论的源头,则与三玄之一的《易经》有关。

《易·系辞》中多次提到"通变"之说。它一则说:"一阖一辟谓之变,往来不穷谓之通。"二则说:"化而裁之谓之变,推而行之谓之通。"三则说:"易穷则变,变则通,通则久。"韩康伯注:"通变则无穷,故可久也。"这种学说体现了《易经》的基本思想,即变易的观点。它首先强调的是一个"变"字,说明事物在不得不变的形势下,只有在变了之后才能适应新的情况,从而维持永久。它叫人用发展的眼光观察外物,反对一切保守的停滞的观点。刘勰的"通变"说,从理论的继承而言,就是从《易经》中发展出来的。不论是所用的名词,还是论证的方式,不难发现二者之间的渊源关系。

这种"通变"理论,平稳妥帖,它不像守旧派只重继承,拒绝接受创作界的新成果;也反对趋新派的一味求新,排斥优秀传统中的可取之处。刘勰的文学见解,既强调继承,又重视创新,于是他在"通变"说的指导下提出了一系列可取的见解。

> 构位之始,宜明大体,树骨于训典之区,选言于宏富之路,使意古而不晦于深,文今而不坠于浅,义吐光芒,辞成廉锷,则为伟矣。(《封禅》)
>
> 是以章式炳贲,志在典谟,使要而非略,明而不浅。表体多包,情伪屡迁,必雅义以扇其风,清文以驰其丽。(《章表》)
>
> 若夫熔铸经典之范,翔集子史之术,洞晓情变,曲昭文体,然后能孚甲新意,雕画奇辞。昭体故意新而不乱,晓变故辞奇而不黩。(《风骨》)

正像《辨骚》中所揭示的那样,他把思想内容方面的继承称之为"正",把形式方面的创新称之为"奇",《定势》中说:"旧练之才,则执正以驭奇;新学之锐,则逐奇而失正。"为了让学子从小走上正路,不误入歧途,他在《体性》篇中又强调指出:"夫才有天资,学慎始习,斫梓染丝,功在初化,器成彩定,难可翻移。故童子雕琢,必先雅制,沿根讨叶,思转自圆,八体虽殊,会通合数,得其环中,则辐辏相成。"这里牵涉了很多方面的问题。从儿童的学习来说,要求从小注意继承和创新的关系,合适地予以解决。从作家的创作而言,要求注意风格的多样化,结合自己主观和客观、先天和后天等方面的条件,掌握合适的尺度,写出既适合自己的个性特点,又不偏于一端的完美之作。

刘勰之所以取得巨大的成就,看来就与这种"折中"方法有着很大的关系。他能运用对立统一的观点分析一切文学现象,将之区分为若干对重要范畴,并用两点论的眼光加以考察,这就掌握了辩证法的要领。他的观察能力堪称敏锐,他的分析能力可谓深入,这自然与他学识深邃有关,但主要的原因之一,怕是通过"折中"法的运用而获得了朴素辩证法的效益。

辩证法是一种发展的科学。人们剖析事物的内部矛盾,从对立物的斗争中观察事物发展的动力,分析其发展的方向,这才是辩证法的精髓。从这方面来看,刘勰的思想还有其不足之处。他处在文学转变的重要时期,固然也重发展,但总觉得当前的倾向是"离本弥甚,将遂讹滥",于是他在《通变》这一对范畴中,强调的是一个"通"字,所谓"练青濯绛,必归蓝蒨;矫讹翻浅,还宗经诰"。他对"变"的问题也曾予以注意,并且作了很多有益的探讨,但比较之下,似乎不如"通"的问题更受重视。因此,尽管刘勰的宗经自有其用意,然而悬此作为最高准则,则总是会给人以复古的印象。阅读《文心雕龙》时,常觉得有一种保守的气氛,这与儒家思想的特点也是一致的。儒家思想中有很多可取的东西,但其基本倾向却不免趋于保守,刘勰的学说源出于是,自然无法摆脱这一缺陷。

"唯务折衷"——刘勰在《文心雕龙》中使用的主要研究方法

《通变》中提出的总结性意见是:"斟酌乎质文之间,而櫽括乎雅俗之际,可与言通变矣。"这也就是说:掌握通变的原则,先得对文学中内容与形式这一对范畴中的许多问题进行分析:哪些东西可以汲取,哪些东西应该舍弃,首先要有明确的认识。古雅的东西也并非全然可取,新创的成分也并非一无所是,这些也要通过辩证而得出科学的结论。只有在对这些问题有了正确的认识之后，才能正确地处理继承和创新之间的关系。

由此可见，在刘勰所提出的一系列概念中，"情采""通变"这两大范畴最为重要，前者把文学中的许多问题作横向的研究，后者将许多问题作纵向的研究，《文心雕龙》中的许多文章，里面所牵涉的理论问题，在《情采》和《通变》二文中大都有所说明。

如上所言，他在《情采》和《通变》中运用的方法，就是"折中"。他注意到各种文学要素之间存在着广泛的联系，而在一对对的文学要素之间，又存在着相互依赖、相互制约、相互影响、相互作用的关系。刘勰能从大处着眼，又能从小处着手，分析各种文学要素之间的对立统一关系，然后衡量得失，处之以权，提出一种平稳可取的方案。他在许多文章中常是采用这种方法研究问题和处理问题的。

刘勰在《序志》篇中明确地宣布，他在写作《文心雕龙》时采取的是"折中"的方法，可惜大家对于他的自白没有给予应有的注意。

研究《文心雕龙》的人似乎都有这么一种看法，以为此书"体大虑周"，我国过去的理论著作中从未出现过同样的作品，因此大家都以为刘勰采用了不同于前人的研究方法。他本是一个佛教信徒，博通经论，人们也就想到：《文心雕龙》之成，刘勰怕是得力于对佛经的学习。

佛学中有研究因明学的一派。因明学着重逻辑推理的研究，注意理论体系的完整，刘勰如果有这方面的修养，则《文心雕龙》之成，也就不难作出解释了。但过去的记载都说因明学至唐代才传入中国，南朝之时究竟有没有这方面的典籍传入，没有什么明确的记载。现在大家正在努力向这方面进行探索，我们期望这方面的研究取得成果，这样对《文心雕龙》的成书或许能够作出更有说服力的解释。

但是这种倾向又引起了我的疑问：如果大家一时找不到刘勰接触过因明学的材料，研究工作者难道就不能说明《文心雕龙》的成因了吗？

目前研究《文心雕龙》的人中似乎还有一种看法，以为儒家只能侈谈仁义，研究问题和辨析事物的能力很差，因此刘勰在研究方法上不可能从儒家学派中接受什么东西。有人根据《灭惑论》等材料，从刘勰的佛徒身份着眼，以为他是否信奉儒术还有疑问，《原道》《征圣》《宗经》云云，可能只是因行文之需而树立的一种幌子罢了。

刘勰是否接受过玄风的濡染，学术界也有不同的看法。这当然与他的佛徒身份有关。齐梁之时，信奉佛学的人中已有一些人超越于玄学而与之分道扬镳了。

在我看来，刘勰的主要研究方法，正是从儒家学术和玄学中得来的。"唯务折衷"，由此建立了严整的体系，这不但见之于刘勰的自白，而且核之《文心雕龙》全书，都是信而有征的。儒家学派采用"叩其两端"的方法，玄学中人辨析概念分析问题的辩难方法，都曾给他以滋养，只是他在使用这些方法时有发展，因而观察问题更深入，分析问题更细致，使用这项方法更熟练罢了。这就说明，他所继承的主要是先秦两汉以来的优秀传统，在我国古代哲人提供的思想资料的基础上，取得了新的成就，作出了新的贡献。我国历史悠久，学术资源丰富，刘勰生活在这样的园地上，完全可以创造出《文心雕龙》这样一部体大虑周的杰作。当然，这并不是说刘勰不可能受到佛教典籍的影响。作为一个精通佛家经典的学者，刘勰在长期的钻研过程中，在研究和写作等方法上受到某种影响，不但是可能的，而且是自然的。但他运用的主要研究方法，则应当如《序志》篇中所说的，出之于儒家。

人们也曾发生过疑问，刘勰为什么在书中很少透露他作为一个佛教信徒的踪迹？他为什么会有这样的能耐，对于佛家的东西，倒像有意排斥似的，这样做是不是近于矫饰？实际看来，《文心雕龙》中出现这种情况，也很自然。因为截至齐梁之时，输入我国的佛经之中，没有什么可以直接用来作为论文的材料，刘勰即使想多方征引，也无法生硬地将之纳入。但刘勰对于介绍佛家学说还是有兴趣的,一有机会,也不轻易放过。前面已经提到,《论说》篇中叙及"有无之辩"时,他就曾下判断道:"然滞有者全系于形用,贵无者专守于寂寥,徒锐偏解,莫诣正理,动极神源,其般若之绝境乎!"也就及时地提出佛家之说来压倒前此的玄学命题了。

但是这种情况毕竟少见,因此《文心雕龙》中确是说不上有多少佛家教义的濡染。《论说》篇中的材料反而可以用来说明,他不是不想引用佛家的材料,只是没有机会援引罢了。因此,刘勰在《文心雕龙》中不用佛家的教义,并不是什么矫饰,而在当时来说,他也用不到出此一着。他在论"文"时,确是热衷地皈依于儒家的教义,不论从他树立的标准来看,或是使用的方法来看,都与儒家学派密切相关。后人研究《文心雕龙》,应该开拓视野,研究刘勰与佛学或玄学的关系,但首要的还是应该研究他和儒家学派的关系。我们没有理由不尊重他自己的意见。如果大家沿着他自己指出的方向走去,自然可以找到打开《文心雕龙》奥秘的钥匙。

《秋夜有怀高三十五适兼呈空上人》诗发微

《秋夜有怀高三十五适兼呈空上人》诗曰：

晚节逢君趋道深，结茅栽树近东林。吾师几度曾摩顶，高士何年遂发心？北渚三更闻过雁，西城万里动寒砧。不见支公与玄度，相思拥膝坐长吟。

此诗作者有二说。《全唐诗》卷一五一著录时，署名刘长卿；卷二四九著录时，署名皇甫冉。二者文字无大异，只是皇甫冉作诗题曰《秋夜有怀高三十五兼呈空和尚》，首句"逢君"作"闻君"，三句"吾师"作"大师"而已。

按刘长卿与皇甫冉兄弟都有交往，彼此倡诗酬酢，还有不少作品保留下来。刘长卿与皇甫冉之间，除上诗之外，还有好几首诗出现混淆的情况，分别系于二人名下。限于材料，区别这些诗篇的原作者究竟是谁，有时是很困难的。

考此诗首句曰"晚节逢君（一作'闻君'）趋道深"，说明高适其时年岁已高；第二句曰"结茅栽树近东林"，则是彼时生活又很优闲自在。高适于天宝八载（749）出仕后，只有在少詹事任上时生活较为平淡，但他那时留驻洛阳，此地经历安史兵燹，残破至甚，而且处在战场边缘，气氛定然紧张，未必能有"结茅栽树"的闲情。而在淮南节度使和剑南节度使任上时，戎马倥偬，想来难有隐居乡鄙的机会。因此，步入晚年的高适，只能是在广德二年（764）入京，"用为刑部侍郎，转散骑常侍"之后，才有"结茅栽树"的可能。因为常侍一职，备"侍从顾问"，原是闲职，生活上可以从容自在些。

刘长卿"刚而犯上"，屡遭贬谪，在广德前后一段时间内，很少有机会入长安，"晚节逢君"的可能性很少。因此，此句如作"晚节闻君"，也就的当妥帖了。

独孤及《唐故左补阙安定皇甫公集序》上说皇甫冉"历无锡县尉，左金吾兵曹。今相国太原公之推毂河南也，辟为书记"（《毗陵集》卷十三）。相国太原公即王缙。王缙之赴河南任职，史有明文，《旧唐书·代宗纪》："（广德二年）八月丁卯，宰臣王缙为侍中，持节都统河南、淮西、淮南、山南东道节度行营事。……癸巳，王缙兼领东京留守。"可见皇甫冉至王缙幕府出任书记，是在广德二年或其后，《新唐书·文艺（萧颖士）传》附皇甫冉事，也说"王缙为河南元帅，表掌书记"。在这之前则在京师供职，任左金吾兵曹。这样皇甫冉就有可能与晚年的高适相聚。不过这诗假如真是皇甫冉所作，那么首句应以"晚节逢君"为是。

由此可知，《秋夜有怀高三十五适兼呈空上人》诗的作者很难确定。按之史实，这两首文字略有不同的诗其作者署名正相颠倒，应予调整。

但也可能有人会问：高适晚年安居静修，"结茅栽树近东林"，这个"东林"是不是指著名的庐山东林寺？高适出任淮南节度使，庐山属其辖下，这位文人出身的戎帅大发雅兴，在东林寺旁结茅舍隐居一些时候，有没有可能呢？

这就得作些细致的考证。按诗的第七句曰"不见支公与玄度"，支公为东晋时的支道林，这里借指空和尚。刘长卿辈用前代的高僧推崇对方，用典可谓贴切。那么探讨这个问题时，首先应该确定这个"空和尚"究竟指谁。

诗之三、四句曰:"吾师几度曾摩顶,高士何年遂发心?""高士"当然是指高适,"吾师"当然是指空和尚了。所谓"摩顶",乃是佛家的专门术语,说的是佛教受戒时的仪式。高适皈依佛门的事,史书上没有记载,笔记小说上也没有记载,而从佛教典籍中,却可以间接地加以推知。

高适仕途显豁,是从他到河西出任哥舒翰的掌书记开始的。哥舒翰是突骑施哥舒部落之裔,以勇武著称,而又笃信佛教,赵明诚《金石录》卷七"第一千三百二十唐哥舒翰等造《阿弥陀经》"下曰:"正书,无姓名,天宝十二载九月。"可见他还喜欢率领属下人员共同从事宗教活动。

就在这一年,哥舒翰还邀请当时著名的密宗高僧不空赴河西宣扬佛法。赵迁《大唐故大德赠司空大辨正广智不空三藏行状》曰:"(天宝)十二载,敕令赴河、陇节度,御史大夫哥舒翰所请。十三载到武威,住开元寺。节度已下,至于一命,皆授灌顶。士庶之类,数千人众,咸登道场。与僧弟子含光授五部法,次与今之功德使开府李元琮授五部灌顶,并授金刚界大曼荼罗。……十五载夏,奉诏还京,住大兴善寺。"(大正新修《大藏经》第五十卷史传部二)可见不空和尚自天宝十二载(753)起,至天宝十五载(756)止,一直驻武威授法。这时高适正在河西节度幕府充掌书记,他既列身"一命"之上,自然参与了灌顶的仪式。看来这也就是空和尚"几度曾摩顶"时首次为"高士"授法了。

空和尚即不空,不空曾为高适摩顶,这不但有赵迁的《不空行状》可以作证,而且有关不空的其他一些材料也可证明。不空是从唐玄宗起,到代宗止,延历三代的密宗高僧,与善无畏、金刚智合称"开元三大士",曾为玄宗、肃宗、代宗行灌顶仪式,称国师,累官特进、试鸿胪卿、加开府仪同三司,封肃国公,赠司空,食邑三千户,谥大辨正广智不空三藏和尚。《资治通鉴》代宗大历二年(767)曰:"胡僧不空,官至卿监,爵为国公,出入禁闼,势移权贵。"在他死后,沙门圆照为之编《不空三藏表制集》凡六卷①，卷四录飞锡《大广智三藏行碑》，也详细记录了他自天宝十二载（753）起至十五载（756）止在武威授法之事，与赵迁《不空行状》全同，可证这段历史记载是可信的。

高适初入佛门，即由不空为之灌顶，在当时人看来，当然是很光彩的。其后不空又曾多次为高适摩顶，难怪友人赠诗时要特别强调这一点了。

不空地位尊崇无比，所以有关他的历史记载相当完备，可以查知他的活动范围没有到达江西的庐山。因此，诗中所记的"东林"，不是指庐山的东林寺。这也说明，高适不可能在淮南节度使任上于庐山结茅舍隐居。

这个"东林"，应当是指位处终南山的东林精舍。韦应物有《东林精舍见故殿中郑侍御题诗追旧书情涕泗横集因寄呈阎澧州冯少府》诗，中有句云："仲月景气佳，东林一登历。……雨余山景寒，风散花光夕。"可见东林精舍位于风景佳丽之地。韦应物曾去那里欣赏山景。因为东林精舍的主人原是韦应物上辈，所以此名屡见于韦诗。

韦应物有《紫阁东林居士叔缄赐松英丸捧对忻喜盖非尘侣之所当服辄献诗代启》诗，内云："碧涧苍松五粒稀，侵云采去露沾衣。夜启群仙合灵药，朝思俗侣寄将归。道场斋戒今初服，人事荤膻已觉非。一望岚峰拜还使，腰间铜印与心违。"可见这位居士，崇信道教方术，曾设坛斋戒，求服药成仙。韦应物在《答东林道士》诗中又曰："紫阁西边第几峰？茅斋夜雪虎行踪。遥看黛色知何处，欲出山门寻暮钟。"这里就径称东林居士为东林道士了。

"不见支公与玄度"中的玄度，指的是东晋时的名流许询。唐无名氏《文选集注》卷六十二引公孙罗《文选钞》曰："征为司徒掾，不就，故号征君。好神仙游，乐隐遁之事。"又引《隐录》云："询总角奇秀，众谓神

---

① 此书全称《代宗朝赠司空大辨正广智三藏和上表制集》，见大正新修《大藏经》第五十二卷史传部四。又此书也有单刻本。

童。隐在会稽幽究山,与谢安、支遁游处,以弋钓啸咏为事。"《晋书》卷六十七《郗鉴(子愔)传》言"与姊夫王羲之、高士许询并有迈世之风,俱栖心绝谷,修黄老之术"。可见许询确是具有"居士"与"道士"般的身份。这与"东林居士"或"东林道士"的情况有近似处,所以诗中借用许玄度来推崇此人。

支遁(道林)与许询交游,一僧徒,一道流,二者都享有大名。他们的事迹,《世说新语》等书上有很多记载,自为唐代文人所熟习,所以诗中用此称颂不空和尚和东林道士,可谓善于用事。

支公、玄度云云,只是文人写作上使用的典故,这也就进一步地证明了诗中的"东林"不是指庐山的东林寺。

高适隐栖之地,近东林精舍,其地在紫阁峰的西边,地势荒僻,而风景绝佳,因为这个地区原是长安郊外的游览胜地。张礼《游城南记》曰:"紫阁之阴即渼陂,杜甫诗曰'紫阁峰阴入渼陂'是也。"当年杜甫还和岑参兄弟于此赏玩,所以留下了《渼陂行》这首著名的诗篇。紫阁位处长安之西,所以这首怀念高适的诗中还有"西城万里动寒砧"之句。

《秋夜有怀高三十五适兼呈空上人》诗并不著称,过去很少有人征引过他,经过上面的探索,可以看到,这首诗中反映出了盛唐诗人高适的宗教信仰问题,由此又可看到唐代诗人世界观的复杂情况。

《旧唐书》的高适本传上说:"有唐已来,诗人之达者,唯适而已。"他早年虽落魄不遇,但热衷仕进,经过不懈地努力,终于两次出任节度使,晚年做到正三品的左散骑常侍。《苦雨寄房四昆季》诗曰:"黄鹄不可羡,鸡鸣时起予。"这也可以说是一位封建文人自强不息的正常路径吧。他在开元中北游,过魏郡时,谒魏徵旧馆、郭元振遗业、狄仁杰生祠,作《三君咏》诗,备致敬仰之意。可以看出,这三个人的一生行实对他有很大的影响。

《旧唐书》本传上说:"适少濩落,不事生业。家贫,客于梁宋,以求丐取给。"殷璠《河岳英灵集》评语中说,适"性拓落,不拘小节,耻预常科,隐迹博徒,才名自远"。与魏徵、郭元振未达之前的情况正相类似。魏徵"济代取高位,逢时敢直言";郭元振"拥兵抗矫征,仗节归有德";狄仁杰"昌言太后朝,潜运储君策";跟他后来在分镇一事上极力劝谏玄宗,竭诚拥戴肃宗,有类似处。高适平生功业,主要表现在这一件事上。而他"负气敢言,权幸惮之",与李辅国之流作坚决的斗争,可以看到唐初先辈的风范犹存。这些地方,高适恪守儒家的传统,而又有任侠的气概。本传上还说:"适喜言王霸大略,务功名,尚节义。逢时多难,以安危为己任。"这是他思想中的主流,也是奠定他一生功业的动力和思想基础。

过去的文人,在遇到挫折的时候,往往遁入隐逸,用道家思想来自慰和自遣。高适屡遭挫跌,长期陷于窘境,道家的隐逸思想,也就有所反映。《宋中遇林虑杨十七山人因而有别》诗曰:"邂逅逢尔曹,说君彼岩栖。萝径垂野蔓,石房倚云梯。秋韭何青青,药苗数百畦。栗林隘谷口,栝树森回溪。耕耘有山田,纺绩有山妻。人生苟如此,何必组与珪?"对此已有向慕之意。其后他又有《同熊少府题卢主簿茅斋》诗,内云:"江山归谢客,神鬼下刘根。阶树时攀折,窗书任讨论。自堪成独往,何必武陵源?"则是已对神仙之事也感兴趣了。

时至唐代,隐逸之士每喜道家方术,从而喜效神仙之事,高适的思想也反映了这一特点。

高适的友辈中,如李颀、颜真卿等人,都喜欢神仙方术。贾至有《闲居秋怀寄阳翟陆赞府封丘高少府》诗,内云:"我有同怀友,各在天一方,离披不相见,浩荡隔两乡。平生霞外期,宿昔共行藏,岂无蓬莱树,岁晏空苍苍。"陆赞府疑是陆据,说明贾至、陆据、高适都有神仙思想。这一群文人曾有集体成仙的愿望。

李肇《国史补》卷上:"白岑尝遇异人传发背方,其验十全。岑卖弄以求利。后为淮南小将，节度使高适胁取其方，然终不甚效。岑至九江，为虎所食，驿吏收其囊中，乃得真本。太原王升之写以传布。"①这时高适仕途亨通，官位显达，因而能够胁取属下的方药，然而他得到的这种发背方，看来是赝货，因而效验不著。发背方的内容虽然不能全然了解，但由这事可以看到高适的兴趣所在，他仍在追求异人方药，大约仍想服食求仙吧。

到他晚年，出任剑南节度使时，属下又有一起事件发生。《旧唐书·班宏传》曰："又为高适剑南观察判官，累拜大理司直，摄监察御史。时青城山有妖贼张安居以左道惑众，事觉，多诬引大将，冀以缓死，宏验理而速杀之，人心乃安。"这件事情未见于高适的传记，详情亦不明。青城山是道教祖师张道陵的栖隐之地，只是张安居与道教关系如何？"惑众"的目的何在？史料不足，都难于判断。班宏用快刀斩乱麻的手段杀死了张安居，稳定了军心，想来总是得到高适同意和支持的吧，这里高适又是把政治上的考虑置于首位的了。

高适于去世的前一年在紫阁西边结茅舍隐居，与东林道士为邻，可见他到这时还对道术有信仰。"趋道深"中之"道"，应当包括道教之"道"。然而依诗题来看，"高士"到此时方"遂发心"，主要是指赤诚地皈依佛家之"道"。不空几度为高适摩顶，说明后者自河西灌顶之后，已经信奉密宗，所以一直和空上人保持联系。

高适虽有文才，兼有学识，然而热衷于事功，颇与同时的诗人有所不同。《别王彻》诗曰："吾知十年后，季子多黄金。"汲汲于名利，因而遭到严羽的讥评，《沧浪诗话》曰："金多何足道，又甚于以名位期人者。此达夫偶然漏逗处也。"实际上这可不是什么率意着墨的"偶然漏逗"，而

---

① 《封氏闻见记》卷十《祛咎》亦载白岑故事，情节类似，而扬州节度为邓景山。宋代赵德麟《侯鲭录》卷八转载此事时，采录《国史补》文。

是高适功利主义观点的自然流露。因此，他不信在唐代也很兴盛的法相、天台、净土等宗，不去参与一般文人信奉的禅宗，而去皈依追求速效即身成佛的密宗。密宗是包含有很多巫术内容的一个宗派，它的经咒之中很多地方带有方药的性质，高适自年轻时起已有成仙之想，官高后胁取属下发背方，乃至成为一个虔诚的密宗信徒，也是很自然的发展过程，因为这些信仰之中有其共同的地方。但由此可以看到，高适的宗教信仰很杂，若要拿某一宗派的严格戒律来要求，则又不能说是某一教派的忠实信徒了。

早在出仕封丘县尉时，高适送兵北上，有《同群公登濮阳圣佛寺阁》诗，中云"佛因初地识，人觉四天空"，已见佞佛端倪。天宝十一载(752)至长安，同岑参、杜甫等人登慈恩寺塔，作著名的《同诸公登慈恩寺浮图》诗，就有"香界泯群有，浮图岂诸相。登临骇孤高，披拂欣大壮"等句，说明他对佛经的内容很熟习；但结语有云"输效独无因，斯焉可游放"，则又说明他此时仍汲汲于仕进。其后他还有《和窦侍御登凉州七级浮图之作》《登广陵栖灵寺塔》等诗，都有宣扬佛教教义的文字。而他在乾元元年(758)于洛阳任少詹事时，又有《同诸公宿开善寺赠陈十六所居》之诗，诗云："驾车出人境，避暑投僧家。裴回龙象侧，始见香林花。读书不及经，饮酒不胜茶。知君悟此道，所未披袈裟。谈空忘外物，持戒破诸邪，则是无心地，相看唯月华。"足以察知其时沉潜佛家教义之深。这里说的虽是陈章甫的事，实际上却是夫子自道。他之所以"避暑投僧家"，怕是尚未具备"结茅栽树"的条件吧。这时他也"未披袈裟"，但已颇"悟此道"了。

在高适现存诗中，最富佛家信徒色彩的，要数《同马太守听九思法师讲金刚经》一诗了。① 诗曰："吾师晋阳宝，杰出山河最。途经世谛

---

① "伯三八六二敦煌高适诗集残卷"此诗题作《伴马太守听九思师讲金刚经》。

间,心到空王外。鸣钟山虎伏,说法天龙会。了义同建瓴,梵法若吹籁。深知亿劫苦,善喻恒沙大。舍施割肌肤,攀缘去亲爱。招提何清净,良牧驻轩盖。露冕众香中,临人觉苑内。心持佛印久,摽割魔军退。愿开初地因,永奉弥天对。"这样的宣扬佛法,自首至尾,使用的是佛家的专门术语,倒真的有些像是佛家的讲义、偈语一类作品了。按此诗首先称颂九思法师为晋阳之宝,可见讲经之地在河东。因为这对于即景赋诗而言,乃是对九思的推崇,若在外地而作是语,则将成为对九思的贬抑了。因此,高适作此诗时,应当也在河东之地。芮挺章编《国秀集》,署高适之官衔曰"绛郡长史",长史伴同太守同听佛法,身份正合。据此可知,高适作此诗时当在天宝十四载(755)。这时他本在河西节度幕府充掌书记,而安禄山之乱陡起,范阳将何千年执河东节度使杨光翙,企图速占河东之地,这时高适就有可能受到临时委派,出任绛郡长史,预防安禄山之部下在各地接应。统观时局,结合诗歌内容,高适此诗似只能编于这一年度之内。

综上所言,可以看出高适思想的复杂情况。他虽热衷于建功立业,但对佛、道一直有归向之意,只因仕途显达,这一方面的思想始终没有上升到主导的地位。后入长安,不再出任繁剧之职,地处清要,晚年始遂初心,才能于紫阁西边结茅栽树而过居士生活,从而友人有赠诗之举。但也正因《秋夜有怀高三十五适兼呈空上人》此诗,使后人得以进窥当时著名诗人高适生活之一角。

在盛唐诗人中,高适因有功业可称,记载最称完备。但过去的历史典籍,重在记叙时事,不太顾及个人的思想,因而后人难以了解这些诗人的全貌,这就要求我们多方发掘。这篇读诗发微之作,就想作一个初步的尝试。

杜甫身后的求全之毁和不虞之誉

金无足赤，人无完人，杜甫也不例外。但他号称"诗圣"，树大招风，人们对他的每一项活动细细考核，结果却发现了许多缺点，有的批评者更是苛刻地作出了"求全"之毁。我无意于替杜甫辩护，但总觉得批评古人也应当和批评今人一样，不能吹毛求疵。孟子主张"知人论世"，确是文学批评上的重要方法。评价杜甫的创作活动，也应当把它置于当时的历史条件下加以考察。

杜甫于天宝四载(745)起，至天宝十三载(754)止，旅居长安。这时他仕途塞碍，生活上遇到了严重的困难，因此急于求得旁人援引，取得一官半职，解决燃眉之急。这在唐代来说，本来是不成什么问题的。因为封建社会中的文人，不论是为了解决生活问题，或是为了实现自己的政治抱负，首先就要求得入仕。而在当时来说，不论是应科举试，还是争取得到征辟的机会，都要有显贵名流出面推荐。因此，文人奔走于势要者之门，恳求荐举，也是当时的通习，不必苛求于一人。只是杜甫奔走的对象中有些人的情况比较复杂，问题就是由此产生的。

按杜甫这一时期作有五言排律多首，奉赠一些达官贵人。所以采用五言排律，则是因为这种诗体最能符合写作上的要求。五排篇幅较大，讲求用事和声偶，铺陈排比，整饬庄重，容易烘托对方的身份，显示自己的功力。它既便于陈情述德，又便于顿挫反跌，抒写自己的衷肠。因此，唐代士人大都写作这种诗歌奉赠自己的恳求对象。

杜甫在长安时期所作的这类作品有：

《赠特进汝阳王二十韵》

《奉寄河南韦尹丈人》、《赠韦左丞丈济》、《奉赠韦左丞丈二十二韵》（古诗）

《赠翰林张四学士垍》《奉赠太常张卿垍二十韵》

《奉留赠集贤院崔国辅于休烈二学士》

《敬赠郑谏议十韵》

《奉赠鲜于京兆二十韵》

《投赠哥舒开府翰二十韵》

《上韦左相二十韵》

上举八人，郑谏议情况不明，汝阳王琎、韦见素、崔国辅、于休烈四人似乎没有什么显著的劣迹，而其余的韦济、张垍、鲜于仲通、哥舒翰四人，论者以为不是大成问题，就是劣迹昭著，杜甫向这样的人求情，岂不是不择对象，那他自己的品格，不是应该重行研究了吗？

这种责难，自宋代起即已有人提出，到了郭沫若著《李白与杜甫》一书时，更是作了系统的论证和严格的批判。① 这里不乏值得注意的新鲜论点，但就此还可进一步作些分析。韦济等四人的情况，史书和各家诗文中有记载，可以据此进行一些考察，看看这些人在杜甫献诗之时究竟处在怎样的一种状态之中。下面分别一一叙述。

韦　济

韦济是武后时宰相韦思谦的孙子，武后、中宗时宰相韦嗣立的儿

---

① 郭沫若《李白与杜甫》，人民文学出版社1971年版。其中对杜甫投诗韦济等人所作的分析，集中发表在《杜甫的功名欲望》一章中。

子，武后时宰相韦承庆的侄子，新、旧《唐书》附《韦思谦传》。这是一个世称小逍遥房的显贵家庭，代奉儒术，所以杜甫在《赠韦左丞丈济》中说："左辖频虚位，今年得旧儒。相门韦氏在，经术汉臣须。"韦济还以文学著称，《旧唐书》本传上说他"早以词翰闻……制《先德诗》四章，述祖、父之行，辞致高雅"，所以杜甫《奉寄河南韦尹丈人》中说："鼎食分门户，词场继国风。"这两首诗中的颂词，与史书上的记载没有什么出入。

杜甫为杜审言之孙。杜审言于武后时累官著作佐郎、修文馆直学士等职，和韦济上代同时在朝，所以杜甫献诗时尊称为"丈"，表示杜、韦两家乃世交。《奉寄河南韦尹丈人》诗曰："有客传河尹，逢人问孔融。"也就点明了这层因缘。看来韦济首先顾念到这种关系，杜诗原注："甫故庐在偃师，承韦公频有访问，故有下句。"这可不是杜甫首先攀龙附凤迎合上去的。二人一直有文字往还，浦起龙《读杜心解》释《奉寄河南韦尹丈人》诗题曰："前后俱在感其垂问上见意。中段自述近况，颂韦处只两三句耳。故题曰'奉寄'，盖答体，非赠体也。"这种分析完全符合实际。双方情谊如此，那么杜甫在遭到困难时向韦济求援，又有什么值得责备的呢？

论者以为韦济历史上有一件丑恶的事，那就是他把道士张果荐给玄宗。《资治通鉴》开元二十二年（734）二月，"方士张果自言有神仙术，诳人云尧时为侍中，于今数千岁；多往来恒山中，则天以来，屡征不至。恒州刺史韦济荐之，上遣中书舍人徐峤赍玺书迎之"。此事新、旧《唐书·张果传》系于开元二十一年（733），二者都说韦济"以状奉闻"，这在当时恐怕也很难算是什么见不得人的事，因为封建帝王大都喜欢神仙方术，玄宗更是热衷于此，作为地方长官的韦济，自当像他前任的那些地方长官一样，将管辖内的著名人物奏闻上去。韦济本人当然也有迷信思想，陈思《宝刻丛编》卷六引《诸道石刻录》："唐白鹿泉神君祠碑，唐韦济撰，裴抗分书，开元二十四年三月立，在获鹿。"①可见韦济在恒州刺史任上时确有宣扬神仙道化之事。只是纵观李唐一代，当时的文人多半有这种作风，杜甫也有迷信仙术之事，而在这方面表现最为突出的，自然要以李白为最了。他不但到处寻仙访道，躬受《道箓》，与玄宗身边的著名道士司马承祯、吴筠等人交往密切，而且还送夫人宗氏上庐山去和著名的权奸李林甫之女腾空子作伴，谋求白日飞升。比较起来，韦济等人的行动又有多少丑恶可言呢？

韦济做地方官时，还颇有美名，《新唐书》本传上说："济文雅，颇能修饰政事，所至有治称。"荐举张果一事，因为风气如此，大家也就不以为怪，杜甫赠诗不提此事，高适于开元二十二年（734）路过恒州，作有《真定即事奉赠韦使君二十八韵》，求其援引，乃干谒之作，诗中歌颂韦之政绩及历官，然亦不及张果事，可见高适对此同样不予重视。

张　垍

张垍为张说之子，新、旧《唐书》附《张说传》。张垍以能文称，《唐会要》卷五七曰："（玄宗）始选朝官有词艺学识者入居翰林，供奉敕旨。……制诏书敕，犹或分在集贤。……至开元二十六年，始以翰林供奉改称学士，由是别建学士院，俾掌内制，于是太常少卿张垍、起居舍人刘光谦等首居之，而集贤所掌，于是罢息。"他还是玄宗的女婿，《旧唐书》本传上说：诏尚宁亲公主，"玄宗特深恩宠，许于禁中置内宅，侍为文章，赏赐珍玩，不可胜数"。所以杜诗首曰："翰林逼华盖，鲸力破沧溟。天上张公子，宫中汉客星。"这样一位娇客，又是文墨中人，杜甫想要求得他的援助，也是很自然的事。李白有《玉真公主别馆苦雨赠卫尉张卿

---

① 韦济《白鹿泉神君祠碑》，载《唐文拾遗》卷十八。

二首》，此人亦即张垍。① 诗中有云："独酌聊自勉，谁贵经纶才？弹剑谢公子，无鱼良可哀。"这里李白自比寄食于孟尝君门下的冯驩，当然也是要求援助的意思。

杜甫的情况和李白相比还有不同，他和张垍的关系要深切得多。《赠翰林张四学士垍》曰："倘忆山阳会，悲歌在一听。"用的是嵇康和王戎、向秀交游的故事，所以杨伦《杜诗镜铨》曰："张必与公有旧。"《奉赠太常张卿垍二十韵》曰："吹嘘人所羡，腾跃事仍睽。碧海真难涉，青云不可梯。顾深惭锻炼，材小辱提携。"朱鹤龄《杜诗辑注》曰："垍必尝荐公而不达，故有'吹嘘''提携'等句。"后来杜甫的情况更为窘迫，所以希望张垍继续给予帮助。情况不过如此而已。王应麟《困学纪闻》卷十八《评诗》："鲜于京兆，仲通也；张太常博士，均、垍也。所美非美然。昌黎之于于頔、李实类此。杜、韩二公晚节所守，如孤松劲柏，学者不必师法其少作也。"这种贬抑杜诗"少作"的论调，虽然意在回护，实际上却是没有留意唐代士子的干谒之风，即贤者亦不免。王氏知人而不论世，也就不能把话说到点子上去。

鲜于仲通

鲜于向，字仲通，以字行。新、旧《唐书》无传，但在他弟弟《李叔明传》中略有介绍。颜真卿撰《中散大夫京兆尹汉阳郡太守赠太子少保鲜于公神道碑铭》《鲜于氏离堆记》等文，对他的历史作了详细的记录。

鲜于仲通的情况比较复杂。在他一生行事中，最为后人诟病的，是与杨国忠的关系和征南诏失败二事。

---

① 郁贤皓《李白与张垍交游新证》，载《李白丛考》，陕西人民出版社1982年版。

鲜于氏原是起于北方的兄弟民族——高车族。① 鲜于兄弟的上代,因仕宦定居于阆州新政。这一家族虽已进入中原多年,但仍保持着原来的粗犷豪侠之风。颜真卿在鲜于仲通的神道碑中说:"匡赞生士简、士迪,并早孤,为叔父隆州刺史匡绍所育,因家于新政。士简、士迪皆魁岸英伟,以财雄巴蜀,招徕宾客,名动当时。郡中惮之,呼为'北房'。士简生令徵,公之父也。倜傥豪杰,多奇画,尝倾万金之产,周济天下士大夫。"到了鲜于仲通兄弟一代,情况有了改变,一方面仍然保持豪侠之风,一方面折节读书,以文士的姿态出现,所以颜文又曰:"公少好侠,以鹰犬射猎自娱,轻财尚气,果于然诺。年二十余,尚未知书,太常切责之。县南有离堆山,斗入嘉陵江,形胜峻绝,公乃慷慨发愤,屏弃人事,凿石构室以居焉。励精为学,至以针钩其睑,使不得睡。读书好观大略,颇工文而不好为之。开元二十年,年近四十,举乡贡进士,高第。……方及知命,始擢一第。"而他勤奋向学的结果,就是后来还有著作传世,"凡著《坤枢》十卷,文集十卷,并为好事者所传"。《新唐书·艺文志》中就记录有《鲜于向集》十卷。

看来这人的作风有些像战国时的孟尝君,轻财好客,兼收并蓄,门下必然会招来一批鸡鸣狗盗之徒。可巧其中就有杨国忠其人。《新唐书·杨国忠传》曰:"嗜饮博,数丐贷于人,无行检,不为姻族齿。年三十从蜀军,以屯优当迁,节度使张宥恶其人,笞屈之,然卒以优为新都尉。罢去,益困,蜀大豪鲜于仲通颇资给之。……剑南节度使章仇兼琼与宰相李林甫不平,闻杨氏新有宠,思有以结纳之为奥助,使仲通之长安,仲通辞,以国忠见,干貌颀峻,口辩给,兼琼喜,表为推官,使部春贡长安。"说明鲜于仲通起初周济杨国忠时,并无深意,后来也并不热衷于利用这

---

① 姚薇元《北朝胡姓考》外篇第四"鲜于氏"曰:"定州鲜于氏,出自春秋狄国鲜虞之后,以国为氏,高车族也。"(科学出版社 1958 年版)《魏书·高车传》曰:"为性粗猛,党类同心。"又曰:"太祖时,分散诸部,唯高车以类粗犷,不任使役,故别别为部落。"

层关系上京城去巴结杨氏。可见后来记在他历史上的这层社会关系，是由偶然性的机缘构成的。

杨国忠得势后，当然要报答他一番。《杨国忠传》上又说："南诏质子阁罗凤亡去，帝欲讨之，国忠荐鲜于仲通为蜀郡长史，率兵六万讨之。战泸川，举军没，独仲通挺身免。时国忠兼兵部侍郎，素德仲通，为匿其败，更叙战功，使白衣领职。"说明这些事件的发生，主谋者是杨国忠。他想表示感恩戴德，却给鲜于仲通的历史写上了不光彩的一页。

鲜于仲通的出任蜀郡大都督府长史兼御史中丞持节充剑南节度副大使，颜真卿撰文的《神道碑》上说是出于郭虚己所荐，与上述说法不同，而新、旧《唐书》的记载则是一致的。但不管怎样，二人的关系总是不同寻常。《资治通鉴》天宝十二载（753）春正月，"京兆尹鲜于仲通讽选人请为国忠刻颂，立于省门，制仲通撰其辞；上为改定数字，仲通以金填之"。司马光撰写这一段文字，乃承上文而来，同书天宝十一载（752）十二月曰："杨国忠欲收人望，建议：'文部选人，无问贤不肖，选深者留之，依资据阙注官。'滞淹者翕然称之。国忠凡所施置，皆曲徇人所欲，故颇得众誉。"这段文字，不因杨国忠乃元恶大憝而隐藏当时的历史真相，大约也是为后来的刻颂一事作出解释吧。① 前文乃后文伏笔，二者之间具有明显的因果关系。

鲜于仲通早年虽对杨国忠有恩，但他并没有利用这种关系去谋求个人的私利，看来他还保持着固有的豪强之气，不作龌龊小人之态，所以二人后来还是分道扬镳了。颜真卿《鲜于氏离堆记》上说他"卓尔坚忮，毅然抗直"。这样的人，怎能为杨国忠所容？于是"入为司农少卿，遂作京兆尹。以忤杨国忠，贬邵阳郡司马"。《神道碑》上也说："十一

---

① 《资治通鉴》中有关此事的记载，看来主要依据《封氏闻见记》一书。该书卷五《颂德》曰："选人等求媚于时，请立碑于尚书省门，以颂圣主得贤臣之意。敕京兆尹鲜于仲通撰文，玄宗亲改定数字，镌毕，以金填改字处。"如此，则此事非由鲜于仲通倡议可知。

载,拜京兆尹。公威名素重,处理刚严。公初善执事者,后为所忌。十二载,遂贬邵阳郡司马。"于此也可看出,鲜于仲通绝不是和杨国忠沆瀣一气的人物。此人于"宝应元年,追赠卫尉卿;广德元年,又赠太子少保",假如他真是杨国忠一党,那么与杨氏一门有着刻骨仇恨的代宗又为什么要累加追赠?

《新唐书·韩休传》言其长子"浩,万年主簿,坐籍王铁家资有隐人,为尹鲜于仲通所劾,流循州"。此人乃名相之子,族大势盛,党援众多。犯法之后,鲜于仲通也不稍加宽贷,可见他执法的严正。

正因他刚毅不阿,在京兆尹任上时治绩颇佳,也就获得了广泛的好评。其弟李叔明后来也担任京兆尹之职,《新唐书》本传上说:"长安歌曰:'前尹赫赫,具瞻允若;后尹熙熙,具瞻允斯。'"[①]时隔十年左右,长安人还在歌颂他的政绩,也可算是难能可贵的了。

检阅这一时期的文献记载,没有见到什么丑诋鲜于仲通之处。相反,凡是叙及鲜于兄弟的文字,大都持赞颂的态度。颜真卿以高风亮节著称,可以相信,他不会肆意歪曲事实,替一个品格不端的人去涂脂抹粉。《神道碑铭》《离堆记》中再三颂扬,大约总是认为鲜于仲通与杨国忠的交往,没有在节操上带来什么玷污,这里不存在什么品质的问题。于邵《唐剑南东川节度使鲜于公经武颂》[②]、韩云卿《鲜于氏里门碑》[③]等文都对鲜于兄弟备加赞颂,和颜真卿的看法一致。《新唐书·李叔明传》上还说:"始,叔明与仲通俱尹京兆,及兼秩御史中丞,并节制剑南;又与子昇俱兼大夫,蜀人推为盛门。"亦寓颂扬之意。赵明诚《金石录》卷二七《唐京兆尹鲜于仲通碑》曰:"鲁公为此碑,称述甚盛,以此知碑志

---

① 《锦绣万花谷》后集卷十四:"李仲通,天宝末为京兆尹,弟叔时继之,长安歌曰:'前尹赫赫,具瞻允若;后尹熙熙,具瞻允斯。'""叔时"自是"叔明"之误。鲜于叔明后改姓"李",鲜于仲通改姓之事则于史无征。

② 载《全唐文》卷四二三。

③ 载《唐文续拾》卷四。

所载,是非褒贬,果不可信。虽鲁公犹尔,况他人乎!"这种意见也不见得中肯。因为《神道碑》上的记叙,或应对方家属所托,行文不无隐讳,但他还作有《离堆记》,文体与碑颂有别,为什么也持同一论调?况且颜真卿与杨国忠在政治上一直持对立的态度,《旧唐书·颜真卿传》曰:"杨国忠怒其不附己,出为平原太守。"假如鲜于仲通真是依附杨国忠的死党,那颜真卿怎会予以如此高的评价?

杜甫《奉赠鲜于京兆二十韵》中的颂词,可以和上面的介绍相印证。诗云:"骅骝开道路,雕鹗离风尘。侯伯知何算,文章实致身。奋飞超等级,容易失沉沦。脱略磻溪钓,操持邺匠斤。"虽然假象过大,但用文学眼光来看,还应算是用典贴切,并不是阿谀奉承。至于说到落句"有儒愁饿死,早晚报平津",也要结合写作时间来考虑。注杜诗者大都以为此诗作于天宝十一载(752),正是杨国忠在选人中收得一些虚誉之时。杜甫穷愁潦倒,在长期遭受李林甫的压制之后,这时眼前似乎出现了一线希望,于是想凭借鲜于仲通和杨国忠的关系,谋求入宦,这在当时来说,也没有越出文人遵从的道德规范,而在后人看来,也只能说是一时受了蒙蔽。对于这事,恐怕也不宜责之过深。

赵翼《瓯北诗话》卷二论杜诗曰:"鲜于仲通,则杨国忠之党,并非儒臣,而赠诗云:'有儒愁饿死,早晚报平津。'……可见贫贱时自立之难也。"这差不多是过去的人共同持有的见解。赵氏史学名家,而考索不精,诚属憾事!对照以上的考证,可知此说全不合事实。

至于说到唐代与南诏交恶一事,那情况更是复杂了。好在唐代史书上记载得比较详细,南诏阁罗凤也及时树立《南诏德化碑》记载此事①,两相对照,可以看清事实的真相。

对于历史上的这重公案,双方的记载,除了因立场观点的不同而词

---

① 《南诏德化碑》,阮福《滇南古金石录》录存,可参看。

气有异外,基本事实却是出入不大的。就从《南诏德化碑》上的说法来看,挑起祸端的首恶,是章仇兼琼、李宓、张虔陀等人。鲜于仲通也有责任,当南诏一再向他说明情况,申诉冤屈,乞求和解之时,他却一味采取高压手段,坚持兴兵讨伐。南诏在忍无可忍的情况下出兵反击,才把他打得大败而归。从南诏的角度来看,鲜于仲通的表现是蛮横无理,而不是什么阴险奸诈,这与他豪强的性格是一致的。不管这事是否出于唐玄宗和杨国忠的指令,作为当事人的鲜于仲通,还是措置不当,给两处人民带来了灾难,造成了严重的历史后果。

这种错误究竟是怎样犯下的呢?看来它与儒家尊王攘夷的正统思想有关。对于儒家的这种传统观念,也应结合不同的历史时期,作出具体分析。每当正统王朝遭到外族侵略濒临危亡之时,一些有气节的士人总是在儒家这种思想的指导下,宁死不屈,百折不回,为兴复故国而奋斗,历史上出现过不知多少这类可歌可泣的事迹。这里表现出了中华民族强烈的向心力。可以说,我们的国家绵延几千年而一直能够保持统一和独立,也与这种传统思想有关。但是尊王攘夷思想也有它的不良影响,那就是卑视边疆的少数民族,表现出一种天朝上国的傲慢态度。南诏地处边陲,国力不强,而且一直臣服于唐,这时却兴兵反抗,杀掉地方长官,攻掠土地,而且扬言要投奔吐蕃,这在唐王朝的地方大员看来,大约认为非得严惩一下,否则不足以儆效尤,于是两国之间也就一再兵戎相见了。

鲜于仲通已是一个汉化了的兄弟民族的后裔。他生长蜀地,又在剑南长期任职,这里正是兄弟民族杂居之区。鲜于仲通自从参与剑南军事起,攻打过云南蛮、羌、吐蕃等许多兄弟民族,颇施杀伐之威。这里当然也有许多不正义的行动,但颜真卿在为他作《神道碑》时却毫无批判之意,而是尽情褒扬,因为颜真卿也是儒家思想的信徒,他也是遵从"严夷夏之防"的原则而立论的。

天宝时期的文人对眼前发生的这起事件大都认识不清，这或许与不了解事实真相有关，但尊王攘夷的思想却也在兴风作浪，因此刮起了一阵兴兵讨伐的鼓噪。鲜于仲通丧师折兵后，杨国忠命令李宓以更大的规模出兵攻打，高适有《李云南征蛮诗》，内云："圣人赫斯怒，诏伐西南戎。肃穆庙堂上，深沉节制雄。遂令感激士，得建非常功。料死不料敌，顾恩宁顾终？"储光羲有《同诸公送李云南伐蛮》诗，内云："昆明滨滇池，蠢尔敢逆常。天星耀铁锁，吊彼西南方。……邦人颂灵旗，侧听何洋洋。京观在七德，休哉我神皇。"可见当时的文人差不多都是带着同仇敌忾的心情看待这起事件的。[①] 储诗标题称"同诸公"，可见一起赋诗的还有不少人。鲜于仲通蛮干一场，看来就是在这一种弥漫朝野的共通心理基础上发动的。

后来的史家总结历史经验时，都说"仲通褊急寡谋"（《旧唐书·南蛮·南诏蛮传上》），"卞忿少方略"（《新唐书·南蛮·南诏传上》，"仲通性褊急，失蛮夷心"（《资治通鉴》天宝九载）。这可不是在批评他不该镇压兄弟民族，而是责怪他缺乏手腕，没有把事情处理好。钱谦益《杜诗笺注》曰："按公投赠诗与鲁公《神道碑》，叙次略同。鲁公《碑》记节度剑南，拔吐蕃摩弥城，而不载南诏之役；公诗美其文章义激，而不及其武略：古人不轻谀人若此。"看来颜、杜二人并不是因不赞成征南诏之举而略去此事不谈的，大约只是因鲜于仲通出师不利，全军覆没，故而为之藏拙。杜甫的态度，和当时其他文人也不可能有什么根本上的不同。

但征南诏之举毕竟是唐王朝的创伤巨痛。过此不久，安史之乱即起，从此兵连祸结，人民也就辗转于沟壑。后人痛定思痛，对此有了新的认识。刘湾《云南曲》曰："百蛮乱南方，群盗如猬起。骚然疲中原，征

[①] 当时只有李白保持着清醒的头脑，在《古诗》其三十四"羽檄如流星"一诗中作了尖锐的揭露和严肃的批判。或许他生长蜀地，又曾长期旅居楚地，所以能够了解到一些事实真相；也有可能是他的尊王攘夷思想不像上述诸人强烈，所以观察问题比较客观。

战从此始。"白居易《新丰折臂翁》曰："翁言贯属新丰县,生逢圣代无征战。惯听梨园歌管声,不识旗枪与弓箭。无何天宝大征兵,户有三丁点一丁,点得驱将何处去,五月万里云南行。"从此以后,鲜于仲通的征云南之行也就不断为人诟病了。

哥舒翰

哥舒翰是开元、天宝时期的著名战将,事迹详见新、旧《唐书》本传。其他散见于唐人集子中的记载也很多。

唐德宗时,诏拜哥舒翰长子哥舒曜为东都、汝州行营节度使,将凤翔、邠宁、泾原、奉天、好畤兵万人讨李希烈。《新唐书》本传上说:"帝召见,问曰:'卿治兵孰与父贤?'对曰:'先臣,安敢比?……'帝曰:'尔父在开元时,朝廷无西忧;今朕得卿,亦不东虑。'"可知其时朝廷倚托之重。

唐玄宗时,中央王朝的边患主要在东北和西边。东北的少数民族,有契丹和奚等,他们力量都不强,对唐王朝并不构成什么威胁。唐王朝派重兵驻守,主要是起威慑的作用。特别是到安禄山出任幽州节度副大使后,更是使用诡诈手段,一面凶狠地肆行杀戮,一面施行恩惠,拉拢部落中的豪强,培植地方势力。西边的兄弟民族,有回纥、吐蕃等;其中吐蕃与中央王朝的征战,时间长,规模大,确是构成了很大的威胁。哥舒翰能稳住西边的局面,对中央王朝来说,就是作出了卓越的贡献。

唐中央王朝与吐蕃的战争,谁是谁非,如何评价,确实是一言难尽。二者之间的关系错综复杂,但即使是在兵刃相见之时,也以甥舅相称,并不否定这种亲密的血缘关系。后人考察唐代各民族之间的矛盾纷争时,应该看到,各方之间的和好关系仍属基本的方面。现在大家更是合力进行社会主义建设,在一统的国土上携手并进,过去的纠纷,只供历史学家去分析研究。我们在阅读唐史时,可以指出一点,那就是二者的社会发展阶段是不同的。唐王朝已进入发达的封建社会,即使是在边疆地区,也早已发展起高度繁荣的农业经济。《资治通鉴》天宝十二载(753)曰:"自安远门西尽唐境万二千里,闾阎相望,桑麻翳野,天下称富庶者无如陇右。"有人以为此说原出《开天传信记》,乃是小说家言,夸张过甚,不足置信,但当时这一地区已经得到开发,则是毋庸置疑的。吐蕃所处的社会发展阶段要落后得多,当时正处在发达的奴隶社会阶段,因此富有掠夺性,常向陇右、河西一带发动进攻,掠取奴隶和粮食,给早已定居下来的农民以巨大的威胁。这时如有人能阻挡住这些来去飘忽的游牧民族的侵袭,当然会大得人心。早期的哥舒翰,就曾起过这样的作用。

　　《资治通鉴》天宝六载(747)冬十月,哥舒翰已累功至陇右节度副使,"每岁积石军麦熟,吐蕃辄来获之,无能御者,边人谓之'吐蕃麦庄'。翰先伏兵于其侧,虏至,断其后,夹击之,无一人得返者,自是不敢复来"。《太平广记》卷四九五引《乾䐃子》曰:"天宝中,哥舒翰为安西节度,控地数千里,甚著威令,故西鄙人歌之曰:'北斗七星高,哥舒翰夜带刀。吐蕃总杀尽,更筑两重濠。'"《南部新书》卷庚录此,引诗略同,而洪迈《万首唐人绝句》五言卷二十载《西鄙哥舒歌》,后二句作"至今窥牧马,不敢过临洮",也是歌颂他保卫边疆有功的。①

　　但哥舒翰在与吐蕃进行的一系列的战争中,也有一件经常为人诟病的事,那就是天宝八载(749)六月,哥舒翰以六万三千人之众,攻拔吐蕃石堡城,结果死去士卒数万。而在天宝六载时,唐玄宗也曾让王忠嗣去攻打此城,王忠嗣认为"所得不如所亡",宁愿自己得罪,也不愿牺牲士卒,故不奉命而行;将军董延光自请将兵去攻打,唐玄宗让王忠嗣分

---

① 《全唐诗》卷七八四录此诗,仅收《万首唐人绝句》中的那一首。

兵支持，他也不出力。两相比较，王忠嗣的表现自然要好得多。史家于此大书特书，是理所当然的。

但我们能不能要求每一个人都能像王忠嗣那样决断呢？提出高标准来要求人，从而责难他人达不到这种标准，恐怕也不能算是实事求是的做法。就在王忠嗣抗命不行之时，大家都为他担心，《资治通鉴》上说："李光弼言于忠嗣曰：'大夫以爱士卒之故，不欲成延光之功，虽迫于制书，实夺其谋也。何以知之？今以数万众授之而不立重赏，士卒安肯为之尽力乎！然此天子意也，彼无功，必归罪于大夫。大夫军府充牣，何爱数万段帛不以杜其谗口乎！'忠嗣曰：'今以数万之众争一城，得之未足以制敌，不得亦无害于国，故忠嗣不欲为之。忠嗣今受责天子，不过以金吾、羽林一将军归宿卫，其次不过黔中上佐，忠嗣岂以数万人之命易一官乎！李将军，子诚爱我矣，然吾志决矣，子勿复言。'光弼曰：'向者恐为大夫之累，故不敢不言；今大夫能行古人之事，非光弼所及也。'遂趋出。"这一番对话，写得有声有色，言为心声，司马光确实是动了感情的。但从中可见，像王忠嗣这样的作为，唐代名将李光弼也难以做到，所谓"大夫能行古人之事"，是说今人不可能行此事。后人要求哥舒翰也要有同样的表现，恐怕陈义过高。而且攻打石堡城一事，出于唐玄宗的指令，并非哥舒翰主谋，后人议及此事，也不必过多地归罪于执行者而置决策者于一边而不顾。

当时的文人对于这一事件，恐怕也很难作出正确的估量。李白有《送白利从金吾董将军西征》一诗，首云："西羌延国讨，白起佐军威。"这位金吾董将军，可能就是自请攻打石堡城的董延光，因为开元、天宝之时征讨吐蕃的将领，特别在"将军"之中，少有姓董的人。有人举李白《答王十二寒夜独酌有怀》诗中"君不能学哥舒横行青海夜带刀，西屠石堡取紫袍"之句，以为见解高于杜甫，但李白此诗不知作于何时，如果作于人们饱受战乱创伤之后，也就不足为奇了。况且此诗是否李白所作还要进一步考订，萧士赟、朱谏、胡震亨等人都以为是五代人的伪作，因此根据这诗而立论，说服力也不够。

为救王忠嗣，哥舒翰还有出色的表现，《资治通鉴》上记载道："哥舒翰之入朝也，或劝多赍金帛以救忠嗣。翰曰：'若直道尚存，王公必不冤死；如其将丧，多赂何为！'遂单囊而行。三司奏忠嗣罪当死。翰始遇知于上，力陈忠嗣之冤，且请以己官爵赎忠嗣罪；上起，入禁中，翰叩头随之，言与泪俱。上感寤。己亥，贬忠嗣汉阳太守。"此事曾经博得人们广泛的好评，《旧唐书》本传上说："朝廷义而壮之。"

此人虽然以勇武著称，但也并非一介武夫。《旧唐书》本传上说："翰好读《左氏春秋传》及《汉书》，疏财重气，士多归之。"①在他的幕府中，集中了一大批著名的文士和武人。杜甫《投赠哥舒开府翰二十韵》曰："军事留孙楚，行间识吕蒙。"钱谦益《杜诗笺注》曰："翰奏严挺之之子武为节度判官，河东吕諲为度支判官，前封丘尉高适为掌书记，又萧昕亦为翰掌书记。""翰为其部将论功，陇右十将皆加封，若王思礼为翰押衙，鲁炅为别将，郭英乂亦策名河陇间；又是年奏安邑曲环为别将，皆拔之行间也。"②可见其门下之多士。

唐代文人参加军队谋取进身，也是一条正常的途径。哥舒翰声名煊赫，自己也喜读经史，且喜接引文士，那当然会产生强烈的吸引力。著名的边塞诗人高适就是从担任哥舒翰的掌书记起家而飞黄腾达的。他前后所作颂词甚多，对使主充满了知己之感。从现存的文献看，储光

---

① 古代武人每以好读《左氏春秋传》为儒雅的表现。《三国志·蜀书·关羽传》裴松之注引《江表传》曰："羽好读《左氏传》，讽诵略皆上口。"《世说新语·术解》"王武子善解马性"条刘孝标注引《语林》曰："武帝问杜预：'卿有何癖？'对曰：'臣有《左传》癖。'"又《世说新语·豪爽》亦曰："王大将军自目：'高朗疏率，学通《左氏》。'"王大将军即王敦。

② 钱谦益释"十将"有误。《资治通鉴》天宝十三载"哥舒翰亦为其部将论功，敕以十将、特进、火拔州都督、燕山郡王火拔归仁为骠骑大将军"，胡三省注："十将，亦唐中世以来军中将领之职名。"又钱谦益以这些人物注杜诗，年代不甚切合，本文引此，仅用来说明哥舒翰幕府之多材。

羲有《哥舒大夫颂德》诗,李白有《述德兼陈情上哥舒大夫》诗,都有求其汲引之意,可见当时他在文人的心目中确是颇有地位的。

论者以为哥舒翰这时已经劣迹昭彰,李白识见高明,不会与之发生关系,于是重申前人之说,以为李白的述德陈情之诗乃他人伪作。按朱谏《李诗辨疑》卷上云:"述德则有之,无有陈情之辞,疑当有阙文也。"瞿蜕园、朱金城《李白集校注》驳之曰:"不知投赠即是陈情,此疑所不必疑。"可谓片言中的。况且此诗早已见于宋代类书《锦绣万花谷》后集卷十四,署名正作李白《赠哥舒翰》,也可证明这诗的著作权仍当属于李白。李白曾向哥舒翰陈情求援引。

如上所云,可证前期的哥舒翰还尚无恶称,杜甫向之陈情,没有什么值得非议之处。

当然,哥舒翰并不是什么完人,他治军严酷,确实也有好战的一面,而当他立有军功之后,也就逐渐显露傲狠之状。《太平广记》卷二二四引《戎幕闲谈》曰:"(颜鲁公)迁监察御史,因押班,中有喧哗无度者。命吏录奏次,即哥舒翰也。翰有新破石堡城之功,因泣诉玄宗,玄宗坐鲁公轻侮功臣,贬蒲州司仓。"由此也可看到颜真卿的守正不阿。他在维护封建伦常方面是决不妥协的。

总结以上所言,可知杜甫投诗韦济、张垍、鲜于仲通、哥舒翰等人,在当时来说,也是文人的通习,没有什么值得特别加以指责的地方。

后人所以在这问题上有所指责,或许还与张垍、哥舒翰的晚节不终有关。这两人后来都投降了安禄山,名节有亏,杜甫向这样的人唱过颂歌,岂不也是一大污点?但是这种事情也要具体分析。白居易《放言五首》之三曰:"周公恐惧流言日,王莽谦恭未篡时。向使当时身便死,一生真伪有谁知?"人们于此慨乎言之,也是因为舆论的难以凭信,人物变化的难以预测。杜甫囿于见闻,只是仰慕这些人的时誉,有所乞求,他可能与这些达官贵人有所接触,也有可能只是辗转地找到一些联系得上的关系,这样他又怎能逆料后来的发展?如果我们不顾历史条件而对杜甫提出过高的要求,这种评价人物的方法,不论施之于古人,或是施之于今人,都会产生意想不到的结果。

但是杜甫在遭受种种求全之毁的同时,还曾遇到一些"不虞"之誉;其中之一,就是他曾赠诗苏涣,而苏涣曾被称作"造反"诗人,杜甫能够赏识"造反"诗人,岂不也是有眼力的表现?

苏　涣

我们不必对"造反"一词多加考辨。这里无非是说,苏涣曾经帮助岭南裨将哥舒晃杀掉岭南节度使、广州刺史吕崇贲,率领少数民族一起起义。"造反"只是"起义"的同义词。

这次事件,到底能不能称为起义?还是可以商榷的。

《新唐书·路嗣恭传》上说:"大历八年,岭南将哥舒晃杀节度使吕崇贲,五岭大扰。诏嗣恭兼岭南节度使,封冀国公。嗣恭募勇敢士八千人,以流人孟瑶、敬冕为才,擢任之。使瑶督大军当其冲,冕率轻兵由间道出不意,遂斩晃及支党万余,筑尸为京观。俚洞魁宿为恶者,皆族夷之。"这里所提到的,实际上是两件事情,路嗣恭先是讨平了哥舒晃之乱,文字至"筑尸为京观"作一小结;后又续叙族夷"俚洞魁宿为恶者",这是与前事不同的又一件事。这里并不是说这些"俚洞魁宿"是随哥舒晃一起起义的少数民族领袖。《资治通鉴》大历十年(775)叙此,与新、旧《唐书·路嗣恭传》记载同,没有说哥舒晃的队伍中还有什么少数民族参加。权德舆作《伊慎神道碑》[①],同样没有提到哥舒晃的军队中有

---

① 此文全称《唐故光禄大夫检校尚书右仆射兼右卫将军南充郡王赠太子少保伊公神道碑铭》,载《权载之文集》卷十七。

什么少数民族参加。

按哥舒晃乃哥舒翰次子，林宝《元和姓纂》卷五："哥舒翰，天宝右仆射平章事西平王东讨先锋兵马副元帅，生曜、晃、晔。"岑仲勉《元和姓纂四校记》依《通志》于"晃"下补"皓"一名。据此可知，哥舒晃是突骑施哥舒部落之裔。很难设想，哥舒翰的儿子会成为率领少数民族和商人、工人、农民一起起义的领袖，这倒不是说哥舒晃出身于唐王朝的高级将领家庭，所以不能领导起义，而是史书上找不到哥舒晃改变身份的任何一点史料线索。而且突骑施是一个西北的少数民族，而所谓南蛮的"俚洞魁宿"则是指当地少数民族的首领。古时民族界限很严，试问：南方的少数民族怎么会拥戴一个西北少数民族的成员去作他们的领袖呢？按诸实际，哥舒晃的这次起兵恐怕很难说是一场起义。

苏涣其人，确实有一些不平常的作风；其诗，确实有一些不平常的内容。但若因他参与哥舒晃岭南造反一事就荣膺"人民诗人"的称号，恐怕还是需要再斟酌的。

杜甫在大历四年(769)作《苏大侍御访江浦赋八韵纪异》《暮秋枉裴道州手札率尔遣兴寄递呈苏涣侍御》二诗，对苏涣颇有美词，也是一件被人视为怪异的事。查慎行《初白庵诗评》曰："子美于人，岂轻易许可？乃考涣之生平，曾煽动岭表，与哥舒晃作乱，殊不可解。"这里确实有一些问题需要深入研究。但若说到杜甫晚年结识了一位率领少数民族起义的诗人，则只能说是一种不虞之誉。

柳珵《刘幽求传》钩沉

《刘幽求传》的发现

中唐时期的传奇作者柳珵写作了两篇著名的小说——《上清传》和《刘幽求传》。《上清传》见《太平广记》卷二七五,原注"出《异闻集》[①]";又见《资治通鉴考异》卷十九,亦云出自《异闻集》。《上清传》经此二书收纳,传播颇广,柳珵以此博得了盛誉。《刘幽求传》一文,《异闻集》中是否曾经收录,无法考知,其他典籍中也无标举此题的文字出现,因此后人都以为此文已佚,实际上它却保存在《唐语林》一书中,只是该书没有标明出处,大家也就忽略过去了。

按《唐语林》卷三的最后一个故事,自"小子谋餐而已"至末,就是王谠转录的柳珵《刘幽求传》。此文开端文气不顺,首句之前应当还有文字,只是今已佚去,所以显得很突兀。但从保留下来的这段文字看,夸饰跌宕,波澜迭起,与《上清传》类同。二者如出一手,故此残文可以定为柳珵之作。

《唐语林》原书至明末已佚,乾隆四十年(1775)左右,四库全书馆臣利用《永乐大典》辑录佚书,才把《唐语林》重行编纂,且用木活字印出,

---

[①] 《异闻集》,唐代传奇总集,陈翰编纂,共十卷,今已散佚。参看程毅中《〈异闻集〉考》,载《文史》第七辑。

辑入聚珍本丛书。这书的情况颇为特殊，前面四卷，主要是以明嘉靖二年(1523)齐之鸾所刻的《唐语林》残本为底本；后面四卷，则是纂辑散在《永乐大典》中的条文而成，所以清代之后流传的《唐语林》，就是这么一种前后体例截然不同的本子。齐之鸾本《唐语林》也不是什么好本子，误、衍、窜、夺，比比皆是，而在"小子谋餐而已"一句之前，更有大段文字脱落，计有三整行二残行之多。守山阁丛书本《唐语林》附钱熙祚校勘记曰："此当是《豪爽》门首条，缘脱标题，故误入《夙慧》门末。"这种判断是可信的。从这条文字的内容来看，着力描写刘幽求的叱咤风云，当入《豪爽》门无疑。但是这段文字前面的部分究竟佚去了多少文字则已无法估计，因为齐之鸾本于此空了几行文字，实际上这篇小说所佚去的却不一定仅限于几十字，这点齐之鸾在当时也已无法确知了。

　　研究小说的人都知道，《唐语林》是选辑五十种小说而成的。四库全书馆臣利用《永乐大典》做辑佚工作，曾将原书目抄下，置于聚珍本《唐语林》之前，这样也就给后人提供了探求《唐语林》中各条文字原始出处的线索。

　　在这五十种原书中，有柳珵的《常侍言旨》，有陈翰的《异闻集》。前面已经说过，《刘幽求传》是否曾经收入《异闻集》，已经无法考知，但它曾经附在《常侍言旨》之后，则是好几种书目上都这么说的。《昭德先生郡斋读书志》(袁州本)卷三下小说类载《常侍言旨》一卷："右唐柳珵记其世父登所著六章。《上清》《刘幽求》二传附。"因为《常侍言旨》原书也已散佚，所以《唐语林》中哪些文字原出此书，难以确说，今本《唐语林》卷三《规箴》门有李唐讽肃宗一条，卷五《补遗》有玄宗幸长安一条，均见《说郛》(陶珽刊本)弓四九《常侍言旨》，而李肇《国史补》中也有记载，王谠录引的究竟是哪一家的文字，很难作出截然肯定的判断，陶珽刊本中的文字可信与否也难断言。但在《唐语林》中既然出现了情节曲折的上清故事，又出现了情节曲折的刘幽求故事，则只能说是王谠同时采录了附在《常侍言旨》后的《上清传》和《刘幽求传》。卷三末尾（实为《豪爽》门之首）的这个故事，当是《刘幽求传》残文无疑。

《刘幽求传》残文笺释

"小子谋餐而已，此人岂享富贵者乎？"幽求闻之，拂衣而出。卢令遽下阶捉幽求衣，伸谢之，幽求竟去。卢回，谓诸郎官曰："轻笑刘生，祸从此始。"卢令竟为宗、纪所排，左迁金州司马。

首二句为他人轻视刘幽求之语。发言者究为何人，以《传》文残佚，已无法考知，然察后文，似为宗、纪。《旧唐书·宗楚客传》曰："神龙初，为太仆卿。武三思用事，引楚客为兵部尚书、同中书门下三品。……楚客虽迹附韦氏，而尝别有异图，与侍中纪处讷共为朋党，故时人呼为宗、纪。"宗、纪讪笑刘氏，似在郎署之中，故有"诸郎官"之称；而"郎官"云者，即指供职于尚书省内各部之郎中与员外郎。卢令即卢齐卿，贬官金州司马之事，新、旧《唐书·卢齐卿传》均阙载。金州汉阴郡时为中州，属山南道。白居易《江州司马厅记》曰："自武德已来，庶官以便宜制事，大摄小，重侵轻，郡守之职，总于诸侯帅；郡佐之职，移于部从事。故自五大都督府至于上、中、下郡，司马之事尽去，唯员与俸在。凡内外文武官左迁右移者第居之，凡执伎事上与给事于省寺军府者遥署之，凡仕久资高耄昏懦弱不任事而时不忍弃者实莅之。"盖是遭贬而安置于外之闲职。《唐尚书省郎官石柱题名》"仓部郎中"内有卢齐卿，与《传》文相合，而此处称之为"卢令"，则又无法确知其得名之缘由。

六月，中宗晏驾。十五日酺酒间，裴漼卧于私第，幽求忽来诣漼，直入卧内，戴撒耳帽子，着白襕衫，底着短绯白衫，执漼手曰：

"裴三,死生一诀。"言讫而去。濯大惊,不测其故。谓其妻曰:"仆竟坐与非笑此子,恐祸在须臾。"

考中宗遇弑在景龙四年(710)六月壬午(二日)。《旧唐书·中宗本纪》:"甲申(四日),发丧于太极殿,宣遗制,皇太后临朝,大赦天下,改元为唐隆。……丁亥(七日),皇太子即帝位于柩前,时年十六。皇太后韦氏临朝称制,大赦天下,常赦所不原者咸赦除之。"此时故君新殁,例有国丧,而太后临朝,则又有大酺之庆。所谓"十五日酺酒间"者,乃指甲申(四日)后十五日,正值大酺期中也。《汉书·文帝本纪》赐"酺五日"下颜师古注:"酺之为言布也,王德布于天下而合聚饮食为酺。""裴濯卧于私第",当以中酒之故。此时已至己亥(十九日),刘幽求于明日庚子(二十日)将举大事,此乃孤注一掷之冒险行动,故突来访,且有"死生一诀"之语。裴濯亦曾参与非笑,然事后即悔,知情况有异,故刘幽求于生死之际仍谋一晤,说明二人交情本不薄。刘幽求之服饰寓有象征意义,颇堪玩味。"戴摴耳帽子"者,意谓其时已厕身军中,《唐会要》卷七二《军实录》:"广德二年三月,禁王公百吏家及百姓着皂衫及压耳帽子,异诸军官健也。"摴耳帽子即压耳帽子,初唐时为军中之服,刘幽求时任朝邑尉,本不当戴此种帽子也。"着白襕衫"也者,意在说明刘幽求之文士出身,《新唐书·车服志》言唐太宗时"士人以棠苎襕衫为上服",《旧唐书·舆服志》言开元来"臧获贱伍者皆服襕衫"。《传》文中刘幽求之服色,与史书记载正合。棠苎襕衫亦即白色襕衫。《尔雅·释木》:"杜,赤棠;白者棠。"苎为麻之一种,亦呈白色,唐代士子常用作衣料,《唐摭言》卷四《与恩地旧交》引刘虚白诗,所谓"犹着麻衣待至公"是也。"底着短绯白衫"也者,则又暗示刘幽求之身份将起变化。《唐会要》卷三一《章服品第》:"贞观四年八月十四日诏曰:冠冕制度,以备令文,寻常服饰,未为差等。于是三品已上服紫,四品、五品已上服绯,六品、七品以绿,八品、九品以青，妇人从夫之色，仍服通黄。"又"咸亨五年五月十日敕：如闻在外官人百姓，有不依令式，遂于袍衫之内，着朱、紫、青、绿等色短衫袄子，或于闾野公然露服，贵贱莫辨，有敩彝伦；自今以后，衣服下上，各依品秩，上得通下，下不得僭上，仍令有司严加禁断"。其时刘氏仅为官居九品之朝邑尉，按例无服绯之可能，《传》中着此服色，乃为后文之入主中书作伏笔。《苕溪渔隐丛话》前集卷二一引《蔡宽夫诗话》曰："唐制：百官服色，不视职事官而视其阶官之①品，与今制特异。乐天为中书舍人知制诰，元宗简为京兆少尹，官皆六品，故犹着绿，其诗所谓'凤阁舍人京兆尹，白头犹未着绯衫，南宫启请无消息，朝散何时复入衔'是也。后与元微之同制，加朝散大夫，始登五品，故其诗曰：'命服难同黄纸上，官班不共紫微前，青衫脱早差三日，白发生迟校九年。'中书舍人虽正五品，必待加朝散而后易绯，此知其不系于职事官也。"刘氏头戴军中所用之摄耳帽子，外套文士所服之白襕衫，里衬中书舍人加朝散者所服之短绯白衫，可谓铺叙有致，文多异彩。按刘幽求"忽来诣灌"一事，似幻实真，更能增加故事之神秘紧张气氛，信乎柳珵之于传奇，技巧上确有功夫也。

  明日，中宗小祥，百官率慰少帝。是日，月华门至辰巳后方开，传声曰："斩决使刘相公出。"衣黄金甲，佩橐鞬，统万骑，兵士白刃耀日。自宗、纪及前时轻笑者，咸受戮于朝。

  此处言"明日"，已至辛丑（二十一日）。"中宗小祥"，或指少帝听政后之十三日。《仪礼·士虞礼》曰"期而小祥"，郑玄注："小祥，祭名。

---

① "之"，原书作"九"。吴景旭《历代诗话》卷五十引《西清诗话》，与此全同，而"九"作"之"，今据改。

祥,吉也。"贾公彦疏:"自衬以后至十三月小祥,故云'期而小祥'。"唐代帝王以日易月,故以十三日为小祥。《唐大诏令集》卷十一《遗诏上》,贞观九年(635)五月六日《神尧遗诏》:"军国大事,不得停阙;寻常闲务,任之有司。其服轻重,悉从汉制,以日易月,于事为宜。"贞观二十三年(649)五月《太宗遗诏》、弘道元年(683)十二月四日《大帝遗诏》均有类似之说。意者少帝于八日始正式视事,越十三日而"中宗小祥",是日正值六月二十一日也。《新唐书·礼乐志》十曰:"《周礼》五礼,二曰凶礼。唐初,徙其次第五,而李义府、许敬宗以为凶事非臣子所宜言,遂去其《国恤》一篇,由是天子凶礼阙焉。至国有大故,则皆临时采掇附比以从事,事已则讳而不传,故后世无考焉。"中宗晏驾后,变故迭起,情况至为复杂,与帝王常时之凶礼当有更多不同,今以史籍一无记叙,姑据《刘幽求传》考订如上。然《传》文零乱,颇难清理,所谓"十五日酺酒间"者,亦可视作六月十五日事;"中宗小祥",亦可定为十五日事。唯如是推断,则刘幽求于"明日"入宫发施号令,当为六月十六日事矣。《传》文虽为小说,而柳氏乃史家之后,想来不致变乱日期,距史实过远,故此处试将《传》文中之日期另作推断如上,供学界参酌焉。《旧唐书·中宗诸子传》曰:"中宗四子:韦庶人生懿德太子重润,后宫生庶人重福、节愍太子重俊、殇帝重茂。"又曰:"殇皇帝重茂,中宗第四子也。""少帝"即"殇帝重茂"。"月华门至辰巳后方开"云云,乃言昨晚李隆基率万骑入禁城,杀死韦后及安乐公主等人,夺取政权,喧闹至今日上午,大局始定,刘幽求乃能抽身外出,报前时非笑之仇。徐松《唐两京城坊考》卷一《大明宫》:"含元殿后曰宣政殿,天子常朝所也。殿门曰宣政门,门外两廊为齐德门(原注:在东)、兴礼门(原注:在西);其内两廊为日华门(原注:在东)、月华门(原注:在西。《唐诗纪事》言张九龄、裴耀卿罢免之日,自中书至月华门)。日华门外为门下省……月华门外为中书省(原注:省有政事堂。……高宗永淳二年七月,裴炎自中书令执朝政,始移政事堂于中书省）。"刘幽求自月华门至朝堂，乃言其大权在握，声势喧赫。而"斩决使"一名，不见唐代史籍，或系临时所定官称，亦有可能为柳珵所自拟。又陈寅恪《记唐代之李武韦杨婚姻集团》叙玄宗起兵事，引《旧唐书·王毛仲传》："（景龙）四年六月，中宗遇弑，韦后称制，令韦播、高嵩为羽林将军，令押千骑营。"下加按语曰："《通鉴》'千'作'万'，是。盖中宗已改'千骑'为'万骑'矣。温公之精密有如是者。"今按：《刘幽求传》此处正作"万骑"。又《资治通鉴》睿宗景云元年（710）言："中书令宗楚客衣斩衰，乘青驴逃出，至通化门，门者曰：'公，宗尚书也。'去布帽，执而斩之。并斩其弟晋卿。""侍中纪处讷行至华州，吏部尚书同平章事张嘉福行至怀州，皆收斩之。"知非辛丑日"咸受戮于朝"也。此处柳珵变动故事情节，亦是小说笔法。按齐之鸾本、聚珍本《唐语林》于"明日"二字下有注，"时去清明九十九日"，此说不知何谓。按历法计，此时既非六月二十一日，又非六月十六日也。又齐之鸾本"率慰"作"奉慰"，"前时轻笑者"之前有"邪党"二字，均应据改。

　　又唤兵部员外郎裴漼，漼股栗而前。幽求曰："相识否？"漼答曰："不识。"刘曰："幽求与公俱以本官一例赴中书上任。"其夜凡制诰百余首，皆幽求作也。

据《唐尚书省郎官石柱题名》，裴漼实为吏部员外郎，疑"兵"字有误。裴漼与刘幽求有旧，此时股栗不敢前，乃形容刘氏声势逼人。然裴氏自与前时非笑者有别，故刘氏仍呼之赴中书知制诰。《旧唐书·裴漼传》言曾"三迁中书舍人"，可知此处亦有事实根据。《新唐书·百官志》二中书省"舍人六人，正五品上。掌侍进奏，参议表章。凡诏旨制敕、玺书册命，皆起草进画；既下，则署行"。此即所谓"知制诰"是也。刘幽求文思敏捷，屡见史籍，《旧唐书·刘幽求传》言"圣历年，应制举"，徐松

《登科记考》卷四系于久视元年，定为经邦科登第。《文苑英华》卷三八五载苏颋《授刘幽求左仆射制》曰："刘幽求风云玄感，川岳粹灵，学综九流，文穷三变。"可见其才学之出众。"幽求与公俱以本官一例赴中书上任"一句，齐之鸾本作"幽求请公便以本官知制诰，赴中书上任"。

自为拜相白麻云："前朝邑慰刘幽求忠贞贯日，义勇横秋，首建雄谋，果成大业。可中书舍人，参知机务。赐甲第一区，金银器皿十床，细婢十人，马百匹，锦彩千段，仍给铁券，特恕十死。"

刘幽求自为拜相白麻一事，史书一无记载，柳珵虚构此一情节，意在说明刘氏之骄恣自得。按唐代诏书例用麻纸誊写，拜免将相则用白麻。《新唐书·百官志》一："凡拜免将相，号令征伐，皆用白麻。"《旧唐书·刘幽求传》言其为朝邑尉时，"及韦庶人将行篡逆，幽求与玄宗潜谋诛之，乃与苑总监钟绍京、长上果毅麻嗣宗及太平公主之子薛崇暕等夜从入禁中讨平之。是夜所下制敕百余道，皆出于幽求。以功擢拜中书舍人，令参知机务，赐爵中山县男，食实封二百户。……睿宗即位，加银青光禄大夫，行尚书右丞，仍旧知政事，进封徐国公，加实封通前五百户，赐物千段、奴婢二十人、宅一区、地十顷、马四匹，加以金银杂器。景云二年，迁户部尚书，罢知政事。月余，转吏部尚书，擢拜侍中，降玺书曰：'……加赐卿实封二百户，兼旧七百户。使夫高岸为谷，长河如带，子子孙孙，传国无绝。又以卿忘躯徇难，宜有恩荣，故特免卿十死罪，并书诸金铁，俾传于后'"。"金铁"即金书铁券。其券以铁为之，如瓦形，外刻履历恩数之详，以记其功；中镌免罪减禄之数，以防其过。字嵌以金。各分左右。左颁功臣，右藏内府，有事则合之以取信。可见《传》文云云。大都有其根据，然是数事乃后数年内陆续颁赐者。柳珵据之悬拟一自为拜相白麻，可称构思佳妙。

翌日，命金州司马卢齐卿京兆少尹知府事。

新、旧《唐书·卢齐卿传》无此历官。《新唐书·宰相世系表》三上大房卢氏有"承泰，字齐卿，太子詹事，广阳郡公"。《旧唐书·卢承庆传》言齐卿为"广阳县公"，而新、旧《唐书·卢承庆传》均云卢齐卿乃承泰之子，疑《新唐书·宰相世系表》中之"字"字乃"子"字之形讹，此处或承原始资料而致误，故卢齐卿之世系与本名当依新、旧《唐书》本传为准。《文苑英华》卷八三一载梁肃《京兆府司录西厅卢氏世官记》曰："我王父广阳公以明德懿识，向用休福，羽仪于中朝。我伯父嗣公，以文学政事，载扬茂烈，光绩于前人。皆肇久吏①职，发于京兆纪纲之任。……初，广阳公讳齐卿，由司仓掾，为之骤登郎官，更贰本府，布泽于彭、滑、幽、徐之人，端护春宫，崇赠少保。"《传》文中前称"卢令"，意者其后"端护春宫"，曾任太子率更令欤？梁肃此文所叙卢齐卿之历官，与《刘幽求传》相合。此时卢齐卿之升任京官要职，乃因前时郎署中非笑刘幽求时，别有友好之表示故也。然《唐会要》卷六七《京兆尹》曰："开元元年十二月三日，改为京兆府。"前时此地曰"雍州"，可见卢齐卿以副职而主持州政，其时尚无府称，此处柳珵乃以后名呼之。又《旧唐书·崔日用传》曰："中宗暴崩，韦庶人称制，日用恐祸及己。知玄宗将图义举，乃因沙门普润、道士王晔密诣藩邸，潜谋翼戴。玄宗尝谓曰：'今谋此举，直为亲，不为身。'日用曰：'此乃孝感动天，事必克捷。望速发，出其不意，若少迟延，或恐生变。'及讨平韦氏，其夜，令权知雍州长史事。"然崔日用党附宗楚客、武三思、武延秀等人日久，玄宗自不予信任，故刘幽求乃命卢齐卿隐持此要害地区之实权。《旧唐书·卢齐卿传》称"时人谓齐卿有人伦之鉴"，此亦可见。柳珵借卢齐卿之升沉形容刘幽求之

---

① "吏"，原文作"史"，下有注曰："《集》作'吏'。""吏"字是，今据改。

大权在握,进退由心,以个人恩怨为重。又《传》文后句"京兆少尹"前似脱一动词。

> 载柳冲常侍所著《姓系》刘氏卷。

《新唐书·艺文志》"谱牒类"有柳冲《大唐姓族系录》二百卷,今已散佚。《新唐书·儒学中·柳冲传》曰:"中宗景龙中,迁左散骑常侍,修国史。初,太宗命诸儒撰《氏族志》,甄差群姓,其后门胄兴替不常,冲请改修其书,帝诏魏元忠、张锡、萧志忠、岑羲、崔湜、徐坚、刘宪、吴兢及冲共取德、功、时望、国籍之家,等而次之。……会元忠等继物故,至先天时,复诏冲及坚、兢与魏知古、陆象先、刘子玄等讨缀,书乃成,号《姓系录》。……开元初,诏冲与薛南金复加刊窜,乃定。"齐之鸾本"卷"后有"中"字,当据补。

《刘幽求传》的价值

此文很有特点,它与作者的家世有关。

柳珵,新、旧《唐书》无传。《郡斋读书志》上说到他的"世父"是柳登,而《直斋书录解题》卷十一小说家类叙《柳常侍言旨》则曰:"常侍者,其世父芳也。凡六章,末有刘幽求及《上清传》。"考柳芳从未任过散骑常侍之职,所以《直斋书录解题》上的记载显然是错误的。《郡斋读书志》小说类中还录有《家学要录》一卷,"右唐柳珵撰。采其曾祖彦昭、祖芳、父冕家集所记累朝典章因革、时政得失,著此录。小说之尤者也"。说明柳氏史学传家;柳珵的著作,乃至著作的风格,都是有所承袭的。今将他家族中的情况略作介绍。

祖柳芳,肃宗、代宗时著名史家。《新唐书》本传上说:"肃宗诏芳与韦述缀辑吴兢所次国史,会述死,芳绪成之,兴高祖,讫乾元,凡百三十篇。叙天宝后事,弃取不伦,史官病之。上元中,坐事徙黔中。……高力士亦贬巫州,因从力士质开元、天宝及禁中事,具识本末。时国史已送官,不可追刊,乃推衍义类,仿编年法,为《唐历》四十篇,颇有异闻。然不立褒贬义例,为诸儒讥讪。"

伯父柳登,"淹贯群书。……元和初,为大理少卿,与许孟容等刊正敕格。以病改右散骑常侍,致仕"。

父柳冕,"博学富文辞,且世史官,父子并居集贤院。历右补阙、史馆修撰"。

从兄柳璟,"文宗开成初,为翰林学士。初,芳永泰中按宗正谍,断自武德,以昭穆系承撰《永泰新谱》二十篇。璟因召对,帝叹《新谱》详悉,诏璟捃摭永泰后事缀成之。复为十篇,户部供笔札禀料"。

由上可见,河东柳氏乃是一个声名卓著的史学世家,历代都有著述行世。但按正统的史学观点来看,体例颇有不纯之处。柳芳享有大名,且是这一世家的奠基者,然而"不立褒贬义例"、"弃取不伦"、"颇有异闻",想来已经杂入小说笔法。其他人的著作今已无法详知,但从晁公武对《家学要录》的评语"小说之尤"来看,可知各类著述中都杂有小说笔法。这就可以帮助我们考察柳珵的写作特点。

《上清传》一文,内容已不可信,而且颂扬窦参而贬抑陆贽,可谓好恶拂人之性,所以司马光在《资治通鉴考异》中说:"陆贽贤相,安肯为此! 就使欲陷参,其术固多,岂肯为此儿戏! 全不近人情。今不取。"这里是说柳珵的作品虽然"颇有异闻",但也犯下了"不立褒贬义例""弃取不伦"的弊病。

《刘幽求传》中的情况与《上清传》有所不同,其故事梗概应该是可靠的,但在细节描写上却使用了文学手法,因而与事实不能一一合拍。即如刘幽求自作拜相白麻而言,他所自封的官衔,要求颁赐的实物和优赏,后来大都实现了,但在时间上有差距,因为这些官职和赏赐并不是在发动政变时立即到手的,而是在事后几年之中,睿宗和玄宗陆续颁赐的。可见拜相白麻云云,当是柳珵根据后来的事实悬拟而成。这样做,于历史真实来说,固然不能完全切合,但对塑造刘幽求这一人物形象而言,却能很好地起到突出人物性格的作用。刘幽求那种骄恣自得、为所欲为的神态,宛然在目。柳珵虚构这一情节,确是传神之笔。

史书记载,刘幽求是一个具有豪侠之风的人物。他富有冒险性。按照封建社会中的常规来说,还可以说是不安本分。但在唐玄宗与韦后一党和太平公主一党的尖锐冲突中,他却能见机先觉,帮助玄宗一再发动军事政变,消灭政敌。从这些地方来说,他能临危忘身,拥戴"明"主,所以在文章中应以正面人物的身份出现。

在推翻韦后政权的这一事件中,刘幽求运筹帷幄,确是一位旋乾转坤的关键人物。事后他又高自期许,不甘屈居人后一步,这又必然会引起唐玄宗的疑虑。唐玄宗在夺取政权的过程中,不断诛戮家族中的尊长,用手腕笼络兄弟一辈,实际上是严加防范,那他对异姓中人,那些帮他夺取政权的人,当然也会保持高度警惕。特别是像刘幽求这样一位锋芒毕露的人物,当他们目标一致,刘氏舍死忘生帮他夺取政权时,他当然会欣然引为同类,而当政权到手,刘幽求表现出很高的政治欲望时,唐玄宗当然会联想到他在政变过程中自作主张的种种行径,这时刘幽求便被看作野心勃勃,于是唐玄宗采取断然措施,将之清除出中央政权了。所以唐玄宗在发动政变时,依靠的是刘幽求、钟绍京一流人物;承平之时,刘、钟等人便全被排斥,重用的是姚崇、宋璟一流人物。那么《刘幽求传》中草拟拜相白麻等文字,正好能够用来说明此人后遭疑忌而受排斥的原因。柳珵虚构这一情节,又能暗示历史进程,符合人物形象性格特征的逻辑发展程序。

刘幽求个性鲜明,生平历史大起大落,从传奇作者的眼光看来,当然是创作上的好材料。《说郛》(张宗祥辑明钞本)卷四录白行简撰《三梦记》,乃是唐人传奇中的名篇,其第一梦就以刘幽求为主角。《酉阳杂俎》前集卷八曰:"李铉著《李子正辩》,言至精之梦,则梦中身,人可见。如刘幽求见妻,梦中身也。"柳珵也选这一人物作主角,借以反映初唐政治舞台上的一次重要事件,波澜起伏,风云变幻,可以尽情抒发他的文才。

刘幽求骤起于底层,夤缘际会,遽跻高位。这样的人物,狂放不羁。当他不得志时,容易遭到世人的白眼;得志之后,也就会威风凛凛,不可一世。《隋唐嘉话》卷下记刘幽求任朝邑尉,此地属同州辖下,刺史张沛奴视属下,而对刘氏则特加青睐。玄宗发难诛戮韦后一党,殿中监张涉见杀,其弟张沛亦合同诛。[①] 时刘幽求方立元勋,居中用事,竟脱之于难。此事并见《大唐新语》卷六《举贤》与《唐语林》卷三《识鉴》,从中可见刘幽求处理事情确以个人恩怨为重,可与此处《刘幽求传》中的记叙互参。古人所谓"一饭之恩不忘,睚眦之怨必报",正是这一类人物的常态。因此,《刘幽求传》中主要人物的形象,具有典型意义,可以帮助广大的读者认识封建社会中的人情世故。只是此文有所残缺,读后还不能获得完整的印象,如是完帙的话,其文学价值是不会在《上清传》之下的。

当然,这篇传奇的性质和《上清传》也有不同。它的史料价值要比《上清传》高。因为刘幽求其人,历史上有大名,记载他事迹的文献很多。柳珵在文章结束时就介绍了柳冲《大唐姓族系录》一书。此书计有二百卷之巨,"刘氏卷"中,对刘幽求的记叙应该比较详细。此书在当时颇为人所重视,《新唐书·韦述传》曰:"述好谱学,见柳冲所撰《姓族系录》,每私写怀之,还舍则又缮录,故于百氏源派为详,乃更撰《开元谱》

[①] 据新、旧《唐书·张文瓘传》,涉乃沛之弟。

二十篇。"前面已经说过,柳芳与韦述相善,韦述的著作,柳芳足成之,《新唐书·儒学中·柳冲传》中还附有柳芳论谱牒的大段文章。其后柳氏一门常是从事谱牒之类的著作,因此柳珵以刘幽求事为题材,可谓渊源有自。柳冲《大唐姓族系录》既然传播很广,人所习知,那么柳珵依傍此书而写作,也就不可能太离谱。文中主角的经历,应该大体符合史实。即如《传》文中提到的刘幽求称"前朝邑尉",裴漼为中书舍人之类,都与史书记载相合。因此,这一传奇又具有相当高的史料价值,可以补充唐代这一时期史书记载的不足。尤其是初、盛唐时期,有关的杂史、笔记为数很少,唐玄宗推翻韦后政权一事,史书上缺乏生动的描写,《刘幽求传》一文,正可补充这方面的不足。

《〈唐语林〉原序目》考辨

　　研究唐代文史的人都知道，这一时期的笔记小说至为发达，曾经提供过不少宝贵的资料。《新唐书》的传记部分出于宋祁之手，宋氏喜欢采录笔记小说入正史，《资治通鉴》的情况也差不多，司马光在采录某种资料之后，还经常加以考订，说明去取的原因，后来他又将之编为《资治通鉴考异》三十卷，于此可见其枕馈之深。《旧唐书》的情况似有不同，实则同样重视吸收笔记小说中的材料，例如《唐临传》中"俭薄寡欲，不治第宅，服用简素，宽于待物。尝欲吊丧，令家童自归家取白衫，家童误将余衣……"一段，全袭《大唐传载》；又如《赵涓传》中"永泰初，涓为监察御史，时禁中失火……"一段，全袭《谈宾录》（《太平广记》卷一七一亦引）。这就说明，后人若要深入钻研唐代史事，也就一定要在这一时期的笔记小说上下功夫。

　　但是我国古代的文人常有一种偏见。他们重视正史，而对那些提供原始资料的笔记小说，则往往不加重视，因此很多著作失传了。有些留存下来的文字，经过后人窜改，已与原书有所出入；有的经过书贾改编，更是弄得面目全非。有的本子经过多次传抄，也就产生了不少误、衍、窜、夺的情况。后人若要利用这些史料，又得下一番整理的功夫。

　　宋代曾经产生过好几种笔记小说的总集，如《太平广记》《绀珠集》《类说》等，都曾汇编刊刻过大量的笔记小说，然而都有不尽人意的地方。《绀珠集》《类说》二书对原文删削过甚；《太平广记》收录的材料内容过杂，神仙鬼怪之类的故事占去过多的篇幅。《唐语林》也是汇编唐代笔记小说而成的集子，内容可称精粹纯正，所采纳者大都属于文史方面的有用材料，颇有参考价值。只是此书对于采入的条文没有注明出处，后人引用时常感不便，有人如能对此作些校证的工作，找出条文的出处，且与原文对校，则不但能提高《唐语林》的史料价值，而且对恢复提供原始资料的那些书籍的本来面目也有帮助。

《直斋书录解题》卷十一小说家类叙《唐语林》曰："长安王谠正甫撰。以唐小说五十家，仿《世说》分门三十五，又益十七，为五十二门。"由此可知，《唐语林》是集纳五十种"小说"中的材料而编成的，那么只要将这五十种书与《唐语林》中的文字一一对照，似乎也就可以解决问题了。然而从存世的《唐语林》来看，事情没有这么简单，这里提到"唐小说五十家"，包蕴至富，牵涉至广，里面有很多复杂的问题，必须细加辨析，才能弄清这些书的性质和真相。

《原序目》中所缺之书考辨

熟悉唐代典籍的人都知道，王谠的《唐语林》原本至明代就失传了。嘉靖二年（1523）桐城齐之鸾曾刻《唐语林》四卷，仅录《德行》至《贤媛》共十八门，后面的三十四门已经无法觅得。清代乾隆年间四库全书馆臣利用《永乐大典》中录存的条文重行编纂，辑成后面四卷，但已无法细分门类，只能按历史年代顺次编排，以"补遗"的名义附缀于后。此书后用聚珍版印出，后人纷纷据之覆刻，于是始有所谓足本的《唐语林》行世。四库馆臣还把《〈唐语林〉原序目》一纸收入，这对后人研究《唐语林》所依据的原书也就提供了不少方便。

只是这份《原序目》仅录四十八种书名，遗失了两种书名。四库馆臣加按语曰："案王谠采五十家小说成书，而《永乐大典》所载原书名目，自《国史补》至《贾氏谈录》凡四十八家，《文献通考》及唐、宋史志皆著于录,惟《齐集》一种无考,疑有脱误。又书中多引封演《闻见记》,而《虬须客传》一篇全载原文,似所阙即此二家,今为补入,以还五十家之旧。"这项说明是有道理的,但还可再作些分析。

按《唐语林》中收录《封氏闻见记》内文字共六十条,它属于援引最多的几种书中的一种。四库馆臣将之列入《原序目》所缺书名,自然是可信的。可以补充说明的是,四库馆臣在搜集材料时尚有遗漏,《类说》卷三十二引《语林》内《煎茶博士》一条,原出《封氏闻见记》卷六《饮茶》;同书引《语林》内《烧尾士人》一条,原出封书卷五《烧尾》;同书引《语林》内《窃虫》一条,原出封书卷八《窃虫》。这些条目四库馆臣于"补遗"时尚未发现,亟应据《类说》补入。

另一种所阙书名是否定为《虬须客传》,却只能说是没有充分根据的拟测之词。

考《唐语林》卷四"李丞相回少尝游覃怀王氏别墅"一条,原出《阙史》卷上《李丞相特达》;卷六"卢舍人群、卢给事宏正相友善"一条,原出《阙史》卷上《路舍人友卢给事》;卷六"皇甫湜气貌刚质"一条,原出《阙史》卷上《裴晋公大度(皇甫郎中褊急附)》;卷七"杜舍人牧恃才名,颇纵声色"一条,原出《阙史》卷上《杜紫微牧湖州》。《唐语林》中之文,出于《阙史》,目下所能考知者,就有四条之多。又如卷四"进士举人各树名甲"一条,原出《唐摭言》卷七《升沈后进》;卷七"华郁"一条,原出《唐摭言》卷九《恶得及第》;同卷"裴筠婚萧楚公女"一条,原出《唐摭言》卷九《误掇恶名》;而卷六"刘虚白与太平裴坦相知"一条,或出《唐摭言》卷四《与恩地旧交》。其他不列名于《原序目》而可知确有文字吸收到《唐语林》中去的,尚有《前定录》等多种。诸书或被吸收入一条,或两条、三条不等。

经查证,《唐语林》中收录的条文,其出处可知者,有六十种左右的书。那么其中有十种左右的书里面的条文,一定是被《永乐大典》的编者误标上了《唐语林》之名，四库馆臣以讹传讹，将之误编入今本《唐语林》中。《永乐大典》篇幅巨大，参加编纂者人多手杂，确是常有把其他书中的条文误认为出于《唐语林》的情况发生。例如《永乐大典》卷之二千八百七《枚·纸九万枚》引《唐语林》，曰："王右军为会稽，库中有笺纸九万枚……"实乃裴启《语林》中文，见《艺文类聚》卷九十八；又如该书卷之一万二千十七《友·恤穷友》引《唐语林》，曰："孔嵩……与颖川荀彧共游太学……"实则此亦裴启《语林》中文，见《类林杂说》卷四《仁友篇》三十；又如该书卷之一万一千六百二《藻·品藻》引《唐语林》，曰："谢碣绝重其妇……"实则此乃《世说新语》下之上《贤媛》中文。《永乐大典》编者把不属于《唐语林》所依据的五十种原书之外的文字误标上该书书名，这就给王谠一书的内部带来了很多混乱。

这种淆乱的情况，还可作进一步的分析。裴启《语林》中的条文，误标上《唐语林》之名，因为二者名字相近，容易混淆；个别书中的条文误标上《唐语林》之名，也有可能；而有些书中的条文，一误再误，三番四覆地误标上《唐语林》之名，则似乎不太近情理。当然，书的性质有别，像《唐摭言》一书，很多条文沿用前人的现成文字，上面提到的四条，其中就有可能乃沿用《卢氏杂说》中文者，因此这里如果把《唐摭言》定为五十种原书中的一种，也就显得说服力不够。但《阙史》一书，可知者已有四条文字吸收入《唐语林》中，那么《原序目》中所阙的一种，或为《阙史》。不论从书的性质上看，或从吸收入《唐语林》中条文的数目来看，这应该说是合乎情理的。

《虬须客传》一文，《崇文总目》传记类曾著录，《宋史·艺文志》小说类也曾著录，均作一卷，说明此文当时确曾单独行世。又《原序目》中有陈翰的《异闻集》一书，乃是唐代著名的传奇总集，一些著名的小说，如《枕中记》《李娃传》《霍小玉传》《南柯太守传》《柳毅传》《上清传》等，都搜集在内。此书原有十卷之多，颇疑《虬须客传》原来也在其中。虽然现在没有什么材料可以证明这一推断，但《唐语林》中既然收录了《封氏闻见记》《阙史》中的许多条文，那么《原序目》中所阙书名，如果列入这两本书，似乎比列入《虬须客传》更为合理一些。

《原序目》中所列书名之混乱情况

《〈唐语林〉原序目》中现存的四十八种书名，问题是否简单些呢？对照历代书目中的记载，每种书的性质似乎不难确定，但这里还存在着一系列复杂的情况。《原序目》中的四十八种书，本身就有难于判断之处，而《唐语林》中的文字，又有难与这四十八种原书对应的地方。可以说，处在今日文献不足的情况之下，对《原序目》中的书名和《唐语林》中的条文细加考辨，或许还只能解决一大部分的问题，而不能把疑难之点一一作出满意的解释。

今将这四十八种书的情况分为十个问题加以辨析。

一、有书名夺误者

四库全书馆臣说《齐集》一书"无考"，实则《永乐大典》所录书名有误。此书当是《岚斋集》无疑。钞手过录书名时，佚去"岚"字，"斋"字误写为"齐"，于是出现了不见各种书目的《齐集》一书。

《新唐书·艺文志》小说家类载李跃《岚斋集》二十五卷，《宋史·艺文志》传记类中作一卷，二者著录的卷数相差太大，疑二十五卷实为二十五篇，前者分卷过繁，故而后者并为一卷。因为此书篇幅无多，宋代之后已经佚去，存世者仅见《侯鲭录》卷八引文一条，《邵氏闻见后录》卷十七引文一条（"唐人知贡举者有诗云……"），《全芳备祖》前集卷十九"花部·木兰花"引文一条（陆龟蒙醉赋）……后面两条不见今本《唐语林》，前者则见于卷七之中。

大中二年，李卫公谪广州，历宣宗、懿宗两朝无宗相。至乾符二年，李蔚为相，俄罢去；历乾符、广明、中和、光启、文德、龙化、大顺、景祐、乾宁悉无宗相，而宗室凌迟尤甚，居官者不过郡县长，处乡里者或为里胥族。(《侯鲭录》卷八引)

大中十二年，李卫公谪崖州，历宣、懿两朝无宗相。至乾符二年，李蔚为相，俄罢去；历乾符、广明、中和、光启、文德、龙纪、大顺、景福、乾宁悉无宗相，而宗室凌迟尤甚，居官者不过郡县长，处乡里者或为里胥。(《唐语林》卷七引)

两相比较，二书各有讹误。大中二年(848)，贬李德裕为崖州司户，《唐语林》中误衍一"十"字，《侯鲭录》则误改"崖州"为"广州"。而昭宗年号龙纪、景福，《侯鲭录》中又误为"龙化""景祐"。但二书所录者为同一文字，则是无可置疑的，经过互校，可以恢复《岚斋集》中这一条文字的本来面目。由此可见，《唐语林》中确曾采录《岚斋集》中文字。《齐集》一名自是《岚斋集》之误。

二、有异称淆混者

《原序目》中有《国朝传记》一名，实乃目下流传的《隋唐嘉话》一书。程毅中说："今本《隋唐嘉话》，实即《传记》(亦即《国史异纂》)及《小说》的异名。但在宋代却有四种书名并行，不但书目中重见叠出，而且类书、丛书里也兼收并蓄。……刘𫗧的《国朝传记》很久以来未见传本。《隋唐嘉话》的书名，不见于两《唐书》，似乎出于宋人改题。可能人们以为它是伪书，因而不加重视，四库全书也没有收。但《国朝传记》实际上并没有亡佚，而是以《隋唐嘉话》的名称流传下来了。"[①]这种因一书异

---

① 详见程毅中点校本《隋唐嘉话》的《点校说明》，中华书局1979年版。

名而淆混的情况,还可再举《玉堂闲话》一书来说明。

《崇文总目》史部传记类著录《玉堂闲话》十卷,王仁裕撰。此书《绀珠集》卷十二、《类说》卷五十四曾经录引,《太平广记》采录尤多,计有一百六十条之多,然无一条与《唐语林》中文字重合者;《资治通鉴考异》等文中亦曾征引,亦无可与《唐语林》中文字相印证者。那么《唐语林》中引用的条文,是否属于已见于其他书籍的一百几十条文字之外的材料呢?

考《唐语林》引用《开元天宝遗事》中的文字甚多,如卷一"姚元之牧荆州"一条,即《开元天宝遗事》中的《截镫留鞭》;同卷"张九龄累历刑狱之司"一条,即《开元天宝遗事》中的《口案》;卷二"苏颋少不得父意"一条,即《开元天宝遗事》中的《吹火照书》;同卷"长安春时"一条,即《开元天宝遗事》中的《游盖飘青云》;卷三"裴光庭累典名藩"一条,即《开元天宝遗事》中的《逐恶如驱蚊蚋》;同卷"玄宗燕诸学士于便殿"一条,即《开元天宝遗事》中的《任人如市瓜》;卷四"玄宗早朝"一条,即《开元天宝遗事》中的《精神顿生》;卷五中的"玄宗时,羽林将刘洪善骑射"一条,即《开元天宝遗事》中的《射飞毛》;同卷"申王有高丽赤鹰"一条,即《开元天宝遗事》中的《决云儿》;同卷"明皇在禁中,欲与姚元之论事"一条,即《开元天宝遗事》中的《步辇召学士》。可见《唐语林》中采录《开元天宝遗事》中文字甚多。奇怪的是,这在《原序目》中为什么没有反映呢?

《开元天宝遗事》也是王仁裕的著作。这就可以推知,《原序目》中的《玉堂闲话》一书,当即《开元天宝遗事》。这里也是一书异名的缘故。

王仁裕是晚唐五代时期的著名文人。他在许多王朝之中,累任翰林学士之职,所以他的著作自然可以叫做《玉堂闲话》。但是这书可能并非由他亲自编定,因为《说郛》(陶珽刊本)弓四十八中也收录有《玉堂闲话》中的九条文字,书名下曰:"唐撰人阙。"《太平广记》中的文字,叙及王氏时,常是介绍官衔,如卷三一四《仆射陂》内云"翰林学士王仁裕奉使冯翊",卷三九七《斗山观》内云"汉乾祐中,翰林学士王仁裕云……",都像是旁人的记录之词。由此可以推断,《玉堂闲话》一书当是后人编定之本。

作为小说,《玉堂闲话》一名颇有吸引读者的诱惑力,这样也就会有人把《开元天宝遗事》一书也改称《玉堂闲话》,以广招徕。各种书目记载此书,作十卷、三卷或四卷、二卷、一卷不等,而《秘书省续四库书目》中又有王仁裕《续玉堂闲话》一卷。一人所作之书,处于同一时代,卷数的多寡不应出入太大,这里可能也是书贾在任意增减卷数重行编纂,而且改易书名迷惑读者。他们把《开元天宝遗事》改题《玉堂闲话》,而王说所收录的就是这一种书。

三、有题署不常者

古人轻视小说,把改动书名不当作一回事。作者经常采用假的署名,后人对记录作者名字也不重视,书贾更是经常伪造作者名字,这就出现了著录时的各种复杂情况。例如《松窗录》一书:《新唐书·艺文志》小说家类著录《松窗录》一卷,不著撰人;《郡斋读书志》杂史类著录《松窗录》一卷,云"唐韦叡撰,记唐故事";《宋史·艺文志》小说类著录《松窗小录》一卷,云"李濬撰";《唐诗纪事》卷十引此,作皮日休《松窗录》;吴曾《能改斋漫录》卷三引此,作王叡《松窗录》;《白孔六帖》卷十三《镜·秦淮镜》引此,作王歆《松窗录》;《说郛》(陶珽刊本)弓五十二引此,则又题作《摭异记》;而《说郛》(张宗祥辑明钞本)卷四收杜荀鹤《松窗杂录》一书,又是另一种书,与此无涉。于此可见书名和作者混乱情况之一斑。

陆心源《皕宋楼藏书志》卷六十二子部小说类记载,他藏有仿宋刊本《松窗杂录》一卷,题"李濬撰"。此书传世者有顾氏文房小说本,亦题《松窗杂录》一卷,唐李濬撰。书后题"嘉靖辛卯夷白斋重雕",当是依据宋本或元本覆刻者。书前有自序,曰:"濬忆童儿时,即历闻公卿间叙国朝故事,次兼多语其□事特异者,取其必实之迹,暇日辍成一小轴,题曰《松窗杂录》。"则是书名似作《松窗杂录》为宜。而作者之名究为李濬抑为韦叡,则难于断言。如果作者定为李濬,则《全唐文》卷八一六有李濬《慧山寺家山记》一文,或即此人。此文后云"乾符六年书",可证此书应当作于晚唐时期。

《原序目》中有《玉泉笔端》一书,也因书名屡变而引起不少混乱。《直斋书录解题》小说家类著录《玉泉笔端》三卷,又别一卷,下云:"不著名字。有序,中和三年作。末有跋云'扶风李昭德家藏之书也',即故淮海相公孙。又称'黄巢陷洛之明年'。跋亦不知何人。别一本号《玉泉子》,比此本少数条,而多五十二条,无序跋。录其所多者为一卷。"说明陈振孙著录之时已有数种本子传世。《类说》卷二十五《玉泉子》中录文十八条,与今本不同者居半,或即别出于《玉泉笔端》的另一种本子。宋代之时,《玉泉笔端》与《玉泉子》中条目多相合者,似后者乃改编本。王谠著书时用《玉泉笔端》,而所录条文,见之于今本《玉泉子》,足觇二书重出之处甚多,与陈氏之言相合。《新唐书·艺文志》小说家类载《玉泉子见闻真录》五卷,后人或简称《真录》,或简称《闻见录》,乃一书异称。《说郛》(陶珽刊本)弓四十六、《说郛》(张宗祥辑明钞本)卷十一载《玉泉子真录》,内"令狐楚镇东平"一条,不见今本《玉泉子》,而王谠录之,见今本《唐语林》卷六。又《永乐大典》卷之一万三百一十《死·为愤贬死》引李瓒一条,一万零八百二十八《将·杖杀军将》引薛元赏一条,云出《玉泉子闻见录》,均不见今本《玉泉子》,而王谠分别录入《唐语林》,见今本卷六与卷三。可知《玉泉子》《玉泉笔端》《玉泉子闻见真录》诸书,乃宋人将唐代此一小说重行编纂而出现的各种不同书名,内容相同处甚多。此亦小说流传过程中常见的现象,后人自可根据今本《玉泉子》对《唐语林》中有关文字进行校勘。然今本《玉泉子》颇杂乱,仅存八十二条，中多羼入其他著作条文，如卷末之十一条，《太平广记》引文均作《卢氏杂说》之文，则是此书迭经改编，与《玉泉笔端》有所不同矣。

有的书名变化容易识别，例如《原序目》中的《刘公嘉话》一书，刘公即刘禹锡，因此此书又称《刘禹锡佳话》；又因刘禹锡曾任太子宾客，所以此书又名《刘宾客嘉话录》。后人引用时，经常简称之曰《嘉话》或《嘉话录》。刘禹锡是中唐名人，因此书名虽然一再变异，稍有文史知识的人却不难识别。但也因为"嘉话"一名容易和《隋唐嘉话》中的"嘉话"混淆，所以二书条文窜乱的情况非常严重。这一点可以参看程毅中的点校本《隋唐嘉话》和唐兰的《〈刘宾客嘉话录〉的校辑和辨伪》一文。①

四、有篇章窜乱者

向达《唐代长安与西域文明》中说："康国人中每多摩尼教徒，而据《唐语林》：'颜鲁公尝得方士名药服之，虽老，气力壮健如年三四十人。至奉使李希烈，春秋七十五矣。……如穆护（原注：穆护即鲁公男硕之小名也）天性之道，难言至此。'穆护原为摩尼教中僧职之名，说者多以鲁公以穆护名其次男为异，今观其所作《康金吾神道碑》，可知鲁公与康国人曾有交往，则《语林》所云，或者鲁公服膺摩尼教旨，而获其养生之术欤？"②这是一条重要的史料，不但揭开了中西文化交流史上的许多重要事实，而且展示了唐代名人颜真卿生活中重要的一角。

向氏所引的《唐语林》，见今本卷六，文字甚详，故事生动，颇有意味。考《绀珠集》卷五、《类说》卷二十一《明皇十七事》中有《翦彩》一条，内云"颜真卿小鬟青衣名翦彩"，与《唐语林》所言正合。颜真卿后为李希烈所杀，犹子颜岘、侄女裴郧之妻与小青衣翦彩同迎丧于镇国仁寺。

---

① 载《文史》第四辑，中华书局1965年版。
② 载该书"二、流寓长安之西域人"一章，生活·读书·新知三联书店1957年版。

由此可知，《唐语林》此文似出《明皇十七事》无疑。

《明皇十七事》为《次柳氏旧闻》的异名。此书前有作者李德裕的自序，云德宗上元间，史官柳芳谪徙黔中，高力士也被贬斥在巫州，相与周旋，因得闻禁中事，纪为一书，名《问高力士》。文宗太和中诏求其书，未获。李德裕之父吉甫曾与柳芳之子冕交往，尝闻其说，以告德裕，遂追忆录进，取名《次柳氏旧闻》。《旧唐书·文宗纪》大和八年(834)九月己未载"宰臣李德裕进《御臣要略》及《柳氏旧闻》三卷"，即指此事。全书共十七条，均记玄宗遗事，所以《绀珠集》卷五、《类说》卷二十一、《说郛》(陶珽刊本)弓五十二及《学海类编》本等均题作《明皇十七事》。

书的性质已经明了，随之也就引起了人们的疑问：《绀珠集》和《类说》内《明皇十七事》中的若干条文不见今本《明皇十七事》，而且有的条文并不记明皇事，《翦彩》一条即如此，与《明皇十七事》性质不合，那么这些条文就有可能是由其他书籍羼入的了。

按上述《唐语林》卷六颜鲁公小青衣翦彩这一条之后的第二条，有云"天宝初，有范氏尼者，知人休咎，颜鲁公妻党之亲也……"，与《太平广记》卷二二四《范氏尼》中文字相合，而《太平广记》此文下注"出《戎幕闲谈》"，可知《唐语林》此条源出于是。查《绀珠集》卷五、《类说》卷二十一《明皇十七事》中尚有《颜郎衫色如此》一条，乃是《范氏尼》中的一段。由此可证：《绀珠集》和《类说》中的《明皇十七事》中多出的条文，是从《戎幕闲谈》中羼进去的。

两书为什么会窜乱？这与作者有关。《戎幕闲谈》乃韦绚记录李德裕的言论而成。李德裕时任剑南西川节度使，故称"戎幕"。韦绚时充李德裕之僚属，《说郛》(陶珽刊本)弓四六、《说郛》(张宗祥辑明钞本)卷七《戎幕闲谈》附韦氏原序，曰："赞皇公博物好奇，尤善语古今异事。当镇蜀时，宾佐宣吐，亹亹不知倦焉。乃谓绚曰：'能题而记之，亦足以资于闻见。'绚遂操觚录之，号为《戎幕闲谈》。大和五年十一月二十三日巡官韦绚引。"因为《戎幕闲谈》出自李德裕之口,《明皇十七事》出自李德裕之手,所以有人将之合在一起,这就发生了以上令人迷惑的现象。韦绚也是《刘公嘉话》一书的作者,此人为记录名人的"嘉话""闲谈"作出了很大的贡献。

《唐语林》卷六中记录了《蒻彩》和《颜郎衫色如此》两条文字,中间夹杂了一条《封氏闻见记》卷十《修复》中的文字。显然,四库馆臣不知前后两条文字都出于《戎幕闲谈》,所以中间无端插入了其他书中的一条文字。有人如果对照《绀珠集》或《类说》,以为这两条文字出于《明皇十七事》,也就无法找到这些文字的原始出处。

五、有附文随入者

《上清传》是唐代传奇中的名篇。《太平广记》卷二七五引此,云"出《异闻集》";《资治通鉴考异》卷十九引此,亦云"出《异闻集》"。《唐语林》卷六中录有《上清传》一文,《〈唐语林〉原序目》中列有《异闻集》一书,则此文有可能录自《异闻集》。

《上清传》是柳珵的作品。柳珵又是《常侍言旨》一书的作者。《郡斋读书志》小说类著录《常侍言旨》一卷,云:"右唐柳珵记其世父登所著六章。《上清》《刘幽求》二传附。"《直斋书录解题》小说家类亦云此书之末附《刘幽求》及《上清传》。《〈唐语林〉原序目》中也列有《常侍言旨》一书,则王谠转录这两篇小说时,自然以直接录引柳珵原书的可能性为大。

《刘幽求传》世无传本。《唐语林》卷三最后一条叙刘幽求事,波澜起伏,跌宕夸饰,与《上清传》类似,当为《刘幽求传》无疑。此文于首句"小子谋餐而已"之下,四库馆臣加按语曰:"此上有脱文。"而齐之鸾本此句之上即佚去数字,前面更有三行空缺,再前面一条转录《北梦琐言》卷四《崔允相腋文》中文字,末尾也有残缺,可知今本《唐语林》中的《刘幽求传》已是残文。

《上清传》和《刘幽求传》原附《常侍言旨》之后，王谠将之采录进《唐语林》，这是附文随所附之书而被采入的例子。

六、有无法印证者

在《唐语林》援据的五十种原书中，有的情况比较奇怪，像《本事诗》，从头到尾没有一条可与《唐语林》中的文字相印证，这可不知是《唐语林》中文字有遗佚之故，还是《本事诗》中文字有遗佚之故？

《唐语林》卷五有"太宗宴近臣，戏赵公无忌，令嘲欧阳率更"一条，《隋唐嘉话》卷上与《本事诗》中的《嘲戏》一章均载，考其文字，当出于《隋唐嘉话》，王谠是否参考过《本事诗》，无法确说。

《原序目》中还列有《唐会要》一书。清代之前，《唐会要》仅有钞本传世，而遗佚的文字很多。从今本《唐会要》来看，也没有什么可与今本《唐语林》直接作印证的条文。这也不知道是《唐语林》中文字有遗佚之故，还是《唐会要》中刚巧把可与《唐语林》相印证的文字遗佚之故？

但和《本事诗》中《嘲戏》内欧阳询嘲长孙无忌的故事一样，《唐会要》中虽然举不出什么可作直接印证的文字，却也可以举出一二十条可作参证的文字，如《唐语林》卷一有魏徵谏太宗勿轻大臣而重宫人一条，原出《大唐新语》卷一《规谏第二》，而《唐会要》卷六十五《秘书省》亦载；又如《唐语林》卷五有中宗与韦后幸韦嗣立庄一条，原出《隋唐嘉话》卷下，而《唐会要》卷二十七《行幸》亦载。这种情况的大量出现，是否可以说明王谠编纂《唐语林》时曾将某些参证过的书籍也列入书目之中？

七、有疑莫能明者

《原序目》中的有些书，因久已失传，文献记录不全，已经难窥全豹。例如《闻奇录》一书，《直斋书录解题》小说家类著录，作一卷，仅云"不著名氏,当是唐末人"。《宋史·艺文志》小说类著录《闻奇录》三卷,不著撰人。《太平广记》征引三十六条,然与《唐语林》中文字无重合者。《说郛》(陶珽刊本)弓一一七亦曾征引,而作者署名于逖,不知何据?其非盛唐时列名于《箧中集》中之诗人可知,然详情已无可考索。

又如《原序目》中有《大唐说纂》一书,情况也很复杂。洪迈《容斋四笔》卷八《双陆不胜》条曰:"《新唐书·狄仁杰传》:武后召问'梦双陆不胜,何也?'仁杰与王方庆俱在,二人同辞对曰:'双陆不胜,无子也。天其意者以儆陛下乎?'于是召还卢陵王。《旧史》不载,《资治通鉴》但书鹦鹉折翼一事,而《考异》云:'双陆之说,世传《狄梁公传》有之,以为李邕所作,而其词多鄙诞,疑非本书,故黜不取。'《艺文志》有李繁《大唐说纂》四卷,今罕得其书,予家有之,凡所纪事,率不过数十字,极为简要,《新史》大抵采用之。其《忠节》一门曰:'武后问石泉公王方庆曰:"朕夜梦双陆不胜,何也?"曰:"盖谓宫中无子,意者恐有神灵儆夫陛下。"因陈人心在唐之意。后大悟,召卢陵王,复其储位,俾石泉公为宫相以辅翊之。'然则《新史》兼采二李之说,而为狄、为王莫能辨也。《通鉴》去之,似为可惜。"李繁为李泌之子,事迹附《旧唐书》卷一三○、《新唐书》卷一三九《李泌传》,然均不言其曾撰《说纂》。《直斋书录解题》小说家类亦载《大唐说纂》四卷,下云:"不著名氏。分门类事,若《世说》。止有十二门,恐非全书。"则是此书宋代已有散佚,而《宋史·艺文志》小说类录《唐说纂》四卷,亦不著作者名字,则此书是否李繁所撰,尚有疑问。原书久佚,宋代典籍中偶有叙及者,然与《唐语林》中文字无可印证。

八、有难以决断者

魏徵为一代名相,唐人盛传其故事,因此记录他事迹的著作很多。《〈唐语林〉原序目》有《魏郑公故事》一书,各种目录中没有见到过这个书名,它可能是某一种书的异称,但究为何书,则又难以判断。《直斋书录解题》典故类载《魏郑公谏录》五卷，"唐尚书吏部郎中琅邪王綝撰。綝字方庆，以字行。相武后。其为吏部，当在高宗时。《馆阁书目》作'王琳'，误也。所录魏公进谏奏对之语。又名《魏文贞公故事》"。此书尚存，而与《唐语林》之内容不合。《新唐书·艺文志》故事类有张大业《魏文贞故事》八卷，又有刘祎之《文贞公故事》六卷，也不知此二家中有没有一种书又称《魏郑公故事》？《崇文总目》传记类录刘祎之《文贞公故事》三卷，后代就难得见到有关此书的记载了。《资治通鉴考异》中引用过张大业《魏文贞故事》，但与《唐语林》中文字无可印证。

九、有钩沉可得者

《原序目》中有《补国史》一书。《新唐书·艺文志》杂史类著录林恩《补国史》十卷，原注："僖宗时进士。"《玉海》卷四十七"杂史"引《中兴书目》曰："《补国史》六卷，载德宗以后二十三年事。"这是一部很重要的史书，《容斋四笔》卷十一《册府元龟》条曰："《资治通鉴》则不然，以唐朝一代言之……大中吐蕃尚婢婢等事，用林恩《后史补》……皆本末粲然。然则杂史、琐说、家传，岂可尽废也。"此书久佚，诸书均无节引之文，只有《资治通鉴》在引用此书材料之后，又在《考异》中引用其原文。今将司马光节录的文字和《唐语林》中的文字相对照，方知《唐语林》卷一中的高崇文伐蜀一条，卷二中的杜惊议抚云南一条，卷三中的李固言诫刘从谏一条，卷六中的文宗与许康佐论《春秋》事一条、李训释余祭之祸一条，均为《补国史》中的文字。或许可以这么说，这是《补国史》一书流传于世仅存的几条完整的文字了。最后两条文字叙述同一事件，实际上是前后相接的一段文字，四库馆臣不明就里，中间插入其他文字，读者也就不能获得这一历史事件的完整知识了。

又如《贞陵遗事》《续贞陵遗事》二书，篇幅既小，久已散佚，所以也很难追究。《直斋书录解题》杂史类著录《贞陵遗事》二卷、续一卷，下云:"唐中书舍人令狐澄撰,吏部侍郎柳玭续之。澄所记十七事,玭所续十四事。"贞陵为唐宣宗陵寝之名,所以有的书上就用宣宗年号代替,一称《大中遗事》《续大中遗事》。《类说》卷二十一《大中遗事》题下云"柳玭《续事》附"而不再分别,说明考索《续贞陵遗事》的佚文更有其困难。

检核《资治通鉴考异》,可知今本《唐语林》中至少保留着《续贞陵遗事》中的两条文字。

《唐语林》卷七有文曰:"宣宗时,越守进女乐,有绝色。上初悦之,数日,锡予盈积。忽晨兴不乐,曰:'明皇帝只一杨妃,天下至今未平,我岂敢忘?'召诣前曰:'应留汝不得。'左右奏'可以放还',上曰:'放还我必思之,可赐酖一杯。'"《资治通鉴》大中十三年(859)"宣宗性明察沈断"下《考异》引《续贞陵遗事》,即此文。司马光下按语曰:"此太不近人情,恐誉之太过,今不取。"由于司马光的甄别材料,保留了《续贞陵遗事》中的文字,《唐语林》中这一条文字的出处才钩沉可得。

《唐语林》卷二《政事》门中录有韦澳征郑光欠租的一段文字,卷三《方正》门中也有一段类同的文字,四库馆臣下加按语曰:"此事已见《政事》门。文有异同,今并存之。"实则这两条文字出于两种著作,照王谠编纂的体例来说,例当并存,用不到四库馆臣以其"文有异同"而并存。但从这里也可看出四库馆臣对于《唐语林》所依据的原书的情况确是知之甚少的了。按这两条文字,后者出于《东观奏记》卷中,前者即出于《续贞陵遗事》。所以能够作此判断,则以《资治通鉴》大中十年(856)详记韦澳追租之事,《考异》中引《东观奏记》之文,申明废弃不用,明言正文乃从《续贞陵遗事》。《方正》门中文字与《东观奏记》中文字相合,从而可以推断《政事》门中的文字出于柳玭所记。

十、有似佚实存者

《原序目》中有《庐陵官下记》一书。《直斋书录解题》小说家类著录

《庐陵官下记》二卷，"段成式撰，为吉州刺史时也"。吉州即庐陵郡。原书遗佚已久，条文偶有留存者，《类说》卷六存文六则，《说郛》（陶珽刊本）夛十七存文十六则，与《唐语林》中文字均不合。然《古今合璧事类备要》前集卷十一《气候门·暑》内记唐玄宗起凉殿事，下注"出《庐陵官下记》"，与《唐语林》卷四《豪爽》门内玄宗起凉殿一条相合，可证《唐语林》中确曾采录《庐陵官下记》中的文字。又《唐语林》卷二中有王勃腹稿、徐敬业相不善、太白入月敌可摧三条，与《酉阳杂俎》前集卷十二《语资》中的有关文字相合；《唐语林》卷四寿安公主一条，亦与《酉阳杂俎》前集卷一《忠志》中的有关文字相合。《酉阳杂俎》也是段成式的著作，那么可以推知，《唐语林》中录入的这些文字，原来应当是《庐陵官下记》中的文字，此书后虽亡佚，但有不少条文实际上已经编入了作者的另一著作——《酉阳杂俎》，所以《唐语林》中才会出现许多《酉阳杂俎》中的文字。

　　总结以上所言，可知《〈唐语林〉原序目》这份书单，看似简单明了，实则内容复杂，颇难清理。所以如此，则如上所云，有着多方面的原因。分析这些问题，有助于人们了解唐宋笔记小说中的各种情况，而只有在对这些情况有所了解之后，才能对《唐语林》一书进行整理；也只有在对这方面的问题有所认识之后，才能对唐宋笔记小说进行研究。

　　也可以说，上面分析的十个问题，对我国的笔记小说来说都有其代表意义。因此这里对《〈唐语林〉原序目》所作的研究，其意义当不仅局限于这一部具体的书。

从"唐人七律第一"之争
看文学观念的演变

　　严羽《沧浪诗话》之评李白、杜甫,于二人并列处,总是不分轩轾,下笔极有分寸。例如他在《诗评》部分中说:"李杜二公,正不当优劣。太白有一二妙处,子美不能道;子美有一二妙处,太白不能作。""子美不能为太白之飘逸,太白不能为子美之沉郁。太白《梦游天姥吟》《远离别》等,子美不能道;子美《北征》《兵车行》《垂老别》等,太白不能作。论诗以李、杜为准,挟天子以令诸侯也。"

　　严羽的这番议论,结合所举的代表作品一起加以考察,可以看出他对二人的诗歌确是体会很深,已经掌握到了二人使用不同的创作方法而产生的特点,以及由他们不同的生活经历和个性特点而形成的风格差异。这样的"诗评",对于后来的读者,确能起到启发指导的作用。

　　但这里还可探究的是:严羽对李、杜二人的评价,难道真能如水之平?字里行间,有没有透露出一丝抑扬之意?

　　检阅《沧浪诗话》全书,研究严羽对诗歌总的见解,也就可以体会到,他是偏爱李白而对杜甫有所贬抑的。

　　问题可从另一方面谈起。《沧浪诗话·诗评》中说:

　　　　唐人七言律诗,当以崔颢《黄鹤楼》为第一。

　　这一首诗,曾经留下一件传播很广的轶事,《唐才子传》卷一"崔颢"

曰："后游武昌，登黄鹤楼，感慨赋诗。及李白来，曰：'眼前有景道不得，崔颢题诗在上头。'无作而去，为哲匠敛手云。"说明此诗水平之高，甚至彻底压倒了"仙才"李白，而严羽视李白如唐诗"天子"，"天子"低头臣服之作，当然可以享七言律诗"第一"的盛誉了。

其后李白作《登金陵凤皇台》诗，其格律气势与崔颢《黄鹤楼》诗相仿佛，宋人传说这是李白的拟作，似属可信。傲岸好胜如李白，一时气馁之后，处心积虑，卷土重来，定要较量一番，也在情理之中。但由此更可看到李白对《黄鹤楼》诗的倾倒了。

这两首诗的谁高谁下，历代文人纷争不已，但见仁见智，也很难作出绝对化的判断。不过李白之所以定要在这首诗上争个高下，却是因为在他擅长的写作手法上，崔颢竟然取得了杰出的成就，使他自己也难乎为继，因而耿耿于怀，定要"捶碎黄鹤楼"才感到痛快的吧。

自从严羽推崔颢《黄鹤楼》诗为唐人七律第一之后，后人一再提出另外的名篇来争夺这桂冠，如何景明、薛蕙推沈佺期《古意》(卢家少妇郁金堂)为第一，胡应麟和潘德舆以杜甫《登高》(风急天高猿啸哀)为第一……于是又像争论崔、李二作谁高谁下一样，引起了一场难以作出明确答案的纠纷。然而从这些争鸣者的不同见解之中，却正可以看出不同时代的文人文学观念的演变。

前人早就指出，崔颢此诗全仿沈佺期《龙池篇》。沈诗云："龙池跃龙龙已飞，龙德先天天不违。池开天汉分黄道，龙向天门入紫薇。邸第楼台多气色，君王凫雁有光辉。为报寰中百川水，来朝此地莫东归。"比较起来，崔颢此诗自当有出蓝之誉。因为沈诗凝重滞涩，崔诗空灵超迈，不论在思想内容或形式技巧上，均相去甚远。只是崔、李等诗确是从沈诗中脱胎出来的。而沈、宋写作的近体诗，正显示出紧接六朝而来的所谓"初唐"时期的特点。

众所周知，唐代是我国诗歌创作的黄金时代，到了这时，旧体诗中的几种体式都已齐备,而且都已趋于成熟。五言和七言的古体诗自不必说,近体诗中的五言律绝和七言律绝,也已一一趋于定型。而在这些诗体中,应该把七言律诗看作唐代诗歌中最有代表性的一种文体。因为五言诗在前代,尽管在声律上不能全然调谐,但因制作者多,内中自有不少暗与理合的作品;而自永明声律说兴起后,自有一些据此写出的成功之作。七言绝句,因为接近口语,在民间文学中已经出现,在六朝文人的集子中也已出现。只有七言律诗,因为声律和对仗上要求严,成功的诗作,一定要在人工上见天巧,也就需要更多的时间才能趋于成熟。可以说,到了杜甫的律诗出现之后,才算是达到了全然成功的最后阶段。

严羽在《沧浪诗话·诗法》中说:"律诗难于古诗。"他不在其他体裁的诗歌中评比最佳作品,只在七律中遴选出登峰造极之作,大约也是以为七律可以作为唐诗的代表体裁而有此一举的吧。

但他挑选出来的这首《黄鹤楼》诗,并不是七律的典范作品,因此只收古诗的《唐文粹》也将这诗收入。许印芳于《诗法萃编》本《沧浪诗话·诗体》内此诗之下加按语曰:"此举前半散行,用古调作律体者。"这是不难看出的。此诗前半是古风的格调,后半才是律诗的格调。前面四句中,平仄与正规的平起式不合,三、四句还不用对仗,"黄鹤"一词又连用了三次,这些都是与律诗,甚至是一般的诗歌,在体式和作法上不能相容的。但这四句"词理意兴"俱臻上乘,所以仍然被人叹为绝唱。

可也正是这些诗句,其成功之处,符合严羽诗学上的要求,从而能够得到他的高度赞赏。这就值得深入体察。

《诗评》中说:"太白发句,谓之开门见山。"崔颢《黄鹤楼》诗前四句,正是开门见山的范例。

《诗评》中说:"观太白诗者,要识真太白处。太白天才豪逸,语多率然而成者。"崔颢《黄鹤楼》诗前四句,一气喷薄而出,真是"率然而成",

绝不是苦心构拟者能够拼凑得出来的。

《诗评》中说："汉魏古诗，气象混沌，难以句摘。"崔颢《黄鹤楼》诗中前四句，用这八个字来品评，也就显得特别合适。

于此可见严羽论诗的真谛。他提倡盛唐诗，实际说来，可并不赞成杜甫那种精工的当、纯熟之极的七律，而是欣赏那种保留着汉魏古诗中浑朴气象的诗歌。李白的诗歌中保留汉魏的成分要比杜甫的诗歌多得多，所以严羽一而再地称赞李白这方面的优点。崔颢的诗歌，从总体来说，其水平自不如李白之作，然而《黄鹤楼》诗却是集中地体现出了这方面的长处，所以李白表示钦佩，严羽则誉之为唐人七律第一了。

《诗评》中又说："建安之作，全在气象，不可寻枝摘叶。灵运之诗，已是彻首尾成对句矣，是以不及建安也。"说明他把"彻首尾成对句"的作品视为逊于"不可寻枝摘叶"者一筹。这种评价，自然是对古诗而言的，讨论近体诗时，并没有表露过同样的论调，但他既以崔颢《黄鹤楼》诗为唐人七律第一，这诗的前半又真是"不可寻枝摘叶"者，那就只能说严羽的这种美学标准仍在起着作用，他的态度非常执着，鉴赏近体诗时，同样追求"气象浑沌，难以句摘"的情趣。可以推知，他对那些"彻首尾成对句"者，如杜甫的《登高》一诗，自然不会把它作为"唐人七律第一"的应选之作看待了。

《诗评》中还说："苏子卿诗：'幸有弦歌曲，可以喻中怀。请为游子吟，泠泠一何悲。丝竹厉清声，慷慨有余哀。长歌正激烈，中心怆以摧。欲展清商曲，念子不能归。'今人观之，必以为一篇重复之甚，岂特如《兰亭》'丝竹管弦'之语耶。古诗正不当以此论之也。"这种意见也可用来说明上述观点。崔颢《黄鹤楼》诗中的前四句，用词的重复，语意的稠叠，他都不以为病，而是尽情崇扬，这里也是执意追求"古诗"妙处的缘故。与此相反，那些尽力避免"重复"而变换词汇、编排字句等技巧，也就不一定会成为优点而博得他的青睐了。

《诗评》中还说："《十九首》：'青青河畔草，郁郁园中柳。盈盈楼上女，皎皎当窗牖。娥娥红粉妆，纤纤出素手。'一连六句，皆用叠字，今人必以为句法重复之甚。古诗正不当以此论之也。"反观崔颢《黄鹤楼》诗，八句之中，也一连出现了"悠悠""历历""凄凄"三叠。严氏不"以为句法重复之甚"，恐怕也是"古诗正不当以此论之也"这种观点在起作用。

以上三例说明，严羽对汉魏古诗的分析，与他对唐诗的评价，都有声息相通而可以互证的地方。

在《诗体》部分，严羽对诗歌的形式作了详细的分析。他对各种句式没有发表什么喜恶之见，只是作了客观的介绍，但他欣赏的一些诗句，却也曾作为例句被提出。其中提到有"十四字句"，自注："崔颢'黄鹤一去不复返，白云千载空悠悠'；又太白'鹦鹉西飞陇山去，芳洲之树何青青'是也。"这些例句，都是原诗中的颔联，照常规说，应该有严格的对仗，而他对此却不加考虑，还把它们作为标准句式提出，这样做，也就说明他不重视律诗的特点，硬把古诗的美学标准羼入到了这一领域中去。除此之外，他又提出"有律诗彻首尾对者"，自注："少陵多此体，不可概举。"胡鉴《沧浪诗话注》曰："杜少陵《登高》一首是也。"参照严羽的上述见解，即评价律诗时经常运用古诗的标准，也就可以推知，严羽对此自然不会评价太高。

应该说明，严羽的扬李抑杜，在《沧浪诗话》中没有明确地表示过，本文作出这个结论，是对严羽的文学观念从根本上加以探讨之后才提出的。在字面上，每当提到李、杜时，总是左提右挈，似无抑扬之意，但他的艺术趣味却在潜意识地起着作用，所以讨论到其他文学问题，阐述美学标准之时，也就透露出了意向之所在。他的喜好确是偏于李白的创作特点而并不在杜甫这一边的。

关于李白、杜甫诗歌创作水平的高下，自唐代中期起，就已有人对此进行比较的研究了。元稹、白居易继承的是杜甫诗歌现实主义的创作传统,因而持扬杜抑李之论,他们不但从思想内容方面着眼而批评李白,而且从形式技巧方面着眼而褒扬杜甫。白居易《与元九书》曰:"杜诗最多,可传者千余首;至于贯串今古,觏缕格律,尽工尽善,又过于李。"元稹《唐故工部员外郎杜君墓系铭并序》曰:"时山东人李白,亦以奇文取称,时人谓之李、杜。予观其壮浪纵恣,摆去拘束,模写物象,及乐府歌诗,诚亦差肩于子美矣。至若铺陈终始,排比声韵,大或千言,次犹数百,词气豪迈,而风调清深;属对律切,而脱弃凡近,则李尚不能历其藩翰,况堂奥乎!"这样的评价,显然过于偏激,韩愈《调张籍》诗曰:"李杜文章在,光焰万丈长。不知群儿愚,那用故谤伤?蚍蜉撼大树,可笑不自量。"说者以为此诗就是针对元稹论点而发,虽然找不到什么确凿的证据,但其矛头所指,如果说是针对与元、白持同一观点的妄事优劣者,却是不容置辩的。于此可见当时争论的尖锐了。

所谓"属对律切",就是推崇杜诗在声律、对仗方面的工致。李白在诗歌的形式技巧上下过很大的功夫,诗中也有不少"属对律切"的典范之作,但他天才英特,所作运以灏气,使人读之不觉其工巧。也正因为他豪放不羁,不屑于停留在形式技巧的琢磨上,他的作品,也就并不以律诗见长。按李白今存诗作,古诗占十分之八稍弱,近体诗中,五律还有九十首左右,七律只有十首,内中一首还只有六句。《登金陵凤皇台》《鹦鹉洲》二诗,承崔颢《黄鹤楼》而来,也是介于古风和律诗之间的作品。反观杜甫,情况大不相同。他写了一百五十首左右的七律,不但在数量上超过了在此之前同一时代诗人所作的总和,而且在内容和形式上也作出了多方面的开拓。胡震亨《唐音癸签》卷十曰:"少陵七律与诸家异者有五:篇制多,一也;一题数首不尽,二也;好作拗体,三也;诗料无所不入,四也;好自标榜,即以诗入诗,五也。此皆诸家所无。其他作法之变,更难尽数。"说明杜甫于此确是费尽心力,因而后人都以为杜甫在七律这种体裁上创获最多。

不过杜甫也曾写作一些带有古风特点的七言律诗,如《崔氏东山草堂》等均是,但这情况与李白之作又有不同。杜甫写作这类作品,并不是不措意于"属对律切",而是"脱弃凡近",要在旧有规律之上更加表现出个人独到的功夫,这里毋宁说是有卖弄他精于此道的意思。二人对七律的态度也就出入很大了。

韩愈大气磅礴,接近于李白的浪漫主义一派。宋初文人,如欧阳修等,接受韩愈的影响,也推崇李诗,但如王安石等人,已甚推崇杜甫之作。其后江西诗派出,在形式技巧上赋予更多的注意,于是杜甫的成就得到更大的宣扬。黄庭坚举夔州后诗为效法对象,而这正是杜甫"晚节渐于诗律细"后的纯熟之作。其后江西诗派声势日大,几乎主宰宋代诗坛,而杜甫在七律上取得的成就,也就成了毋庸置疑的定论。

严羽提倡诗宗盛唐,他在《沧浪诗话·诗辨》中说:"故予不自量度,辄定诗之宗旨,且借禅以为喻,推原汉魏以来,而截然谓当以盛唐为法。"自注:"后舍汉魏而独言盛唐者,谓古、律之体备也。"这番议论,清楚地表明了他之所以推尊杜甫的理由。因为盛唐诗体大备,而杜甫在各个方面都作出了杰出的贡献,前人对此早有"集大成"之称,严羽纵论盛唐一代诗歌,且以此为号召,自然不能不尊重事实,于是他在《诗评》中也说:"少陵诗,宪章汉魏,而取材于六朝;至其自得之妙,则前辈所谓集大成者也。"可见这里是就总体而言,同意前人结论,并不是对杜甫创作的各个方面都予以推崇。从他对诗歌创作上的一些具体看法来说,却是更为推崇李白的诗歌特点,这与他反对江西诗派的倾向也是一致的。

明清两代文人一般都推崇盛唐诗歌,受严羽《沧浪诗话》的影响很大。但是这里也经历了一段曲折的过程。明初高棅编《唐诗品汇》,《明史·文苑传》上说:"终明之世,馆阁以此书为宗。"可见其影响之巨。此书即宗严氏之说,以盛唐为唐诗的"正宗""大家""名家""羽翼"。值得注意的是,李白的各体诗歌都被推为"正宗",而杜甫却始终不能享有这种尊号。即如七律一体,李白也称"正宗",而杜甫则称"大家"。显然,"正宗"乃是后人必须效法的宗师,"大家"则仅言其成就之大而已。《唐诗品汇》"七言律诗叙目"曰:"盛唐作者虽不多,而声调最远,品格最高。若崔颢,律非雅纯,太白首推其'黄鹤'之作,后至'凤皇'而仿佛焉。……是皆足为万世程法。"又曰:"少陵七言律法独异诸家,而篇什亦盛。"高棅的这种见解,倒真是得到了严羽论诗的心传。

但是情况后来有了变化。学者如果真要以盛唐诗为楷模,把它作为效法的对象,却又不得不舍李而从杜。因为李白的诗无绳墨可循,很难遵从;杜甫的诗有格律可依,易于学习。于是明代中叶之后,杜甫的律诗也就声誉日高,诗家奉为不祧之祖,李白的律诗则不再受到重视,《登金陵凤皇台》诗更是因为不合律诗规格而受到忽视。如赵文哲《媕雅堂诗话》曰:"七律最难。鄙意先不取《黄鹤楼》诗,以其非律也。……太白不善兹体,《凤皇台》诗亦强颜耳。"即其一例。

《沧浪诗话·诗评》曰:"少陵诗法如孙、吴,太白诗法如李广。少陵如节制之师。"李广用兵,神妙莫测,故不可学。"节制之师",有如程不识之将兵,以其有规矩可识,故可供人效法。严羽的这种意见,内部实际上包含着矛盾。他学诗重模拟,《诗法》中甚至说:"试以己诗置之古人诗中,与识者观之而不能辨,则真古人矣。"但他举李白为供人效法的对象,则又怎能诱使后人遵从?难怪前后七子之后,逐渐背离其说。胡应麟《诗薮》"外编"卷二曰:"李、杜二家,其才本无优劣,但工部体裁明密,有法可寻;青莲兴会标举,非学可至。又唐人特长近体,青莲缺焉,故诗流习杜者众也。"说明明代中叶之后,随着创作实践中的大势所趋,理论界也转而推崇杜甫的七律,崔颢《黄鹤楼》诗为唐人七律第一之说,也就随之被否决了。

年代较早的杨慎,虽然对严羽之说已有修正,但对《黄鹤楼》诗的成就还是维护的。《升庵诗话》卷十:"宋严沧浪取崔颢《黄鹤楼》诗为唐人七言律第一,近日何仲默、薛君采取沈佺期'卢家少妇郁金堂'一首为第一,二诗未易优劣。或以问予,予曰:'崔诗赋体多,沈诗比兴多。以画家法论之,沈诗披麻皴,崔诗大斧劈皴也。'"这种调停之论,后人也不能接受,一再遭到批驳。

胡应麟《诗薮》"内编"卷五推尊杜甫《登高》"为古今七律第一,不必为唐人七律第一"。他还具体申述道:"'卢家少妇'体格丰神,良称独步,惜颔颇偏枯,结非本色。崔颢《黄鹤》,歌行短章耳。太白生平不喜俳偶,崔诗适与契合,严氏因之,世遂附和,又不若近推沈作为得也。"这里说明明人和宋人的文学见解已经格格不合。

胡应麟作进一步的分析,更能看清这一时代的人品评作品时兴趣所在。他说:"《黄鹤楼》、'郁金堂'皆顺流直下,故世共推之。然二作兴会适超而体裁未密,丰神故美而结撰非艰。若'风急天高',则一篇之中句句皆律,一句之中字字皆律,而实一意贯串,一气呵成。骤读之,首尾若未尝有对者,胸腹若无意于对者;细绎之,则锱铢钧两,毫发不差,而建瓴走坂之势,如百川东注于尾闾之窟。至用句用字,又皆古今人必不敢道,决不能道者。真旷代之作也。"这里正是着眼于《登高》一诗组织的工致而立论的。而胡应麟所反复称叹的,已是严羽视为低于"气象浑沌"的"彻首尾成对句"者。可见明人的论诗,已与严羽的初衷不合。

综上所言,可以知道:严羽与明人虽然都推崇盛唐诗歌,但实质上却有很大的不同。严羽推重的唐诗,是指那些保留着很多汉魏古诗的写作手法而呈现出浑朴气象的诗歌;明人推重的近体诗,是指那些写作技巧全然成熟而表现为精工的当的作品。因此,这两种学说之间虽似一系相承,然而随着时代和创作潮流的演变,内涵已有不同。这是探讨我国诗歌发展史时应当注意的地方。

到了清代,明人的意见更是进一步得到了加强。大家的看法差不多已趋一致,论诗注重格律,强调的是诗体之正。潘德舆《养一斋诗话》卷八首引严羽、何景明、薛蕙之说,又引杨慎两可之论,然后下判断说:"愚谓沈诗纯是乐府,崔诗特参古调,皆非律诗之正。必取压卷,惟老杜'风急天高'一篇。气体浑雄,剪裁老到,此为弁冕无疑耳。……至沈、崔二诗必求其最,则沈诗可以追摹,崔诗万难嗣响。崔诗之妙,殷璠所谓'神来、气来、情来'者也。升庵不置优劣,由其好六朝、初唐之意多耳。尤西堂乃谓崔诗佳处止五六一联,犹恨以'悠悠、历历、凄凄'三叠为病。太白不长于律,故赏之;若遭子美,恐遭'小儿'之呵。嘻!亦太妄矣。"然而不管潘氏的语气何等婉转,崔颢《黄鹤楼》一诗,以其不合明清人对七律的要求,从头到尾遭到指摘,已是无可挽回的趋势。严羽以盛唐为法的真意,已被后代那些宗奉者扬弃了。

"唐十二家诗"版本源流考

明代刻"唐十二家诗"的人很多。胡应麟《诗薮》"外编"卷四说："嘉、隆类刻《十二家唐诗》，盛行当世。"《行人司书目》中就著录有《十二家唐诗》一种，说明此书当时已经获得人们珍视而被收藏。这些总集还有好几种流传到现在。

"十二家"指王勃、杨炯、卢照邻、骆宾王、陈子昂、杜审言、沈佺期、宋之问、孟浩然、王维、高适、岑参。这些都是初唐和盛唐时期的著名诗人，他们的作品一直脍炙人口，赢得大量读者的喜爱。不难想到，后代如有一部总括上述诸人作品版本较好的总集出现，自然会吸引人们的注意。明代多次翻刻"唐十二家诗"的盛况，或许就是这么形成的。

明代刻过"唐十二家诗"的有：

嘉靖前期重印正德仿宋唐人诗集本
张逊业编黄埻东壁图书府嘉靖三十一年刊本
杨一统编万历十二年刊本
许自昌编霏玉轩万历三十一年刊本
郑能编闽城琅嬛斋万历年间刊本
汪应臯编万历年间刊本

此外有无其他"唐十二家诗"的刊本，现在就很难说了。就是上述各种，有的是否刻过，恐怕很多目录学家都会怀疑。特别是前面一种本子,因为书目上很少见到记载,传世者以单行的别集为多,因而更会引起人们的怀疑。下面介绍我所接触到的一些材料,叙述"唐十二家诗"各种版本的源流演变。下面分两部分论述。

正德年间刻的仿宋本唐人诗集
和嘉靖前期刻的"唐十二家诗"

首先得从《高常侍集》说起。目录书中常见有正德刊本《高常侍集》的记载,如:

朱学勤《别本结一庐书目》"旧板":"《高常侍集》十卷。"注:"明正德刊本,一册。"

邵懿辰《四库简明目录标注》集部二、别集类一:"《高常侍集》十卷。"注:"明正德刊本,页二十行,行十八字。"

莫友芝《郘亭知见传本书目》卷十二、集部二、别集类一:"《高常侍集》十卷。"注:"明正德中刻本,页二十行,行十八字。"

张允亮《故宫善本书目》第一"天禄琳琅现存书目":"《高常侍集》一函四册。"注:"唐高适撰,十卷。明正德间刻本。"

这种正德年间刻的《高常侍集》十卷本和嘉靖年间刻的仿宋《高常侍集》十卷本极为相似,二者不但各种诗体编次都一样,而且行格刀刻都一样,甚至连未刻的缺字也相同,所以有些研究版本的人常是混为一谈,把正德本也看作嘉靖本,认为明代只有一种嘉靖仿宋本传世。

正德本和嘉靖本之所以相似,看来是出于一个版子的缘故。嘉靖本是剜改正德本而成的。拿正德本和嘉靖本比较,四处地方有出入:卷四《送虞城刘明府谒魏郡苗太守》诗中"极目无行车"句,正德本"目"作"日"。卷五《同鲜于洛阳于毕员外宅观画马歌》中"家僮愕视欲先鞭"句,正德本"愕"作"㦇";"始知物妙皆可怜"句,正德本"可"作"日"。卷六《使青夷军入居庸三首》诗题中之"入"字，正德本作墨钉。可见前此刻书时留下的一些显然的误字，后来都给改正了。除此之外，二者之间间或还有一些小的差异，如有的书页可能重刻过，板框大小略有出入；个别地方还有一些异体字的不同，但为数极少。这种明仿宋本后来又曾全部翻刻过一次。

看来这两种唐诗别集都是一组唐人诗集内单行的一种。许多书目上记载着的明仿宋刊《高常侍集》十卷，原来都是嘉靖本"唐十二家诗"中的一种，如瞿镛《铁琴铜剑楼藏书目录》卷十九："《高常侍集》十卷，明刊本。"此书现藏北京图书馆。细察此书的行格刀刻，原来就是"唐十二家诗"中的一种。

作为别集的嘉靖仿宋本《高常侍集》流传还多，作为总集的嘉靖仿宋本"唐十二家诗"流传就少了。张允亮编《故宫善本书目》第二云："唐十二家诗集，四十九卷，二十册。"书内夹有"明仿宋本，不著编人"、"旧藏景阳宫"、"原称唐人诗集"等藏签。这是一部很名贵的明刻唐人诗歌总集。

这种"唐十二家诗"内的各种集子行格刀刻都一样（前八家的集子和后四家的集子之间唯一的细小差异是前者书口作单鱼尾形），说明它们同出一源；既然这种仿宋刊本的《高常侍集》是利用正德年间的板片重印的，那么另外的十一种行格刀刻都一样的集子当然也有可能是利用正德年间的其他一些集子重印的了。有一种"唐十二家诗"就是采用经过剜改的旧板印行的。

但这里又产生了新的问题：正德年间有没有刻过这么多的唐人诗集呢？

郑振铎在明正德刊本《高常侍集》十卷跋尾中说："一九五七年夏，曾在藻玉堂取得一部明正德刻本《王昌龄集》，凡三卷，每半页十行，行十八字，与此本正同。闻正德时，曾刻王、高、孟、岑四集，惜予仅得王、高二集。颇疑此种十行十八字本盛唐人集，当不止是四家，且似不限于盛唐一代。朱警刻的《唐百家诗集》亦是十行十八字。疑均出于南宋的书棚本。"(《西谛书目·题跋》)郑氏的介绍能够给人很多启发。他说正德年间曾刻王、高、孟、岑四集，当然是指王维、孟浩然、高适、岑参四家了，《四库简明目录标注》内正记有《王右丞集》的正德仿宋十卷本，二十行十八字，应当就是其中的一种。郑氏在得到《高常侍集》之后又得到《王昌龄集》，也就说明这时刻的决不止上述四家。《王昌龄集》不在"唐十二家诗"之内。这就说明正德年间刻的是一部规模很大的唐人诗歌总集，这里的许多集子后来失传了，但我们可以根据这个线索去搜求识别。嘉靖年间有人挑选了十二家诗加以重印或翻刻，于是形成了后来一再重校梓行的"唐十二家诗"这一系统。

这些"唐十二家诗"刊于何地？传世有宋庐陵刘辰翁评点、明勾吴顾道洪参校之《孟浩然诗集》三卷，"凡例"称"余家藏《孟浩然诗集》凡三种，一、宋刻本；一、元刻本，即刘须溪批点者；一、国朝吴下刻本，即高、岑、王、孟等十二家者"。而是书《孟浩然诗集补遗》后有"万历丙子上元梁源山人顾道洪跋"。考万历四年(1576)之前刻于吴下的"唐十二家诗"，只能是这种嘉靖仿宋本。顾道洪是吴人，自然会接触到这种乡邦文献。

所谓"嘉靖"本的这一年代又是怎样判断的呢？版本学家当然可以根据书的版式、字体、纸张进行鉴定，此外还有一些材料可作证明。南京图书馆也藏有明仿宋刊本《高常侍集》一部，此书原出钱塘丁氏八千卷楼，丁丙《善本书室藏书志》卷二十四云："《高常侍集》十卷，明刊本。"注："前后无序跋，惟赋与诗八卷，文二卷。四库全书影宋钞本十卷本七绝无《听张立本女吟》一首，七律无程俱所作《重阳》一首，此皆有之。'天禄琳琅'所收者即此本也。每叶廿行，行十八字，有'春莺''灌木草堂'印，又'雨泉'一印颇旧，疑即万历间苏州陈方伯鎏所藏。"说明此书应当刊于万历之前、正德之后的嘉靖年间。再拿嘉靖三十一年（1552）出现的东壁图书府本和它比较，则又表明此书年代在前。因此，这部首次出现的"唐十二家诗"应当重印于嘉靖前期。

在此还应附带说明一下，过去目录书上标为正德年间刻本的这些唐人诗集，现在一些版本学家据其字体鉴定，认为不大可能出现于正德之时，应该说是嘉靖年间的刻本。但正德、嘉靖年代紧相衔接，因此这里仍然沿用各家书目上的记载，而在具体叙述时，则参照郑振铎的说明，称这一类书为正德本，又用"正德、嘉靖间"或"嘉靖前期"之类较有弹性的说法介绍其年代。

东壁图书府本"唐十二家诗"及其他

东壁图书府本"唐十二家诗"前署"永嘉张逊业有功校正，江都黄埻子笃梓行"。《善本书室藏书志》卷三十九录存此书，并注曰："卷末有同阅姓名，如陈鹤、史起蛰、张衮、方可立、王应辰、闻得仁、王一夔、张逊肤、王叔果、王叔杲、朱廷栋、方九叙、谢敏行、沈仕、朱永年、侯一麟、黄一鹏、张郁、张承明，半皆杭人，盖当时刊版于杭州也。"这是出现于东南地区的第二部"唐十二家诗"。

和嘉靖前期的那部"唐十二家诗"比较，此书已经变易格式，版口增加了双鱼尾，每叶上端中缝刻"东壁图书府"五字，下端中缝刻"江郡新绳"四字，行格也改成了每半叶九行，行十九字。变动特别大的地方是把原来的多卷本一律改成上、下二卷本，删去了各家集子中原有的序言和散文部分，如把《高常侍集》中的两卷"文"删掉，并把剩下的八卷"诗"再分成了上、下二卷。

嘉靖前期刊本"唐十二家诗"中原有"序"，如《杜审言集》有庐陵杨万里序，《孟浩然集》有宜城王士源序、韦滔重序，《岑嘉州集》有京兆杜确序，《王摩诘集》有王缙的《进王摩诘集表》，这些地方保留着宋本的原始面貌。又如王、杨、卢、骆、陈、杜、宋集二卷，沈集三卷，孟集四卷，王集十卷(诗六卷、文四卷)，高集十卷(诗八卷、文二卷)，岑集八卷，这些集子绝大多数都有较好的宋本作为依据。目录书上常见有十行十八字之宋本，一般都标"书棚本"，郑氏大约就是根据这些情况作出判断的。临安书棚陈氏所刻唐人诗集，不但数量众多，而且书铺主人于此本有修养，故而质量也可观。但这类书的编次比较简拙，诗体分类一般不太细密，前后编排也无次序，东壁图书府本于此作了整理和加工，所有诗歌都归入各种诗体之中，诗体又按五言在前、七言在后、古诗在前、律绝在后的次序重新作了编排，个别诗题之下还附上了有关考订的小注，有些诗歌则增加了相关的内容，如王勃的《滕王阁》诗就增加了著名的"序"。

但从文字内容上来考察，东壁图书府本的主要依据应当就是上述的那部嘉靖仿宋本"唐十二家诗"。这里仍以《高常侍集》为例，试用比较的方法进行论证。下面从四部丛刊据之影印的那部明铜活字刊本《高常侍集》中举些例子。该书卷六有《淇上别业》一诗，四库全书本《高常侍集》和原藏士礼居的一部清初仿宋精钞本《高常侍集》均有此诗，但改属卷五，而正德、嘉靖间仿宋本《高常侍集》不载，东壁图书府本亦不载。卷六《宴郭校书因之有别》中"芸香□早著"一句，空白内补字有三种情况，"伯二五五二敦煌唐诗选残卷"中此字作"业"，四库全书本和清初仿宋精钞本作"功"，正德、嘉靖间仿宋本作"名"，东壁图书府本亦作"名"。其他许多地方也都出现这种情况，东壁图书府本的文字同于正德、嘉靖间仿宋本者为多，同于四库全书本和清初仿宋精钞本者为数很少，于此可见东壁图书府本主要是依据嘉靖前期的这部"唐十二家诗"校刻的。

再如铜活字本《高常侍集》卷五《崔司录宅燕大理李卿》一诗内"饮醉欲言归□□"一句，正德、嘉靖间仿宋本亦缺二字，清初仿宋精钞本作

"□□饮醉欲言归",四库全书本则作"夜深饮醉欲言归",东壁图书府本与之都不相同,空白补刻的是"剡溪"二字,这两个字颇堪玩味,看来就是张逊业等人自己补进去的。因为他们对四库全书本系统的集子似乎不大接触,而前此的"唐十二家诗"系统的本子中此二字又无所依据,因此这里可能就是以意为之添补足句的了。凡以前各家集子中缺字的地方,东壁图书府的本子中都给补上了,这里定会有主观臆断的地方。但看来张逊业等人的态度还算郑重,因为高适集子中另有《秦中送李九赴越》一诗,内有"吴会独行客,山阴秋夜船;谢家征故事,禹穴访遗编"等句,张逊业等人大约认为"李卿"和"李九"是同一个人,所以给补上了"剡溪"二字,说明他们费过一番揣摩的功夫;殊不知李九当是曾在京兆府任职之李九士曹,京兆府和大理寺是不同的衙门,这又表明张逊业等人所补进去的字不尽可信,有臆测妄断的缺点。

于此可见:从校勘的角度来说,嘉靖前期仿宋本"唐十二家诗"价值更高。

但东壁图书府本经过多人整理,看来一时声誉很高,所以后来据之翻刻的人很多。

万历十二年(1584)有杨一统的再刻本。孙仲逸序曰:"江都之刻,不数载已复初木,余友人杨允大再刊于白下,而校加精焉。"所以这种"唐十二家诗"又称南州杨一统白下重刊本。此书版式字体又已变化:版口只署书名,四周单边,行间无墨线,写体字,每半叶九行,行二十字。全集共分十二卷,即人各一卷。卷首"唐诗十二名家叙略"称"南州杨一统允大校阅,江东孙伯履公素、姑苏丘陵子长、江东孙仲逸野臣、关中李本芳元荣同阅",而实由各家分校。计:杨一统校《王勃集》《杨炯集》《卢照邻集》,孙伯履校《骆宾王集》《陈子昂集》《杜审言集》,孙仲逸校《沈佺期集》《宋之问集》《孟浩然集》《王维集》,丘陵校《高适集》,李本芳校《岑参集》。《邵亭知见传本书目》卷十二《高常侍集》下和《四库简明目录标注》内《高常侍集》"续录"下俱注有"明上陵校刻本","上"系"丘"之误,二者形近致误。

万历三十一年(1603)又有许自昌的"前唐十二家诗"问世。在翻刻"唐十二家诗"的人中,许氏算是一位较为知名的文人。自昌,字玄祐,别署梅花墅、梅花主人,江苏吴县人,著有《卧云稿》一卷、《樗斋漫录》十二卷,撰有《水浒记》、《橘浦记》、《灵犀佩》(一云王异撰)等传奇多种,改订过《王茗堂批评种玉记》《玉茗堂批评节侠记》各二卷。他还喜欢刻书,曾经刻过《太平广记》和李、杜、皮、陆诗。"前唐十二家诗"前有"万历癸卯孟夏长洲许自昌书"之序,集前并署"长洲许自昌玄祐甫校"。但他似乎偏长诗文词曲,校勘水平则平平而已。因此,许刻"前唐十二家诗"内容差不多全同于东壁图书府本。

其后又有郑能重镌的"前唐十二家诗"出现。此书似乎印过两次,一本卷末多一牌记,上云"闽城琅嬛斋版,坊间不许重刻"。这个集子还录有许自昌的序,而书前署称"晋安郑能拙卿重镌",版式同许书,说明它是根据许自昌的本子重刻的,然而仍属东壁图书府本系统。全集共二十四卷,即人各二卷,与许刻同,与东壁图书府本同。

不知在许、郑本之前抑或其后,还有另一种"唐十二家诗"出现。此书行格也是半叶九行,行十九字,与东壁图书府本、许自昌刊本、郑能重镌本同。王重民编《美国国会图书馆藏中国善本书录》卷八有《岑嘉州集》二卷,注:"此本疏朗悦目,校其内容,疑为从东壁图书府本出者。卷内题:'海阳汪应皋汝择父校梓、汪应学汝行父同校。'海阳盖指休宁。余检休宁、歙县、婺源等县志,并无其人;又检广东、山东两《海阳县志》,亦不获二汪事迹。玩原书纸墨,当是万历间印行。下卷自四十九叶以后佚去,书贾畏其残阙,因取《孟浩然集》残叶,蠹去版心书题与叶数以补之。然因此得知孟集曾与是集同刻,而更示吾人以二汪或曾有东壁图书府'唐十二家诗'翻本,此其残帙也。"汪应皋本"唐十二家诗"全帙虽罕见，然所属各家别集仍有传世者，例如邓邦述《群碧楼善本书录》卷三中就记载有王(汪字之误)应皋校梓之《高常侍集》二卷，台湾《中央图书馆善本书目》集部别集类有《沈佺期集》二卷一册，《宋之问集》二卷一册，均署明海阳汪应皋校刊本，可证王氏作出的假设符合事实。它是别出于上述各种"唐十二家诗"的又一种本子。

隆庆四年(1570)，则有由此派生的《十二家唐诗类选》一种行世。全书十六卷，半页九行，行二十一字，写刻本。前有类辑者河东何东序所撰之自序。东序字崇教，号肖山，猗氏县人，嘉靖三十二年进士，详见康熙时潘锤纂辑、宋立树重辑之《猗氏县志》卷五"人物"门。是书由江右刻工刻于保州，甚精美。又有明陆汴辑《广十二家唐诗》十九卷行世。

综合上言，可知明刻"唐十二家诗"盛况空前，后人一再加工梓行，对校勘和保存古代文献起了很好的作用。只是明代距离现在也已久远，有的总集东流西散，甚至远播海外，断简残编，使人难于看到各种版刻的全貌。这篇小文，就想在目验多种善本和钩稽各种材料之后，略予辨证，起到补苴罅漏的作用。

叙"唐十二家诗"版本源流既竟，更制一表以清眉目。又因上述各种总集内的各家集子都曾以别集行世，故而详列各家行格，读者自可按表检识。

"唐十二家诗"版本源流表

书名	编者	刻印年代	刻印地点与单位	行格（单位:厘米）	源流
唐十二家诗		嘉靖前期	吴下（苏州）	十行十八字（17.5×12.3）	重印或翻刻正德间唐人诗集
唐十二家诗	张逊业	嘉靖三十一年	杭州·东壁图书府	九行十九字（18.5×12.2）	主要依据上书校编
唐十二家诗	杨一统	万历十二年	白下（南京）	九行二十字（19.8×13.0）	重刊东壁图书府本

续表

书名	编者	刻印年代	刻印地点与单位	行格（单位：厘米）	源流
前唐十二家诗	许自昌	万历三十一年	长洲·(苏州)霏玉轩	九行十九字 (22×13.8)	重刊东壁图书府本
前唐十二家诗	郑能	万历年间	闽城·琅嬛斋	九行十九字[*] (22×13.6)	重镌许自昌本
唐十二家诗	汪应皋	万历年间		九行十九字 (17.6×12.0)	重刊东壁图书府本

* 许自昌本的版框作左右双边，郑能本则作左右单边。

叙《全唐诗》成书经过

《四库全书总目》"提要"中的疑团

《全唐诗》是怎样成书的？问题似乎很简单，因为《四库全书总目》的"提要"中说得很清楚：

  御定《全唐诗》九百卷　康熙四十二年圣祖仁皇帝御定。诗莫备于唐，然自北宋以来，但有选录之总集，而无辑一代之诗共为一集者。明海盐胡震亨《唐音统签》始搜罗成帙，粗具规模，然尚多舛漏。是编秉承圣训，以震亨书为稿本，而益以内府所藏全唐诗集，又旁采残碑、断碣、稗史、杂书之所载，补苴所遗，凡得诗四万八千九百余首，作者二千二百余人。

《四库全书总目》成书于乾隆年间，上距康熙之时不过七八十年，二者都是官修的书，所言应当可信。因此，后人大都信从四库馆臣的论定，以为《全唐诗》出于《唐音统签》。《唐音统签》传世很少，后人无法核实，所以这种说法一直没有引起什么怀疑，几乎成了定论。

但"提要"中还提到有"内府所藏全唐诗集"，这究竟是指一部书呢，还是泛指唐诗的各种不同集子？有人带着这个问题参读《全唐诗》的"凡例"，认为指的是另一部《全唐诗》。这也就是说，在玄烨御定的《全唐诗》成书之前，内府已经藏有另一部《全唐诗》。但这又是一部什么样的书呢？大家可也说不清楚。① 因为宫廷图书外人无从窥及，所以这个疑团还是无法彻底解开。

清帝逊位，故宫图书馆成立，内府秘籍始能公之于众，于是才有了比较各种本子的可能。1937年，俞大纲到故宫图书馆阅读《唐音统签》，看到了季振宜的《全唐诗》，这时才知道《四库全书总目》"提要"、御定《全唐诗》的"凡例"和康熙御制《全唐诗序》中提到的"全唐诗"或"全唐诗集"，都指季振宜的《全唐诗》，现在通行的这部所谓御定《全唐诗》是依据胡震亨的《唐音统签》和季振宜的《全唐诗》成书的。② 但俞氏主要致力于《唐音统签》的阅览，对季书似乎未曾深究，因而仍然未能摆脱四库馆臣所作论断的影响，不能充分看到季振宜《全唐诗》在曹寅等人修书时所起的作用，这样也就不能把《全唐诗》成书的秘密彻底揭开。

季振宜《全唐诗》的出现与汩没

由于故宫博物院明清档案部把曹寅的奏折给整理了出来，印行成册③，因而御定《全唐诗》由创始到完成的全过程也就比较清楚地勾勒出来了。从中可以发现很多问题。

曹寅等人在御定《全唐诗》的《进书表》中说："康熙四十四年三月十九日，奉旨颁发《全唐诗》一部，命臣寅刊刻，臣（彭）定求、臣沈三曾、臣（杨）中讷、臣（潘）从律、臣（汪）士鋐、臣（徐）树本、臣（车）鼎晋、臣汪绎、

---

① 参看胡怀琛《〈全唐诗〉的编辑者及其前后》，载《逸经》（文史半月刊）第十七期，1936年11月5日。
② 俞大纲《纪唐音统签》，载《历史语言研究所集刊》第七本第三分，1937年版。
③ 故宫博物院明清档案部编《关于江宁织造曹家档案史料》，中华书局1975年版。

臣(查)嗣瑮、臣(俞)梅等校对,于康熙四十五年十月初一日书成。"说明曹寅是在康熙四十四年(1705)春奉旨刊刻《全唐诗》的。是时正值玄烨五次南巡。查《清实录》,玄烨是在二月开始出巡的,三月六日起到达江南,而自十七日至二十二日,正驻跸苏州。玄烨南巡之时,曹寅一直随侍在旁,担当着接驾的重任。玄烨和曹寅关系密切,曹寅这位江宁织造又是以特殊身份进行文化活动的。因此,玄烨这次颁发下来的任务实有当面交代的性质。当时的地方大员江宁巡抚宋荦在《迎銮三纪》中按日详列玄烨的活动,于三月十八日记载着玄烨面谕他刊刻御批《资治通鉴纲目》的事,于三月十九日则记曰:"上发《全唐诗》一部,命江宁织造曹寅校刊,以翰林彭定求等九人分校,照常升转。"(《西陂类稿》卷四十二)可见宋、曹二人接受任务的情况是差不多的。

为了修书,在曹寅的主持下,临时凑起了一个班子。彭定求《翰林院修撰东山汪君墓志铭》曰:"康熙乙酉三月,上巡幸江南,简在籍翰林官十人校刊《全唐诗》于扬州。余林居既久,至是始识东山汪君。"(《南畇文稿》卷八)说明这些编校人员原来都是一些闲散在家的文人。《圣祖五幸江南全录》曾记这些在籍翰林的动态,玄烨三月十八日在苏州,乡绅彭定求等"俱赴行宫叩贺万寿";三月二十三日抵昆山,乡绅徐树本等"恭迎圣驾朝见";四月初六日在杭州,召乡绅沈三曾、杨中讷、查嗣瑮等"俱进行宫做诗";四月二十四日在常州府,又召在省乡绅车鼎晋、潘从律等"进宫朝见考诗"。而是书载三月二十二日"传上谕,谕江抚宋行文召翰林汪士铉、汪绎、徐树本,钦召纂修书史"。① 曹寅在康熙四十四年(1705)五月初一日的奏折上说:"又闻四月二十三日,有翰林院庶吉

---

① 《圣祖五幸江南全录》,一名《圣驾五幸江南恭录》,作者不明,汪康年编入《振绮堂丛书初集》。

士臣俞梅赴臣寅衙门，口传上谕：命臣俞梅就近校刊《全唐诗集》。"①说明当时任务紧迫，采取了非常措施，征调了江浙两省的在籍翰林"就近"前来修书。这项工作似乎并不是早有完整的计划然后按步付诸实践的。

但这里似乎又出现了问题：御定《全唐诗》的编纂是在康熙四十四年（1705）开始的，《四库全书总目》的"提要"上却说"康熙四十二年圣祖仁皇帝御定"，在时间上就存在着矛盾。看来这可不是四库馆臣的误记，而是另有不同的算法。朱彝尊《合刻集韵类编序》曰："而通政司使巡视两淮盐课监察御史曹公奉命编蒐《全唐诗》，历五年所，较旧本广益三百余篇，锓诸枣木，用呈乙览。"（《曝书亭集》卷三十四）这种说法值得注意。编蒐《全唐诗》时，朱彝尊正在扬州纂修《两淮盐筴志》，与曹寅过往甚密，曹寅还曾面托他补缀《全唐诗》的事。因此，对于《全唐诗》的来龙去脉，朱氏定然知之甚悉，这里他在成书的时间上也另外作了考虑。按御制《全唐诗序》作于康熙四十六年（1707）四月十六日，在正统派文人看来，这是编刻完成的标志。由此上推五年，则是康熙四十二年（1703）。大约朱彝尊也认为纂修《全唐诗》的历史应从康熙四十二年算起，而这种提法和《四库全书总目》"提要"上的记载是一致的。由此可知，玄烨有意利用季振宜《全唐诗》而重行编纂，康熙四十二年时已有打算，但到五次南巡之后始告实现，中间也曾有过两年左右时间的酝酿。

季振宜《全唐诗》是什么时候进呈内府的呢？史无明文，但可根据若干资料进行推断。陆陇其《三鱼堂日记》卷八记季振宜"没后，家即萧条"，所纂《全唐诗》可能在他死后不久就流落于外。叶德辉《书林清话》卷九曰："物聚必散，久散复聚，其后季氏之藏，半由徐乾学传是楼转入天府。"这部《全唐诗》的稿本大约就是这样进入清廷的。玄烨于康熙二

---

① 俞梅为泰州人，故与扬州"就近"。道光十年（1830）王有庆等纂修之《泰州志》卷二十四"人物·文苑"内曰："康熙四十二年进士，改庶吉士，旋丁内艰归。仁庙南巡……又特命梅充维扬诗局纂修官，升编修。"

十五年(1686)四月曾下诏访辑经史子集，特别指明寻求藏书秘帙，徐乾学善于钻营逢迎，这时将得到的季氏《全唐诗》稿本作为秘籍进呈，乃是顺理成章的事。徐氏殁于康熙三十三年(1694)，季氏稿本入宫之时应当在此之前不久。

御制《全唐诗序》曰："朕兹发内府所有《全唐诗》，命诸词臣合《唐音统签》诸编，参互校勘，搜补缺遗。"有人误解"所有"二字，以为玄烨曾将宫廷图书室内的各种唐诗版本都交给曹寅，供工作之需，因此今本《全唐诗》中包括了好多大内的珍本秘籍。这种解释没有历史材料可作证明。因为《全唐诗》的刻印一直在扬州进行，而曹寅在康熙四十四年(1705)五月初一日的奏折上说："臣寅恭蒙谕旨刊刻《全唐诗集》，命词臣彭定求等九员校刊。臣寅已行文期于五月初一日天宁寺开局。至今尚未到扬，俟其到齐校刊。"这时上距接受刻书任务之日已近一个半月，在此期间没有接到什么京城里运来的图书，否则他是一定会在折文中带上一笔，表示"顿首拜领""望阙谢恩"云云的。后来曹寅在奏折中也从未提到过此事。

由此可知，曹寅在扬州设局刻《全唐诗》时，从玄烨那里只领到一部季振宜的《全唐诗》。那部也起着重要作用的《唐音统签》，恐怕也是曹寅就近解决的。胡震亨的孙子令修、曾孙思黯刊刻《唐音统签》，时在康熙二十四年(1685)前后，曹寅想求得已刻各集和未刊各集，在当时来说，不会太困难，不必仰求主子玄烨来供给这部书。现藏故宫图书馆的一部《唐音统签》，是范希仁的钞补本，范氏殁时年代略后，曹寅等人所用的《唐音统签》不可能是这部钞补本。玄烨《全唐诗序》上也只说"发内府所有《全唐诗》"，叫"诸词官合《唐音统签》诸编"参互校补；曹寅等《进书表》和宋荦的《迎銮三纪》上都说玄烨"颁发《全唐诗》一部"命加工刊刻，说明曹寅等人只是领到了一部作为校刻依据的重要底本——季振宜《全唐诗》。

季书传世绝少。① 这样一部七百十七卷的巨著,自编纂到誊录,费时费工,任务很艰巨。或许进呈皇上的一部,就是誊录清楚了的留作底稿的一部。② 此书也就成了曹寅等人工作时的底本。此稿后归邓氏群碧楼。邓邦述《寒瘦山房鬻存善本书目》卷六:"《唐诗》七百十七卷,一百六十册。清季振宜辑,钞本。"后言:"康熙四十四年南巡,诏刊《全唐诗》于扬州,以江宁织造曹寅董其役,而留翰林官彭定求等十人驻扬校勘。刻成,乃得九百卷,此书其底本也。观书面及中间朱笔墨签皆出当日编校诸臣之手。大抵付刊时别写正本呈进,此书仍即发还,故又流转入张钟岩、汪阆源诸家耳。"③这种假设是有道理的,但《全唐诗》刻成之后,季书底稿未必发还,迟至雍正年间,季振宜的《全唐诗》才别写正本进呈。现藏故宫博物院图书馆的这部《全唐诗》,墨格钞本,蓝绢封面,黄色书签,上题"御定全唐诗",已似康熙时御定之书,是照刻印的《全唐诗》装帧的了。该书一百六十一卷"孙昌胤"避讳作"胤",可证这部重新誊录的"正本"已是雍正年间的钞本。这时曹寅已死,大约是曹𫖯命人补做这项工作的。

季书深锁内廷,外人自然无法窥及。那部修书用的底稿,不知何时

---

① 北京图书馆藏有清嘉庆二十年(1815)士礼居抄本《存寸堂书目》一种,计一卷。后有复翁(黄丕烈)跋,内称"是书所载多宋元旧抄本",可知此书当是清代前期一位收藏丰富的藏书家的目录,然而以平江黄氏之熟悉书籍流通,也已不能确定存寸堂主人是谁。该书"四十二总集"内有"季振宜汇集《全唐诗》七百十七卷,一百七十二册,抄本,十六套"。然而后代也已无法追查此书下落。按后人编的各种荛圃题跋集子均不载《存寸堂书目跋》,亟应补入。

② 此稿上有"晚翠堂""扬州季南宫珍藏记""树园图书""扬州季沧苇氏珍藏记""大江之北""杏花春雨江南"诸印,珍惜宝重可知。这样的集子,季振宜自己把它用来进献给皇帝,看来可能性不大。

③ 汪阆源是继黄荛圃之后出现的一位著名藏书家,传世有《艺芸精舍书目》一种,"庚字号"内载有"季抄《全唐诗》,一百六十册,六函"。张钟岩是一位不太知名的诗人,其事迹略见于光绪七年(1881)程其珏等纂修之《嘉定县志》卷十九"文学"内,曰:"张锡爵,字担伯,一字中岩,补吴江诸生,入国子监,以诗名。……晚号钝闲诗老,乾隆癸巳卒,年八十二。"不知扬州诗局的这份底稿何以会流落到他手里?

流落民间？因为此书已经加上了"御定"的尊称，玄烨等人存心利用它沽名钓誉，因此藏书家都不敢冒犯"天威"，揭穿此中秘密。尽管此稿乃天壤间罕见秘本，但汪士钟等人也不敢贸然有所记叙。直到辛亥革命前夕，清政权摇摇欲坠之时，邓邦述才敢于把此书情况写入目录书中，而这一段修书的曲折经过方才为人了解。

《全唐诗》迅速刻成之秘密

曹寅在康熙四十四年（1705）七月初一日的折子中说："奉旨校刊《全唐诗》，翰林彭定求等九员俱于五月内到齐，惟汪士铉尚未到。"这些翰林官到任之后，行动仍很随便，看来一直驻局工作的人很少。彭定求六世孙祖贤编《南畇老人年谱》，载定求于康熙四十四年奉特旨命为《全唐诗》校刊官，五月赴诗局，九月暂归；次年二月赴诗局，九月暂归；十月复至扬州，十一月归；四十六年（1707）正月赴扬州，校《全唐诗》毕，五月回籍。（附《南畇诗稿》后）查嗣瑮《锡山道中》有句云"一枕扬州梦乍醒，三年此地九曾经"，原注："奉命校书维扬，自乙酉至丁亥竣事归，凡九往返。"（《查浦诗钞》卷八）汪绎于康熙四十四年五月到局，七月又归虞山老家，见查嗣瑮《东山将归常熟》（《查浦诗钞》卷八）和汪绎《次韵答忍斋查浦送别》（《秋影楼诗集》卷九《邗江集》）等诗。其他参与校刊者的情况谅亦如此。曹寅在康熙四十五年（1706）七月初一日的折子中说："所有众翰林有病及告假者俱令回本籍，无事者俱在扬州校刊。编修汪绎素有血症，在诗局陡发旧恙，即令回籍调养，于五月内身故，臣已为料理营护后事讫。目下在扬州校刊者：彭定求、杨中讷、汪士铉、徐树本、俞梅共五人。"可见诗局中的常驻人员一直是不太多的。

这些翰林官员都是所谓门第才华出众的人，如徐树本是徐元文之子，徐乾学、徐秉义之侄；查嗣瑮是查慎行之弟、查嗣庭之兄；潘从律家上下三代"一门四进士",汪士铉家兄弟四人称"吴中四汪"。在这十名进士中,彭定求是康熙十五年(1676)的会元、状元,杨中讷是康熙三十年(1691)的传胪,汪士铉是康熙三十六年(1697)的会元,汪绎是康熙三十九年(1700)的状元。这样的人聚在一起,那诗局内部的酬酢,地方官绅的逢迎,诗酒唱和,吟花弄月,那种封建文人的处世常态,是可想而知的。他们的集子里还记载着许多这方面的应酬之作。这些活动必然也要占去他们驻局工作时的很多时间。

御定《全唐诗》共九百卷,篇幅巨大,加工任务很重。工作之始,先要拟订"凡例";每篇诗歌,都要经过校勘;每位诗人,都要作一小传。但这十位翰林官员,你来我往,用名士的作风办事,却取得了效率很高的工作效果。康熙四十四年(1705)五月初一日开局后,到了四十五年(1706)初,曹寅就已很有把握地预言年内可以结束全书的刻印工作了。他在二月二十八日的折子中说:"又诗局翰林官等校修唐诗,今年可以竣事。"到了七月一日又上折曰:"遵旨校刊《全唐诗集》,目下刊刻只剩五百余页,大约本月内可以刻完,八月内校对错字毕,即可全本进呈。"到了九月十五日上折时就说:"今有刻对完《全唐诗》九十套,进呈御览。其余俱已刻完,月内对完,即行刷印进呈。"计自上年五月开始工作,至此还不到一年零五个月,这部刻印极精的集子基本上就宣告完成了。

比较起来,初唐和盛唐部分的成书速度尤比其他部分为快。康熙四十四年(1705)十月二十二日,曹寅已经刻出了数十家诗集,并且准备了样本,进呈御览。他在折子中说:"校刊《全唐诗》,现今镂刻已成者,臣先将唐太宗及高、岑、王、孟肆家刷印,装潢一样贰部进呈。其纸张之厚薄,本头之高下,伏候钦定,俾臣知所遵行。尚有现在装潢数十家,容臣赴京恭谢天恩,赍捧进呈御览。"这时上距设局不过五月略过,中间还有商讨"凡例"、分配任务等事,而竟然能够刻成这么多的集子,不可谓进度不神速了。

原因何在？因为曹寅等人采取了取巧的工作方法。

《全唐诗》的初唐、盛唐部分利用了《唐诗纪》的成果

拿御定《全唐诗》和季振宜《全唐诗》比较，可知前者在很多地方差不多是照抄后者而成的。这样，速度当然会快起来了。

但曹寅等人又为什么要把唐太宗和高、岑、王、孟的集子作为样本呢？这里他们是经过一番斟酌的。因为季振宜的《全唐诗》中初唐和盛唐部分的基础特别好，所以他们迅速地加以刻印，并且挑选了初唐第一人的唐太宗和盛唐名家王、孟、高、岑四家的集子作为样本。

季振宜的书是以钱谦益的稿本作为基础的。季振宜《唐诗叙》上说："顾予是集窃有因矣。常熟钱尚书曾以《唐诗纪事》为根据，欲集成唐人一代之诗。盖投老为之，能事未毕，而大江之南，竟不知其有此书。予得其稿子于尚书之族孙遵王，其篇帙残断，亦已过半，遂踵事收拾，而成七百一十六卷。"说明这部唐诗集子是以钱谦益的残稿作为基础而加工成的。钱谦益的人品可以争议，但他对唐诗的研究却饶有心得，晚年作此唐诗总集，必然具有较高的水平。季振宜藏书丰富，精鉴名家，对唐诗也有丰富的认识。他聘请了汪、杨、徐三人帮助①，经过十年的努力，在钱氏原稿的基础上加工纂辑，水平当然更高了。

钱谦益的整理工作也是有所承袭而来的。他在与季振宜的信上说到，初、盛唐各家的诗多据《唐诗纪》剪编，间或粘补原集其上，或以朱笔

---

① 潘承厚编《明清藏书家尺牍》，内有季振宜手简影印件，叙编纂全唐诗事。此简原黏装于《唐诗》稿本后，邓邦述揭取奉赠潘氏而辑入。文曰："贾岛一本，共计四卷，呈送汪、杨、徐三位老爷阅过，方可发写，写就仍送本寓校订字画，方可上板，以免刻成改补之患。此本内有平曾诗三首，不可接写，移出送汪老爷另编入集可也。嗣后凡我送来之诗，具送三位老爷阅过发写，毋得草草取咎。要紧！要紧！"

订正批注其旁。① 这些说明完全可以用比较各种本子的方法来加以证实。

季振宜的《全唐诗》和胡震亨的《唐音统签》都以《册府元龟》卷二一《帝王部·瑞应》中所载唐高祖《赐秦王》作为全唐诗之始，御定《全唐诗》把它删去，唐太宗的诗自然列在全书之首。拿御定《全唐诗》和季书比较，《唐太宗集》的内容和序次几无差别，只是季书《望送魏徵葬》前有《谒慈恩寺题奘法师房》一首，御定《全唐诗》定为高宗诗而移出；季书《赐房玄龄》之后有《于太原召侍臣赐宴守岁》一首，御定《全唐诗》移于《咏烛》二首之前；季书《辽东山夜临秋》之后为《赐魏证诗》，御定《全唐诗》"证"作"徵"。所出入者，如此而已。

王、孟、高、岑四家的情况也相同，只是季书《孟浩然集》中有《雨》诗一首，御定《全唐诗》删去；御定《全唐诗》的《高适集》中有《渔父歌》一首，季书无；王维诗的变化好像大一些，但也只是调换了些诗的次序，个别诗篇有所增删，而又依据新订体例，将乐府诗歌归入了其他部分。因此，王、孟、高、岑四家诗的内容和次序，御定《全唐诗》也完全依据季振宜《全唐诗》。

再拿季振宜《全唐诗》中的《太宗集》《孟浩然集》《高忠公集》《岑嘉州集》跟《唐诗纪》中相应的部分对照，则又可见季振宜《全唐诗》承袭着《唐诗纪》中这几家的集子。二书内容和编排上的出入，其幅度的大小，也不过像御定《全唐诗》之于季振宜《全唐诗》罢了。例如高适的诗，季振宜《全唐诗》比《唐诗纪》多出《塞下曲（贺兰作）》一首；岑参的诗，多出《南溪别业》《酬畅当嵩山寻麻道士见寄》二首。其他几家的情况与此相似，所不同者，主要也表现在个别诗篇的增删和前后次序的调整。

---

① 钱谦益与季氏之手稿藏台湾"中央图书馆"。此据阮廷瑜《重订高常侍集传本述要》中的介绍，文载台湾《书目季刊》第十一卷三期，1977年版。

明代自中叶起,刻印唐诗的风气很盛,各种别集不断出现,篇幅巨大的总集也不断问世。嘉靖年间,有朱警刻《唐百家诗》一百八十四卷,黄贯曾刻《唐诗二十六家》五十卷,蒋孝刻《中唐十二家诗》八十一卷,等等。到了万历时,就出现了吴琯的《唐诗纪》一百七十卷。①《唐诗纪》是水平很高的一个集子,该书"凡例"称"是编多本人原集或金石遗文。……是编校订先主宋板诸书,以逮诸善本。有误斯考,可据则从,其疑仍阙,不敢臆断,以俟明者"。说明编者态度认真,在搜集材料和鉴别材料上下过很大的功夫。因此,它博得了钱谦益的重视,作为钱编唐诗总集的底本。其后季振宜的《全唐诗》和康熙御定《全唐诗》一脉相承,都利用着这份很好的遗产。《唐诗纪》对传播唐诗起了重要的作用。只是由于史实的几被湮没,读御定《全唐诗》者几不知其出于季振宜《全唐诗》,而不见季书者也就不知其出于钱氏的残稿,倘若不把诸书仔细比较,也就不知道它们原来都以吴琯的《唐诗纪》为主要依据。四库全书馆臣撰写《唐诗纪》的"提要"时,好像同样不知道这重公案,因而对御定《全唐诗》则大肆吹捧,对《唐诗纪》则三言两语轻轻带过,可谓数典忘祖了。

所可惜者,《唐诗纪》只编出了初唐、盛唐两大部分。曹寅等人编书时虽恪遵"圣训",沿袭钱稿、季书体例,不以初、盛、中、晚分期,但仍照录《唐诗纪》中的初、盛两大部分。对曹寅等人来说,季书与《唐诗纪》的

---

① 《唐诗纪》卷首有万历乙酉李维桢和方沆的序,叙此书始末甚详。李序曰:"始黄清父辑初唐诗十六卷,无何病卒。彰郡吴孟白以为未尽一代之业,乃同陆无从、俞公临、谢少廉诸君,仿冯汝言《诗纪》,纪全唐诗,诗某万某千某百有奇,人千三百有奇,名氏若诗阙疑者五十人有奇,仙佛神鬼之类为外集,三百人有奇。考世里,叙本事,采评论,订疑误。稗官野史之说,残篇只字之遗,无所不捃摭,合之得若干卷,积年而告成,盖其难哉!"方序曰:"是役也,同吴氏雠校者,江都陆弼氏,古彰谢陞氏、俞体初氏,东吴俞策氏、陆文组氏,永嘉周才甫氏,皆当世词章家。"说明这书也是集体编纂成的。因为这书经过很多人的手,所以有的目录书上署黄德水汇编,有的书上署吴琯汇编;此书后来又翻刻过,有的本子上又题作滁阳方一元汇编,则是书板后为方氏所得之故。按之实际,以吴琯作为是。

关系,他们应该是了解的,但却秘而不宣,则似有意为之。他们提到季振宜《全唐诗》时也含糊其词,不提编者姓氏,恐怕也是存心欺世盗名而故意昧厥所由的吧。

御定《全唐诗》中的《李白集》和《杜甫集》体例特殊

曹寅在康熙四十四年(1705)七月初一日的奏折上介绍了翰林官们陆续到达诗局的情形后说:"臣即将《全唐诗》及《统签》按次分与,皆欣欢感激,勤于校对。"可见当时采取分工负责的措施。全书体例商定后,就各自编校分到的那一部分诗篇了。

汪绎《和忍斋校书述怀叠韵见示》诗曰:"唐贤千八百,分校百之十。"(《秋影楼诗集》卷九《邗江集》)他们是把季振宜《全唐诗》作为工作底本的。季书共收一千八百九十五人,所以这里称"唐贤千八百";全书由编校十人分派,每人负责一百八十多位诗人的作品。看来他们是先校初、盛两部分的唐诗,这一段落工作结束后,才转到中、晚部分去的。

朱彝尊《寄查德尹编修书》曰:"比得书,知校勘《全唐诗》业已开局。近闻足下先取杜少陵作,审其字义异同,去笺释之纷纶,而归于一是。"(《曝书亭集》卷三十三)可见校书伊始就在整理杜甫的诗。杜诗是唐诗的代表,曹寅为什么不把整理过了的杜诗作为样本进呈呢?

季振宜《全唐诗》中的李、杜二集具有特殊性。这两家的集子不是依据《唐诗纪》编校成的。季振宜很钦佩钱谦益,《全唐诗》中的《杜工部集》用的就是钱氏《杜诗笺注》本(钱注用吴若本为底本),为此季氏还破了自订的体例,采入了钱谦益的笺注。等到查嗣瑮依据季书整理杜甫诗时,为了统一全书的体例,把笺注文字删节改写,有的条目则用校注的形式出现。御定《全唐诗》中保留着的这一特殊情况,泄漏了它原出于钱谦益残稿的秘密。

与此相似,季书《李翰林集》也不用《唐诗纪》作底本,而用萧士赟的分类补注本。这样当然不能作为样本进呈皇上审阅了。

御定《全唐诗》中的中、晚唐部分加工较多,利用了《唐音统签》的成果

曹寅在康熙四十四年(1705)七月初一日的奏折中还说:"再中、晚唐诗尚有遗失,已遣人四处访觅,添入校对。"这是因为中、晚唐诗缺少像《唐诗纪》一样可靠的底本,所以曹寅和众翰林们不得不访求善本多所加工了。

自严羽在《沧浪诗话》中提倡盛唐诗歌之后,经过前后七子的大力鼓吹,盛唐诗在明清文坛上一直占有重要的地位,刻印这一时期作品的人很多,搜集的材料也较全备,这就为编印初、盛两个时期的诗集提供了很大的便利。相形之下,中、晚时期的唐人诗集就较难得而不易搜全。季振宜在《全唐诗》卷二百三十九后加按语曰:"《权载之集》世无善本,校雠之际,不能释然于衷。"可见他当时就感到了"尚有遗失"的缺憾。

曹寅结交多名士,与藏书家有交往,自己也喜欢收藏图书。《楝亭书目》卷八"诗集"内载唐诗总集、选本、注本多种,卷九"唐人集"内收唐诗别集多种,中多宋本、旧本。徐用锡《圭美堂集》卷二十《字学札记》下言徐乾学有宋版数十家唐诗,后为曹寅所得。李文藻《琉璃厂书肆记》曰:"夏间从内城买书数十部,每部有'楝亭曹印',其上又有'长白敷槎氏''堇斋''昌龄图书记',盖本曹氏而归于昌龄者。昌龄官至学士,楝亭之甥也。楝亭掌织造、盐政十余年,竭力以事铅椠。又交于朱竹垞,曝书亭之书,楝亭皆钞有副本。"说明曹氏一直注意搜集唐诗善本。这次奉旨校刻《全唐诗》,必定用上了这些珍贵的藏书。

拿御定《全唐诗》和季振宜《全唐诗》比较,可知中、晚唐各家的集子

众翰林们加工的分量要大得多。御定《全唐诗》的初、盛唐诗各家集子中的诗篇次序和季书几乎全同，到了中、晚唐各家时，有些诗人的诗篇次序乱了，如罗隐的诗，就有很大一部分诗的次序不同于季书；如郑谷的诗，诗篇次序差不多全不同于季书。

常见的情况是：季振宜《全唐诗》搜录诗篇不全，御定《全唐诗》补上了好些，例如《胡曾集》在《彭泽》一诗之后给补上了《涿鹿》《洞庭》《嶓冢》《涂山》《商郊》《傅岩》《巨桥》《首阳山》《孟津》《流沙》《邓城》《召陵》《绵山》《鲁城》《骈骊陂》《夹谷》《吴宫》《摩笄山》《房陵》《濮水》《柏举》《望夫山》《金义岭》《云云亭》《阿房宫》《沙丘》《咸阳》《废丘山》《广武山》《长安》《鸿门》《汉中》《泜水》《云梦》《高阳》《四皓庙》《霸陵》《昆明池》《回中》《东门》《射熊馆》《昆阳》《七里滩》《颍川》《江夏》《官渡》《灞岸》《濡须桥》《豫州》《八公山》《下第》《赠薛涛》等诗，《司空图集》在《李居士》一诗之后给补上了《杏花》《白菊三首》《听雨》《杨柳枝二首》《修史亭二首》《漫书》《杂题二首》《题休休亭》《冯燕歌》《寄薛起居》《月下留丹灶》《元日》《洛阳咏古》等诗，这就和季振宜《全唐诗》的情况大不相同了。御定《全唐诗》的内容要丰富得多。

补充这些诗篇的时候，众翰林们必然用上了曹家藏书和征集到的各种集子，同时不应忘记的是，《唐音统签》在补佚的工作中起了重要的作用。胡震亨《唐音统签》共计达一千零三十三卷，分量大，搜罗全，季书原缺的诗篇有的可在胡书中得到补充，例如上举胡曾的"咏史诗"，就是以季书为基础，再用胡书补充而成，连诗篇的次序也几乎全同。有些季书原缺的集子，也是直接用胡书中的集子补充的，如《殷尧藩集》即是。由于编书时具有上述各种有利条件，众翰林们仍然可以用很短的时间完成中、晚唐诗的校刻工作。

这里附带说明一下，尽管曹寅等人花了很大的力气对季振宜《全唐诗》的后半部分作了加工，但在御定《全唐诗》中，中、晚唐诗部分仍然编得水平较差。朱彝尊《潜采堂书目四种》之一《全唐诗未备书目》列出了一百四十种左右的集子,中、晚唐诗要占到百分之九十五以上。后代陆续发现的一些唐诗集子,凡御定《全唐诗》所未收者,多半是中、晚唐诗人的作品。这与编校者凭借的底本这一部分基础较差有关。

季振宜《全唐诗》主要录取完整的诗篇,很少保存零章碎句,胡震亨《唐音统签》则细大不捐,搜罗全备。《四库全书总目》的御定《全唐诗》"提要"上说此书"又旁采残碑、断碣、稗史、杂书之所载,补苴所遗"。以此归功编校官众翰林们,张冠李戴,是不公正的。因为御定《全唐诗》中所辑佚句只是承袭了胡震亨的研究成果。胡书在各家之后大都录有散佚的诗篇和零章碎句,这些地方胡氏下了很大的功夫,御定《全唐诗》的编校者们于此没有作出什么补充,例如《太宗集》后有佚句三、四条,《王维集》后有佚句一条,《孟浩然集》后有佚句二条,《岑参集》后有佚句一条,御定《全唐诗》只变动了注中的个别字句,照录不误。胡书《高适集》后无佚句,御定《全唐诗》亦无。可见众翰林们在辑佚上没有付出什么劳动,四库馆臣对打着"御定"招牌的官书盲目吹捧,不符事实。

总的看来,御定《全唐诗》的编纂工作仍然是以季振宜《全唐诗》为底本而进行的。即使是加工较多的中、晚唐诗部分,尽管各家集子中的有些诗篇作了变动,集子后面补充了一些零章碎句,但全集的次序,仍然是以季书的原有次序为基础的。这只要多核对几家集子就可明白了。但《唐音统签》一书在编纂工作中也起了重要的作用,特别表现在中、晚唐诗的补佚和全书零章碎句的补充方面。御定《全唐诗》确是以季振宜《全唐诗》和胡震亨《唐音统签》为基础而编校成的。

御定《全唐诗》编校工作中存在着的缺点

近代一些研究唐诗的专家不满于御定《全唐诗》的编纂而又觉得必

须利用这一重要的文学遗产，因而不断有人提出整理《全唐诗》的建议。御定《全唐诗》篇幅巨大，问题繁多，要整理好这书，也不是件容易的事。但如利用季振宜《全唐诗》和胡震亨《唐音统签》二书，适当地恢复其原有的优点，就可使读者获益不少。

这里就得对御定《全唐诗》中存在的问题作些分析。

御定《全唐诗》的初唐、盛唐部分基础较好，例如其中的《高适集》，可以说是现存《高常侍集》中最好的一种本子。用这个本子和其他的本子比较，御定《全唐诗》本多出佚诗四首，其中《途中酬李少府赠别之作》一首，有诗四句见葛立方《韵语阳秋》卷十一，可证此诗并非赝作；《玉真公主歌》二首，见洪迈《万首唐人绝句》七言卷四；《自淇涉黄河途中作十三首》中"皤皤河滨叟"一首，见《文苑英华》卷二百九十二，当可信据；但这些诗篇在其他本子中都散佚了。御定《全唐诗》中还保存着很多高诗原注，可作知人论世之助。这些从《唐诗纪》中承袭下来的优点，在御定《全唐诗》初、盛唐部分的其他诗中也或多或少地保存着。但从《唐诗纪》起，也存在着识别不精而误收他人之作的情况，例如《重阳》一诗，原是宋代程俱的作品，见《北山小集》卷九；《听张立本女吟》一诗，原出《太平广记》卷四百五十四引《会昌解颐录》，吴琯等人都误认为是高适的诗而录入，一直到御定《全唐诗》中，都还承袭着这些错误。比较起来，御定《全唐诗》中这种情况尤为多见，特别是在中、晚唐诗部分，为求"全"而辑入的不可靠的诗歌更多。整理《全唐诗》时，应该力所能及地作些考订。

参加御定《全唐诗》编校工作的翰林官员原是一些在家闲居的文士。他们参与这部官书的修订，因为王命在身，态度还算认真，彭定求《次徐忍斋编修原韵述怀》诗曰："疲腕勉为舒，昏眸庶复拭。"（《南畇诗稿·乙酉集下》）汪绎《和忍斋校书述怀叠韵见示》诗曰："勘雠俨对簿，出入多恐失。"只是他们花在这上面的时间太少，对版本和文字等校勘方面的基本要求未必有什么深厚的基础,急于成书,采取了走捷径的工作方法,这就把原书的某些优点反而丢掉了。季振宜《全唐诗》的校勘有的附有说明,注明原出处,如《河岳英灵》作某、《文苑英华》作某之类,信而有征,是很好的体例,但御定《全唐诗》中却常给删去了。大约这些翰林官们怕麻烦,嫌工作量大,不愿意一一复核原书,但若照抄季书则又怕出现以讹传讹的笑话,于是他们把出处删去,改成"一作某"等提法。这样,他们的工作确是省便多了,但读者如要寻根究底,可也难于核对明白了。

和季振宜《全唐诗》、胡震亨《唐音统签》比较,御定《全唐诗》中也多出了些校记,这些当然是编校者的考订成果,说明他们多方搜集材料之后已经用上了这些材料。但这些校勘仍然没有注明出处,因而对它的可靠性也就很难进行判断。有些校勘可以追查到出处,而从这些例子中可以看出校勘者的水平不高,例如《王维集》中有《送高道弟耽归临淮》一诗,诗题中的"道"字,顾起经奇字斋本改作"适",其后凌濛初朱墨套印本沿用了这条考订成果,还采录了顾氏原注:"一作道,非。"御定《全唐诗》编校者完全接受了上述意见,校语照录无误。实则顾起经在改字时还颇费斟酌,卷首《正讹》曰:"《送高道弟耽归临淮》,耽本无传,而适系淮人,诸本概作高道,今姑因适传正之作适。"顾氏的考订很疏陋。高适的郡望是渤海,未仕前常寓宋中,何以谓之淮人?而顾氏在诗题的注中却说:"高适沧州渤海人,意临淮、渤海旧同郡地。"这就离事实更远了。顾氏自知这样改动文字没有多大根据,故而提出建议时词气还是商榷性的;凌濛初虽有多方面的才能,但学识并不笃实,改字也不审慎。御定《全唐诗》编者对王维和高适的历史没有什么研究,照录前人并不可靠的结论,也就影响到了成书的水平。但可想见,编校者们利用各种本子校勘时,振笔直书,没有作什么推敲,因而保持着很高的速度。

季振宜《全唐诗》中的诗人小传确嫌文字繁冗,如李白和杜甫两家的传记,人各一卷,而所用的材料则比较平常。胡震亨《唐音统签》中的各家诗人小传有特色,里面引用了很多可贵的材料,除两《唐书》外,还引用了杂史、笔记、地志、诗话及各家别集,并对这些材料作出了翔实的考订。他还采辑了许多诗人的逸闻遗事,附入小注,供学习时参考。胡氏引用的材料大都注明出处,其中好多文献今已亡佚,因而弥足珍贵。传末还叙录各种集子在《唐书》、《宋史》、晁公武《郡斋读书志》、陈振孙《直斋书录解题》、马端临《文献通考·经籍考》等书上的记载,卷数多少,篇目存佚,大都作出介绍和考证。有时还注明《唐音统签》编辑时援用的版本,以便读者检核。这种严谨的治学态度,提供了许多可靠的研究成果,有益于唐诗的学习。御定《全唐诗》的编者删繁就简,在统一全书体例上有成功之处,而且个别地方考订得更精确了,但却删去了许多可贵的资料,而且抹去了材料的来源,给研究工作也带来了不便。整理《全唐诗》,如何恢复《唐音统签》中诗人小传的特色,可以多作些考虑。或许可以这样说,拿《唐音统签》中的诗人小传汇编成集,单独刊行,也具有一定的价值。

上述各点,都是御定《全唐诗》仓卒成书而带来的不足之处。总的说来,御定《全唐诗》本身仍然具有很高的价值,这是因为作为它的前身的季振宜《全唐诗》和胡震亨《唐音统签》都是集大成的著作,基础良好,所以承袭两家成果的御定《全唐诗》一书其学术价值仍不应忽视。但编刻者急于求成,琢磨的时间不够,只求省便而不愿多下苦功,反而降低了著作的学术水平。

御定《全唐诗》为什么要歪曲事实

从上面一些叙述中,也可看出四库全书馆臣在给御定《全唐诗》作"提要"时有故意歪曲事实之嫌。季振宜的《全唐诗》和胡震亨的《唐音统签》二书都是扬州诗局工作时的主要依据,但在开始分派任务时,则是以季书为底本,御定《全唐诗》中各家诗人集子中的作品编次差不多都照袭季书,因此,季振宜《全唐诗》是更为重要的编写依据。"提要"中说御定《全唐诗》"以震亨书为稿本,而益以内府所藏《全唐诗集》",把主次给颠倒了。应该说,御定《全唐诗》以季振宜《全唐诗》为稿本,而益以胡震亨《唐音统签》,这才合乎事实。

四库全书馆臣为什么要故意颠倒事实呢？这可能与当时的政治情况有关。玄烨把季振宜的书交给曹寅刻印,提到季书时不提编者姓名,曹寅等人也不提该书具体情况,颇有存心攘人之美的嫌疑。到了乾隆时,钱谦益已声名狼藉,朝廷明令禁毁他的著作,这样也就必然会影响到季书的地位,因为季书原是承袭钱氏的残稿而编成的。四库全书馆臣了解这种情况,自然不便强调季书的重要作用了。"提要"中所以含糊其词地降低《全唐诗集》的地位,或许就是这些原因造成的。

季书孤本单行,久遭沉湮,到了近代才逐渐为人所知,但了解情况的人毕竟不多,因而在御定《全唐诗》的成书问题上还有种种错误的说法。今将所知的一些情况缕述如上,希望对事实的真相有所阐明。

附　记

近日始有机会获睹台湾联经出版事业公司影印的钱谦益、季振宜递辑《全唐诗稿本》。匆匆翻阅之后,觉得可对《全唐诗》的成书问题提出一些补充意见,今附缀数言于下。

一

根据现存资料,可知季振宜《全唐诗》传世者共有三种。一即台湾据以印出的《全唐诗稿本》。此书实际上应该正称之曰《全唐诗》初稿本,因为这是钱谦益和季振宜汇辑《全唐诗》时最初编出的一种底本。他们大都是用各家别集或几种总集的刻本汇纂粘贴而成,上面有三种颜色的校雠文字,可证这是一部至可宝贵的初稿。

叙《全唐诗》成书经过

在这部底本的目录后面，有顾崧（维岳）于康熙十四年（1675）九月晦日所作的《书〈唐诗目录〉后》，内云：

先生乃奋然罗列各家之集，及唐宋人选本，上自武德，下迄五代，人自为集，冠之以传，条晰次第，会合其全，而又以所藏宋本、秘抄校雠同异，误者正之，疑者释之，编葺数年，方获成稿。随命书佣缮录正本，将付枣梨，以广其传。全唐之诗，庶几备矣；先生之功，不亦伟哉！未几溘然捐馆。百年未半，欲成千古剞劂之举未遂，遗孤藐然，尚未及遍读先生之书，而所录之诗，将与所藏秘笈琅函，束置高阁，都在尘封蛛网之中。每一念及，涕泣从之。呜呼！先生不可复见矣，先生之流风遗泽，犹有存焉否耶？幸兹稿先已赠余，得藏余所。删补涂乙，丹铅若新，因亟命工装订成帙，共计一百一十八册，目录一册。先生自叙其端，披读之下，恍然如对故人，则是稿之在予也，又岂仅以全唐一代之诗为足珍重也耶！用敢于《目录》之后，详识见闻若此。

由此可知，季振宜"成稿"之后，随即让人抄了一部"正本"。这部正本，应当就是玄烨面交曹寅作为刻书底本用的《全唐诗》稿本了。这部"正本"，从群碧楼流出之后，还未公开于世，但可根据邓邦述的记载证明它与初稿本不同。台湾影印的这部初稿不是编纂御定《全唐诗》时所用的工作底本。

二者之间有如下不同：

（一）钱谦益、季振宜递辑《全唐诗稿本》大部分用各种刻本汇纂粘贴，邓氏所得者则明言为"钞本"。御定《全唐诗》凡例之一亦曰："《全唐诗集》，或分体，或分类，或编年，止缘唐人撰集及宋人校刻，体例不一，当时缮写悉依所见本集，今仍照《全唐》写本。其太冗杂者，略为诠次，不必更张。"也可说明御定《全唐诗》的纂修官们见到的是一种抄本。

（二）顾崧将原稿装订成帙，共计一百一十八册，目录一册，而邓氏所得之《唐诗》稿本为七百十七卷，一百六十册。

（三）邓氏所得之书"书面及中间朱笔墨签皆出当日编校诸臣之手"，不是季振宜等人的手笔，而邓氏是能够区别各人手迹的。

（四）《全唐诗》初稿本上加盖的印章，有"扬州季沧苇氏珍藏记"一枚，有的上端还盖有"玉兰堂"一枚。邓氏在《寒瘦山房鬻存善本书目》的《唐诗》提要中所记的好多印章，初稿本未见。

这就说明，后来递经张钟岩、汪阆源、邓邦述等人收藏的这部钞本，与台湾影印的《全唐诗》初稿本不同。初稿本墨迹凌乱，篇幅浩繁，季振宜不可能叫人同时抄下几部"正本"，后来用作御定《全唐诗》刻书底本的这部钞本，应当就是季振宜雇人抄写"将付枣梨"的"正本"。对御定《全唐诗》而言，这部稿子应该正称之曰《全唐诗稿本》。这是传世的另一种《全唐诗》稿本。

现藏北京故宫博物院图书馆的一部钞本，则是依据《全唐诗》稿本抄出的另一部"正本"，这在正文中已有介绍，今不赘述。

二

这部《全唐诗》初稿本，季氏生前已把它送给了顾崧；那部誊清了的"正本"，又是怎样进入内府的呢？

刘兆祐《御定全唐诗与钱谦益季振宜递辑唐诗稿本关系探微》（写在《全唐诗稿本》影印本前面）一文以为此稿乃由曹寅购得而进御内府，这种猜测没有一丝材料作为根据。其后玄烨和曹寅为纂刻此书多次交换意见，也从未透露过有关此事的任何一点蛛丝马迹。

在《全唐诗稿本》影印本中保留着一份材料，可以作为重要线索而追查，但却未曾引起人们注意。此书《唐诗目录》之后，附有长洲周麟的题词，跋云：

维(岳)兄闲居无他嗜好,每优游于图书彝鼎间,以寄其性情意趣之所至。游迹半天下,与泰兴季氏交最莫逆。侍御捐馆后,为文述知己之感,令阅者泪下沾襟。又尝为余言沧翁生平纂著甚富,即所见类集《全唐诗》,十年始成,备极大观,副本存憩闲堂中。吴江俞无殊选《唐诗正》适余下榻楼头,借登中、晚未经见者,厘为续遗四卷。卯岁杪秋,维兄重加编辑,于自述内获见赠言,因次原韵,所识风雅未坠之故云尔。

周麟提到季振宜《全唐诗》传世者还有一部"副本",这应当就是季氏雇人誊清的那部"正本"了。因为周氏这里是对顾崧所得的那部初稿而言的。周、顾至交,自然以顾氏所得者为"正",而以据此誊录者为"副"了。况且古人讲版本时也从未有人称用版刻编纂而成的底稿为"副本"的。

这部"副本"存于"憩闲堂"中。按何焯(义门)号憩闲主人,则这部《全唐诗》稿本自季家流出之后,为何氏所得。全祖望《翰林院编修赠学士长洲何公墓志铭》曰:"吴下多书估,公从之访购宋元旧椠及故家钞本,细雠正之。"(《鲒埼亭集》卷十七)或许这部《全唐诗》钞本就是这样进入"憩闲堂"中去的吧。

全祖望还说:"公与桐城方侍郎望溪论文不甚合。望溪最恶虞山之文,而公颇右之,谓自虞山后更无人矣。盖公少学于邵僧弥,僧弥出自虞山故也。"(同上)《全唐诗》稿本上有季振宜的《唐诗叙》,介绍钱、季递辑此书始末甚详,何焯心仪钱氏,可能更对此稿怀有感情,定欲藏之堂中为快了。

何焯虽有文名,但到四十二岁才进入仕途。沈彤《翰林院编修何先生焯行状》曰:"(康熙)四十一年冬,圣祖南巡,驻涿州,召直隶巡抚李光地语,询草泽遗才,李公以先生荐,遂召直南书房。明年,赐举人。试礼部下第,复赐进士,改庶吉士,仍直南书房。"(《碑传集》卷四十七)玄烨有意利用季振宜《全唐诗》而重行编纂,康熙四十二年(1703)时已有打算,何焯首次见到玄烨,是在康熙四十一年(1702)之冬,大约他在觐见之后不久,就把原藏憩闲堂中的这部《全唐诗》稿本进呈御览了。从时间的衔接上来说,也完全合适。

以上是我根据新发现的材料而对《全唐诗》稿本进入内府所作出的另一种解释。何者为是,有待于专家的检验,还希望得到各界人士的指教。

关于季振宜的《全唐诗》,除上述三种外,还有见于《存寸堂书目》的一种。颇疑《存寸堂书目》即何焯早年所辑的藏书目录,可能他用"存寸堂"一名为时甚短,后来不再使用,后人也就难得明白此人为谁了。黄丕烈说"是书所载多宋元旧抄本",与何氏藏书情况相同。存寸堂主人的这部藏稿后来一无踪迹可循,也是咄咄怪事。如果这个书目确是何焯所编,那么一切问题都可得到合理解释了。

三

我在正文中提到,《全唐诗》稿本的初、盛唐部分基础特别好,所以曹寅等人挑选了初唐第一人的太宗和盛唐名家王、孟、高、岑四家的集子作为样本进呈,而这几家的集子又是承袭《唐诗纪》而成的。看到《全唐诗》初稿影印本后,始知王维的诗不是根据《唐诗纪》辑入的,它根据的是明刻《王摩诘集》,所以与《唐诗纪》中的文字有所不同。今据之将原来这段文字中的"《王右丞集》"删去,读者谅之。

我在正文中还说季振宜《全唐诗》中的《李翰林集》据萧士赟的分类补注本抄出,今知此集乃用汲古阁本《李翰林集》编入,不过毛晋的这个本子正是依据萧士赟本复刻的。

一九八五年十二月五日

北宋文坛上的派系和理论之争

问题的提出

陈善《扪虱新话》上集卷三曰：

> 唐文章三变，本朝文章亦三变矣。荆公以经术，东坡以议论，程氏以性理。三者要各自立门户，不相蹈袭，其末流皆不免有弊。虽一时举行之过，亦事势有激而然也。至今学文之家，又皆逐影吠声，未尝有公论，实不见古人用心处，吾每为之叹息。

说明北宋一代文坛上的派系之争很复杂，值得很好地研究和总结，然而宋代文人常是囿于偏见，不能作出公正的评判，这就给予后人一项任务，应该站在新的立场，运用新的观点，去作出新的结论。下面我本着这种精神试作分析。

王安石的文学主张和发生的影响

有宋一代，政治上的派系之争非常激烈。宋太祖开国之始，惩于唐代藩镇割据的祸害，定下了压抑武人重视文士的国策，培植起了一支庞大的文人出身的官僚队伍。由于国力不振，外患日迫，而国家又优容地主士大夫阶层，一般民众负担极为沉重，社会问题越来越多，阶级矛盾不断激化，一些见识较高的人也就提出了改革政治的设想，由是展开了各种社会力量之间的较量，代表各个不同阶层的人结成朋党，政治上出现了翻来覆去的斗争。而在王安石变法前后这一阶段，政治上的斗争更为复杂，并且涉及了意识形态领域内的很多方面，在文学思想上也展开着深刻的论争。

刘安世《元城语录》卷上载马永卿问：" '神庙必欲变法，何也？'先生曰：'盖有说矣。天下之法，未有无敝者。祖宗以来，以忠厚仁慈治天下，至于嘉祐末年，天下之事似乎舒缓，委靡不振，当时士大夫亦自厌之，多有文字论列，然其实于天下根本牢固。至神庙即位，富于春秋，天姿绝人，读书一见便解大旨。是时见两蕃不服，及朝廷州县多舒缓，不及汉、唐全盛时，每与大臣论议，有怫然不悦之色。当时执政从官中有识者……不敢承当上意，改革法度，独金陵揣知上意，以身当之，以激切奋怒之言以动上意，遂以仁庙为不治之朝，神庙一旦得之，以为千载会遇。改法之初，以天下公论谓之流俗，内则太后、外则顾命大臣等尚不回，何况台谏、侍从、州县乎？只增其势尔。虽天下之人群起而攻之，而金陵不可动者，盖此八个字，吾友宜记之。'仆曰：'何等八字？'先生曰：'虚名、实行、强辩、坚志。当时天下之论，以金陵不作执政为屈，此虚名也；平生行止无一点涴，语者虽欲诬之，人主信乎，此实行也；论议人主之前，贯穿经史今古，不可穷诘，故曰强辩；前世大臣欲任意行一事，或可以生死祸福恐之得回，此老实不可以此动，故曰坚志；因此八字，此法所以必行也。得君之初，与主上若朋友；一言不合己志，必面折之，反覆诘难，使人主伏弱乃已。'"这是反对新法的人作出的评价，当然有他的偏见，但是这位旧党中人也不得不承认王安石有过人之处，那就是：人品高尚，个性刚强，学识渊博，具有很高的政治声望。他对宋代政治上的积弊了解得很透彻，采用的改革措施很系统，但因触动到了大地主阶级和部分中小地主阶层的利益，遭到强烈的反对，由此引起了激烈的党争。前此范仲淹进行"庆历新政"时，采取的改革措施要缓和得多，反对的势力也没有这么强大，但范仲淹没有能够坚持多久，这项新政就偃旗息鼓了。王安石则不然，他在政治上有坚定的信念，挺身与强大的反对势力斗争，不断摆脱各种动摇观望者的劝阻，坚持贯彻新政。他在斗争策略上或有缺点，但他的宗旨却是明确而进步的，高过所有的政敌。他是北宋时期最著名的政治家，无愧于列宁所说的"中国十一世纪的改革家"的光荣称号。

王安石崇尚法治。张九成为刘安世《尽言集》作序时说："介甫所学者申、韩，而文之以六经。"这是鞭辟入里的见解。《宋史·王安石传》上说他提出过"天变不足畏，祖宗不足法，人言不足恤"的著名论点，这些思想也继承着先秦法家的传统。荀子在《天论》中早就提出过"明于天人之分"的光辉论点，韩非在《饰邪》中也曾提到："龟策鬼神不足举胜，左右背乡不足以专战，然而恃之，愚莫大矣。"反对天象灾异，强调人的主观能动作用，也就是"天变不足畏"的具体说明了。所谓"祖宗不足法"，更与儒家重视传统的见解不符，而与法家强调变法的观点相合，《韩非子·南面》中说："伊尹毋变殷，太公毋变周，则汤、武不王矣；管仲毋易齐，郭偃毋更晋，则桓、文不霸矣。"就是很有说服力的先例。至于说到"人言不足恤"（或云"流俗不足恤"），也是先秦法家的重要观点。《商君书·更法》："语曰：愚者黯于成事，知者见于未萌，民不可与虑始，而可与乐成。郭偃之法曰：'论至德者不和于俗，成大功者不谋于众。'"《韩非子·显学》中也提到："禹利天下，子产存郑，皆以受谤，夫民智之不足用亦明矣。"看来王安石的思想和这些观点有着一脉相承的关系。

但王安石毕竟生活在奉儒家为正统的宋代。儒家思想的正宗地位，已经不可动摇，王安石要进行政治斗争，必须"文之以六经"。援法入儒，也就成了王安石各方面活动的特色。

封建社会中，知识分子的奋斗目标一般都是争取进入仕途。因此，若是利用科举这一关口，在考试制度上进行改革，最能转移社会风气，而培养出符合政治需要的人才。王安石执政之后，于熙宁四年（1071）二月罢明经诸科，进士罢诗赋帖经墨义。他以"一道德"为号召，改用经义取士，为此还专设了一个经义局，在他的主持下，训释《诗》《书》《周礼》，颁于学官，称为《三经新义》。新的经义废弃一切先儒传注，而注入符合当前政治需要的内容。他还立有新科明法，试以律令刑统大义，学者也可由此谋取进身，这就更能使人看清他重视法治的政治倾向。

根据古代通经的常规，微言大义最后总得落实在文字的训诂上，为此王安石又殚精竭虑，花了很长的时间，写成《字说》二十四卷，由朝廷颁于学官。尽管《字说》完成之前王安石已罢相家居，但他仍孜孜不倦地把工作进行到底，可见其利用学术进行政治斗争的热忱，始终没有衰歇。

《三经新文》和《字说》已经亡佚，而从一些残存的文字中，还是可以看出它的特色。下面摘引其中几条，借以窥见一斑。

"同"，彼亦一是非也，此亦一是非也，物之所以不同。冂一口，则是非同矣。（杨时《龟山集》卷七《王氏字说辨》引）

"戏"，自人道言之：交则用豆，辨则用戈，虑而后动，不可戏也，戏实生患。自道言之：无人焉用豆，无我焉用戈；无我无人，何虑之有？用戈用豆，以一致为百虑；特戏事耳。戏非正事，故又为"於戏""倾戏"之事。（同上）

人为之谓"伪"。（叶大庆《考古质疑》卷三引）

"讼"者，言之于公。（同上）

在这些字的训释中，王安石有意识地贯注进了法家的观点。"伪"

字的训释采用了荀子在《性恶》篇中的观点,在"同"字和"讼"字的训释中则引入了韩非在《问辩》中提出的"言行而不轨于法令者必禁"的精神。在《字说》中,体现出了法治者追求政治效果的峻严态度。

他对文学的看法也与此相合。

(吴叔杨说:《字说》)"'诗'字从言、从寺。诗者,法度之言也。"说诗者不以文害辞,不以辞害志,惟诗不可拘以法度。若必以"寺"为法度,则"侍"者法度之人,"峙"者法度之山,"痔"者法度之病也。古之置字者,"诗"也、"峙"也、"侍"也、"痔"也,盖以其声相近取耳。(吕本中《童蒙训》卷下)

王安石的《字说》,作为一部私人的学术著作,倒也不失为一家之言,但他热衷于把学术直接服务于政治,而不考虑研究对象本身的特点,则又出现了牵强附会和主观武断的弊病。我国文字的构造向有六书之说,王安石却专主"会意",即使是明显的形声字,也要曲为之解,这就招致一些人的讥弹了。于此可见,王安石的个性确有拗强之处。依他的学术素养而言,不可能不懂得谐声乃造字的重要方法,但以会意说字,最便于借题发挥,引入法治观点,为当前的政治斗争服务,因而他不顾旁人的嘲弄和反对,硬将这种体系贯彻到底,并且利用政治力量把它灌输到士人的头脑中去。这样谈学术,倚仗政治力量而不照顾学术本身的特点,也就损害了学术的正常发展。

王安石对"诗"的要求,贯彻到了文字的一切领域中去。《与祖择之书》曰:"治教政令,圣人之所谓文也,书之策,引而被之天下之民,一也。圣人之于道也,盖心得之;作而为治教政令也,则有本末先后,权势制义,而一之于极。其书之策也,则道其然而已矣。"这里他把"治教政令"作为"文"的具体内容,把它作为统一"天下之民"思想的手段,也就是另一种"法度之言"了。文学必须实用,必须直接服务于政治,这是王安石文学主张的核心。《上人书》中说:"尝谓文者,礼教治政云尔。其书诸策而传之人,大体归然而已。而曰'言之不文,行之不远'云者,徒谓辞之不可以已也,非圣人作文之本意也。"随后他又说:"且所谓文者,务为有补于世而已矣;所谓辞者,犹器之有刻镂绘画也。诚使巧且华,不必适用;诚使适用,亦不必巧且华。要之以适用为本,以刻镂绘画为之容而已。不适用,非所以为器也;不为之容,其亦若是乎否也?然容亦未可以已也,勿先之,其可也。"这里论述的是内容和形式的关系。他能给予文学形式一定的地位,但其目光仍侧注在有实用意义的内容方面,形式之所以具有一定的地位,只是由于它能进一步提高文的实用价值。作为政治家的王安石,始终不忘利用文艺直接服务于政治,把政治上的功利主义置于首要的地位。

在这种观点的指导下,王安石对文学语言的重要意义也就有估计不足之处。《答李秀才书》曰:"古之成名,在无事于文辞。"韩愈从事古文运动,把很多的精力放在文学语言的创新上,才能开创唐宋古文的一代风貌,破除骈绮文风的传统势力。王安石对韩愈在文学形式与文辞方面的创新则是认识不足的,其《韩子》诗曰:"纷纷易尽百年身,举世何人识道真?力去陈言夸末俗,可怜无补费精神。"这种偏颇的评价,也是跟他对文学本身的特点重视不够有关的。

王安石的文学见解,在他本人的创作中有明显的反映。叶梦得《石林诗话》卷中曰:"王荆公少以意气自许,故诗语唯其所向,不复更为涵蓄,如'天下苍生待霖雨,不知龙向此中蟠',又'浓绿万枝红一点,动人春色不须多',又'平治险秽非无力,润泽焦枯是有才'之类,皆直道其胸中事。后为群牧判官,从宋次道尽假唐人诗集,博观而约取,晚年始尽深婉不迫之趣。"说明王安石的文学活动经历了一段发展的过程。早期的一些作品,因为侧重政治上的作用,忽视文学的特点,颇有政治口号之嫌,缺乏蕴蓄的情趣。当他深入学习唐人诗歌之后,在诗歌语言和文学形式上也下了功夫,于是在后期的创作中才达到了完美的境地。《后山诗话》曰:"鲁直谓荆公之诗暮年方妙。"《漫叟诗话》曰:"荆公定林后诗,精深华妙,非少作之比。"(《苕溪渔隐丛话》前集卷三十三引)都指出了王诗的这一发展过程。

但受王安石影响的一些文人,限于才学,或是限于年岁与经历,就不一定能像他这样得到正常发展了。他们常是停留在王安石创作过程中的初期阶段,作品思想内容虽佳,而形式却并不完美,难于产生优秀的篇章。即以与王安石关系深切而又最受重视的王令来说,也存在着同样的缺点,如他的《良农》一诗,中云"歉岁糠糟绝,高门犬马肥。天心不宜咎,人理自谁尸?"虽然博得晚近文学史家的赞誉,但比起杜甫诗中相似的名句,显得粗糙多了。

王安石的政治改革事业,应该得到很高的评价;他想利用文艺为政治服务,其用意也未可厚非。但他忽视文学的特点,把它作为贯彻政治意图的工具,而又利用政治力量强制推行,这就限制了文人创作上的自由抒写,产生了不少流弊。因为文学这种艺术样式,必须保障个人最大的独创性,政治家横加干涉,驱入一种固定的模式,也就压抑了文人思想上的活跃和艺术形式上的创新。由这些措施产生的不良影响,也就引起了重视文学特点的人的不满。苏轼在《答张文潜书》中评曰:"文字之衰,未有如今日者也!其源实出于王氏。王氏之文未必不善也,而患在于好使人同己。自孔子不能使人同,颜渊之仁,子路之勇,不能以相移,而王氏欲以其学同天下。地之美者,同于生物,不同于所生,惟荒瘠斥卤之地,弥望皆黄茅白苇,此则王氏之同也。"说明他很重视每一个人创作个性上的不同特点,反对简单化的强制手段。王安石贯彻法家主张的文教方针,确有使文坛出现一片荒芜的可能。

洛学与蜀学在文学思想上的论争

苏轼和王安石在政治上是敌对的。王安石改革科举制度,改用经义取士,爱好文学的苏轼起而反对,主张维持以诗赋取士的旧制度。苏氏弟兄还对王安石的经义和《字说》进行攻击和嘲弄。苏籀所记的《栾城先生遗言》上说:"公读新经义,曰:'干缠了湿缠,做杀也不好。'"托名苏轼所作的《调谑编》则曰:"东坡闻荆公《字说》新成,戏曰:'以竹鞭马为"笃",不知以竹鞭犬,有何可"笑"?'公又问曰:'"鸠"字从九、从鸟亦有证据乎?'东坡云:'《诗》曰:"鳲鸠在桑,其子七兮!"和爷和娘,恰似九个。'公欣然而听。久之,始悟其谑也。"

他们在创作上则表现为微妙的双重态度。《西清诗话》曰:"王文公见东坡《醉白堂记》,云:'此乃是韩、白优劣论。'东坡闻之,曰:'不若介甫《虔州学记》乃学校策耳。'二公相诮或如此,然胜处未尝不相倾慕。元祐间,东坡奉祠西太一宫,见公旧诗云:'杨柳鸣蜩绿暗,荷花落日红酣,三十六陂春水,白头想见江南。'注目久之,曰:'此老野狐精也!'"(《苕溪渔隐丛话》前集卷三十五引)又如王安石作《桂枝香》"登临送目"一词,《古今词话》曰:"金陵怀古,诸公寄调《桂枝香》者,三十余家,惟王介甫为绝唱。东坡见之,叹曰:'此老乃野狐精也!'"(《历代诗余》卷一百十四引)由此也可见苏轼对王安石的创作持钦佩而又有保留的态度。所谓"野狐精"者,神通广大而非正宗之谓。大约在苏轼看来,王安石的作品不能作为范例而供人仿效。

苏轼是宋代最负盛名的文人。在他活着的时候,大家已经一致认为他的文学成就独超众类;也由于他早就厕身官场,后又得到赵氏皇室的选拔,担任着知制诰等要职,这就不可避免地要卷入一系列的政治斗争中去。他在文学艺术的许多重要领域都有很高的修养和重大的创获,但在政治思想上却无所建树。在新旧两派的尖锐冲突中,自信独立不倚,然而"不合时宜",以致左右失欢,招致了很多不幸。他先是看到赵宋皇朝危机重重,觉得非痛加改革不能振作一新,也曾提出过变法的要求,但当王安石真的从事于变法,破除常规,并在实际工作中出了一些弊端之后,也就随即表示反对,要求恢复旧传统了。而当王安石变法失败,元祐旧党起来彻底推翻新政之时,他又觉得复旧太过,转过头来要求保持新法的某些成果。应该说,苏轼参加政治斗争,不论在朝还是在野,都能关心民生疾苦,较多地考虑下层百姓的眼前利益,因而这些政治上的转向不是政客式的投机,目的不在谋取私利。相反,由于他常和执政者唱反调,因而接连招致打击和迫害。新党敌视他,旧党也排挤他,激烈的党争使他动辄得咎,陷于困境。那些执政的人害怕他诗文的威力,总是疑神疑鬼,认为他老是在微文讥嘲,因而不断想用文字狱去陷害他。苏轼在文学活动上受到的折磨一直引起后人的同情。这也反映出了封建社会的黑暗,政治上的排斥异己,对文人的肆意摧残。但从这些地方也可发现,苏轼的政治才能远远赶不上文学上的才能。他虽然也能发表一些宏论高议,但却缺乏一个政治家所应有的完整的政治见解和百折不回的革新精神。和王安石比较,苏轼就不能算是什么政治家,他只是封建社会中一个典型的文人。

这差不多是古今一致的看法。苏轼辞辩纵横,颇能制造声势,然而旧党中人也不予重视,并不认为他在政治上有什么大的才能。刘延世《孙公谈圃》卷上曰:"子瞻以温公论荐,帝眷甚厚,议者谓不日为执政矣。公力言:'苏轼为翰林学士,其任已极,不可以加。如用文章为执政,则国朝赵普、王旦、韩琦未尝以文称。'"政治经验丰富的司马光认为:苏轼不宜出任政治上的要职,他只适合于做做文墨工作。

苏轼的世界观很复杂,朱熹《答程允夫》书说他"早拾苏(秦)、张(仪)之绪余,晚醉佛、老之糟粕"(《朱文公文集》卷四十一)。各方面的思想影响，当然会在他的创作上有所反映，而这也正是他的作品显得繁富多样的原因。但在一切发生过作用的思想源头中，对苏轼的文学活动影响最大的流派，首推《庄子》的学说。苏辙《亡兄子瞻端明墓志铭》曰："公之于文，得之于天。少与辙皆师先君，初好贾谊、陆贽书，论古今治乱，不为空言；既而读《庄子》，喟然叹息曰：'吾昔有见于中，口未能言。今见《庄子》，得吾心矣。'"点明了苏轼文学上的思想源头，也就给了后人理解苏文的一把钥匙。

东坡先生省试《刑赏忠厚之至论》，有云：皋陶为士，将杀人。皋陶曰"杀之"，三；尧曰"宥之"，三。梅圣俞为小试官，得之，以示欧阳公。公曰："此出何书？"圣俞曰："何须出处？"公以为皆偶忘之，然亦大称叹。……及揭榜，见东坡姓名，始谓圣俞曰："此郎必有所据，更恨吾辈不能记耳。"及谒谢，首问之，东坡亦对曰："何须出处？"乃与圣俞语合。公赏其豪迈，太息不已。（陆游《老学庵笔记》卷八）

欧阳公作省试知举，得东坡之文，惊喜，欲取为第一人；又疑其是门人曾子固之文，恐招物议，抑为第二。坡来谢，欧阳问坡所作《刑赏忠厚之至论》有"皋陶曰'杀之'，三；尧曰'宥之'，三"：此见何书？坡曰："事在《三国志·孔融传注》。"欧退而阅之，无有。他日再问坡，坡云："曹操灭袁绍，以袁熙妻赐其子丕，孔融曰：'昔武王伐纣，以妲己赐周公。'操惊问何经见？融曰：'以今日之事观之，意其如此。'尧、皋陶之事，某亦意其如此。"欧退而大惊曰："此人可谓善读书，善用书，他日文章必独步天下。"（杨万里《诚斋诗话》）

苏轼的这种写作手法，出于《庄子》。《庄子·寓言》篇曰："寓言十九，重言十七，卮言日出。"陆德明《释文》释"重言"曰："谓为人所重者之言也。"苏轼假托尧与皋陶而言论,正是典型的"重言"手法。时至宋代,伪造圣人之言,而且用在朝廷的科举考试中,完全是一种越出常规的做法,于此可见苏轼受到《庄子》学风很深的影响,而与儒家那种循规蹈矩的古板作风截然不同。

作为宋代古文运动中的重要一员,苏轼继承了韩愈开辟的文学道路。他在《潮州韩文公庙碑记》中称之为"文起八代之衰,道济天下之溺",可谓推崇备至。韩愈虽以道统的继承者自居,但他的为人和作品曾经引起很多争议。苏轼也继承着他"以文为戏"的一面,只是二者之间又有不同。韩愈《毛颖传》等文,受当时传奇的影响;苏轼"以文为戏",则受了《庄子》的影响。他嬉笑怒骂,突梯滑稽,尤其嫉视那些道貌岸然的道学人物。沈作喆《寓简》卷五曰:"程氏之学,自有佳处,至椎鲁不学之人窜迹其中,状类有德者,其实土木偶也,而盗一时之名。东坡讥骂靳侮,略无假借,岂过也哉!刘元城器之言:哲宗皇帝尝因春日经筵讲罢,移坐一小轩中赐茶,自起折一枝柳;程颐为说书,遽起谏曰:'方春万物生荣,不可无故摧折。'哲宗色不平,因掷弃之。温公闻之,不乐,谓门人曰:'使人主不欲亲近儒生者,正为此等人也。'叹息久之。然则非特东坡不与,即温公亦不与也。"这就不免使人联想到道家人物对儒家人物的看法了。《庄子·盗跖》等篇中对儒家人物的讽刺与嘲弄,就可与苏轼对那些满口仁义道德的道学中人所作的挖苦与揶揄,联系起来并读。

王安石否定"戏"字,但在他执政时,苏轼喜欢"戏"的作风还未引起太多的麻烦,到了旧党内部引起纷争时,这种喜欢"戏"的作风却引起了重重风波。

王安石变法失败,旧党重起执政,于是又有所谓"元祐学术"出现。旧党之中又产生了新的派系。邵伯温《邵氏闻见录》卷十三曰:"哲宗即位,宣仁后垂帘同听政,群贤毕集于朝。……然虽贤者不免以类相从,故当时有洛党、川党、朔党之语。洛党者,以程正叔侍讲为领袖,朱光庭、贾易等为羽翼;川党者,以苏子瞻为领袖,吕陶等为羽翼;朔党者,以刘挚、梁焘、王岩叟、刘安世为领袖,羽翼尤众。诸党相攻击不已。正叔多用古礼,子瞻谓其不近人情如王介甫,深疾之,或加抗侮,故朱光庭、贾易不平,皆以谤讪诬子瞻。"说明洛、蜀两党之间的冲突尤为尖锐。他们之间的矛盾,牵涉了政治、经济、哲学等不同领域的许多方面,而从文学方面来说,则更有其深刻的理论上的分歧。

二程以正统的儒家继承人自居,平时自视甚高,有如当代圣贤似的,这样自然要为深受道家影响而洒脱不拘的苏轼所嗤鄙了。

司马温公之薨,当明堂大享,朝臣以致斋而不及奠。肆赦毕,苏子瞻率同辈以往,而程颐固争,引《论语》"子于是日哭,则不歌"。子瞻曰:"明堂乃吉礼,不可谓歌则不哭也。"颐又谕司马诸孤不得受吊,子瞻戏曰:"颐可谓鏖糟陂里叔孙通。"闻者笑之。(刘延世《孙公谈圃》卷上)

元祐初,司马公薨,东坡欲主丧,遂为伊川所先,东坡不满意。伊川以古礼殓,用锦囊囊其尸,东坡见而指之曰:"欠一件物事,当写作信物一角,送上阎罗大王。"东坡由此与伊川失欢。(张端义《贵耳集》卷上)

这是两种思想和两种作风之间的冲突。苏轼对程颐的虚伪矫情极为厌恶,诋之为奸。俞文豹《吹剑录》曰:"伊川出于吕申公,公多质疑焉。东坡忌之。服除,三省奏召除馆职。子由曰:'但恐不靖尔。'帘中入其语,东坡遂导谏议孔文仲奏颐为吕门五鬼之魁,编管涪州。"而程颐对苏门的文学活动也横加干涉,袁文《瓮牖闲评》卷五曰:"程伊川一日见秦少游,问:'"天若有情,天也为人烦恼",是公之词否?'少游意伊川称赏之,拱手逊谢。伊川曰:'上穹尊严,安得易而侮之?'少游惭而退。"说明道学家头脑僵化,在在以维护天道人心为号召,对文人自由抒写的创作活动也极反感。

洛、蜀二家的矛盾,不光表现在对待文章的内容上,而且他们在创作理论的其他几个重要方面也有不同的见解。

程氏说:"今之学者歧而为三:能文者谓之文士,谈经者泥为讲师,惟知道者乃儒学也。"(《程氏遗书》卷六)程氏还说:"古之学者一,今之学者三,异端不与焉。一曰文章之学,二曰训诂之学,三曰儒者之学。欲趋道,舍儒者之学不可。"(《程氏遗书》卷十八)这里说的"能文者"或"文章之学",显指苏门众学士;说的"谈经者"或"训诂之学",指的是王安石一派人物;说的"知道者"或"儒者之学",则是夫子自道了。他们强调"儒者之学",要求学者建立起完整的儒家体系的世界观来,这样才能算是得"道"。

"道"是古代政治、伦理、哲学等领域中普遍使用的一个概念,有"真理""原则""本源""法则"等含义,每一个学者都有重视"道"的议论,然而各人所理解的"道",实际内容却是不同的。二程欲"趋"之"道",自然是正统的儒家之道。苏轼论述得"道"之方时,却是发挥了道家的学说。这从他著名的《日喻》一文中可以看出。瞎子生来不见日形,有人以铜盘为喻,有人以烛为喻,瞎子听到和铜盘一样能发声的钟,摸到了像烛一样的排箫,也就误认为是日了。苏轼借此说明,人若不接触所要了解的具体对象,只凭旁人指点,实际上是无从了解的。像太阳这样具体的东西,人们尚难表达,那么抽象的"道"自然更是无从告人了。因此,苏轼提出了"道可致而不可求"的论点。以游泳为例,南方多水,孩童从小就和它打交道,因而一般到了十五岁时便能潜泳;经过不断地接触实践,也就自然地掌握到了水的规律。北方条件不同,人若从未见过大水,那他就是听到游泳好手的指点,也无法懂得水性,"故凡不学而务求道,皆北方之学没者也"。显然,在苏轼看来,若要了解文学的法则和义理,必须通过学习文学才能掌握。

为了说明这种"道可致而不可求"的原理,他还征引了《庄子·达生》篇中的"痀偻承蜩"和"吕梁丈人蹈水"的故事。"用志不分,乃疑于神",只有深入钻研技巧,熟悉对象,掌握它的法则,才能达到挥洒自如的境界。苏轼的这种见解,显然是从道家学派中发展出来的。这是苏轼文学见解的精髓所在,它与道学家要求通过学习儒家经典而掌握圣人之"道"不同。

在二程看来,唐宋古文的宗师韩愈的创作道路就是不规范的,因为他走的不是由道及文的道路,而是走的因文及道的道路。程颐说:"退之晚来为文,所得处甚多。学本是修德,有德然后有言,退之却倒学了。因学文日求所未至,遂有所得。"(《程氏遗书》卷十八)这就等于近人所说的:因为要写文章,所以去学理论,这样学到的理论,失之于不系统不全面。从纯粹的理论角度来说,这样理解也未始没有一点道理,但是情况也并非一定如此。因为通过实践而学习,注意理论上的系统性和完整性,同样可以取得完美的效果。它比那些脱离实际而学理论的方法,有时还要好得多。

道学家认为培养儒家正统世界观是决定一切的关键。他们依据的是"有德者必有言"(《论语·宪问》)的理论。程颐说:"孔子曰:'有德者必有言。'何也?和顺积于中,英华发于外也。故言则成文,动则成章。"(《程氏遗书》卷二十五)程颢说:"盖'有德者必有言',而曰'我于辞命不能'者,不尚言也。"(《程氏外书》卷二)这就否定了文学形式的相对独立性,抹杀了它的重要意义。

苏轼在《范文正公文集叙》中也援用了"有德者必有言"的理论,但他论述的内容,偏于政论等方面,以为有德者发为"仁义、礼乐、忠信、孝弟"之言,非论其文章之成功也。因为他是熟悉文学的特点,并且遵循它的规律写作的,所以苏门的理论,涉及了文学创作的许多重要方面。

苏洵在《仲兄字文甫说》中提出了风水相遭的学说。风流动于太空,水流动于河海,偶然相遇,形成千奇百怪的波纹。"然而此二物者,岂有求乎文哉?无意乎相求,不期而相遭,而文生焉。……二物者非能为文而不能不为文也,物之相使而文出于其间也,故此天下之至文也。"这是一个生动的比喻,"水"喻作者平时关于"道"和"文"的修养,"风"喻突然感触到外界事物而引起的创作要求。只有在这两种条件都已具备并且契合之时,才能产生出完美的作品。

苏轼在《江行唱和集序》等文章中曾经具体阐述过这些观点。他说:"夫昔之为文者,非能为之为工,乃不能不为之为工也。"己亥之岁,苏氏兄弟侍父适楚,途中所遇,举凡"山川之秀美,风俗之朴陋,贤人君子之遗迹,与凡耳目之所接者,杂然有触于中,而发于咏叹"。这里说明的是:作者从事创作时,必须要有亲自体验的丰富生活。《次韵答王巩》诗曰:"谪仙窜夜郎,子美耕东屯,造物岂不惜,要令工语言。"李、杜之所以在"语言"上有高度的成就,在于他们经历了生活的磨炼。

为此苏氏弟兄都能自觉地积累生活知识,提高学识和修养,为创作打下深厚的基础。苏辙在《上枢密韩太尉书》中援用了孟子的"养气说",而又贯注进了新的时代内容。他自叙提高修养的过程:"百氏之书虽无所不读,然皆古人之陈迹,不足以激发其志气",必须"求天下奇闻壮观,以知天地之广大"。于是"过秦、汉之故都,恣观终南、嵩、华之高,北顾黄河之奔流,慨然想见古之豪杰。至京师,仰观天子宫阙之壮,与仓廪府库、城池苑囿之富且大也,而后知天下之巨丽。见翰林欧阳公,听其议论之宏辨,观其容貌之秀伟,与其门人贤士大夫游,而后知天下之文章聚乎此也"。这也就是宋代封建文人所要努力积累的生活知识面了。

在道学家的文论中,没有积累生活的问题,也没有形式技巧的地位。相反,一谈起形式技巧,就会招致责难,认为正是这些因素败坏了作者的思想和作品的内容。

宋代道学的奠基者周敦颐在《通书·文辞》中提出了"文以载道"之说。在他看来,文只是一种工具,本身没有独立的意义,因此他说:"不知务道德而第以文辞为能者,艺焉而已。"这种重道轻文的议论,到了二程之时,更是发展到了荒谬的地步。他们认为"作文害道"。程颐说:"凡为文不专意则不工,若专意则志局于此,又安能与天地同其大也。《书》曰'玩物丧志',为文亦玩物也。……今为文者专务章句,悦人耳目,既务悦人,非俳优而何?"(《程氏遗书》卷十八)"或问诗可学否?曰:既学时须是用功方合诗人格。既用功,甚妨事。"(同上)可见这样一些妄自尊大的道学家,既不遵从文学的内在法则,而又肆意否定形式技巧的重要意义,这样的理论,只会破坏文学的正常发展。

苏轼在《答谢民师书》中把"文"看作"精金美玉",在《答刘沔书》中又把"文"比作"金玉珠贝"。显然,他很重视"文"的美感特点。为了证明这种理论言之有据,他引用了孔子的"言之无文,行之不远"的说法,还强调了孔子提出的"辞达"之说。"辞达"之文,具有最高的水平。这是苏轼文学理论的最高理想。

> 孔子曰:"言之无文,行之不远。"又曰:"词达而已矣。"夫言止于达意,即疑若不文,是大不然。求物之妙,如系风捕影,能使是物了然于心者,盖千万人而不一遇也,而况能了然于口与手乎!是之谓辞达。辞至于能达,则文不可胜用矣。(《答谢民师书》)

要想做到"辞达",先要做到对写作对象"了然于心",即求得彻底的了解;其后还要"了然于口与手",即作充分的阐述。这就全面地研究了创作的全过程,对观察和表达给予充分的重视。于此可见他对创作问题的考察比较全面、深入。

何薳《春渚纪闻》卷六记苏轼之言曰:"某平生无快意事,惟作文章,意之所到,则笔力曲折无不尽意,自谓世间乐事无逾此者。"这是说他自己的创作活动已经达到了"辞达"的境界。《东坡题跋》卷一《自评文》曰:"吾文如万斛泉源,不择地皆可出,在平地滔滔汩汩,虽一日千里无难,及其与山石曲折,随物赋形而不可知也。所可知者,常行于所当行,常止于不可止,如是而已矣,其他虽吾亦不能知也。"这里说的"随物赋形",就是重视客观对象,遵从事物内在法则,写作上追求形象生动的意思。显然,苏轼对文学的看法,重视如实地反映外界事物,并不把文看作载道的工具,也不认为文是从道中自然派生出来的。这与道学家的看法截然不同。

苏轼曾说"我所为文必与道俱",这也就是"道莫之求而自至"的意思。这样的"道",就不是先验的,也不是附加的了。文人从事创作,必须遵循文学自身的法则,诸如积累生活知识,重视形式技巧,等等,才能取得以"辞"达"意"的结果。"辞"而能"达",正是遵循文学法则进行创作的结果。创作上进入挥洒自如的境界,正是掌握了文学自身的法则,进入了自由抒写的广阔天地。

洛学的理论和蜀学的创作是无法调和的,因为后者的自由抒写不能受前者僵化思想的牢笼。这是两种截然对立的思想体系,没有什么折中的余地,文坛上自然地排斥了某些调和主义者的出现。吕本中《师友杂志》上说:"李先之、周恭叔皆从伊川学问,而学东坡文辞以文之,世固多讥之者矣。"可见此路无法走通。

在北宋文坛上,苏轼的文学道路代表着正确的方向,他的理论比较适宜地解决了创作中的许多重要问题,这就奠定了他在文学事业上的崇高地位,也指导着宋代文学的正常发展。其后苏门学士人才之众,风格流派之多,创作成就之富,都是与他这种自由活泼、不拘一格的文学观点有关的。

北宋党争的余波

南宋之时，党争一直延续着。北宋文坛上的各种分歧意见，仍然此起彼伏，冲突不歇，形成了很复杂的局面。大凡什么时候苏轼的政治身份没有遭到人为的压抑，这一时期的文学就能得到正常的发展，反之亦然。赵彦卫《云麓漫钞》卷八上说："淳熙中，尚苏氏，文多宏放；绍熙尚程氏，曰洛学。"文学也就衰落了。

那些宗奉经术和理学的人不断摧残文学事业，历史似乎还在一幕幕地重现。

那些标榜新法的人肆意迫害文人，其结果也就不止是"黄茅白苇"，而是"赤地千里"了。葛立方《韵语阳秋》卷五曰："绍圣初，以诗赋为元祐学术，复罢之。政和中，遂著于令，士庶传习诗赋者杖一百，畏谨者至不敢作诗。"叶梦得《石林燕语》卷九曰："政和末，李彦章为御史，言士大夫多作诗，有害经术，自陶渊明至李、杜皆遭诋斥，诏送敕局立法。何丞相执中为提举官，遂定命官传习诗赋者，杖一百。"

那些理学家则用僵化了的理论破坏文学创作。刘克庄《恕斋诗存稿》曰："近世贵理学而贱诗，间有篇咏，率是语录讲义之押韵者耳。"（《后村先生大全集》卷一百十一"题跋"）周密《浩然斋雅谈》卷上曰："宋之文治虽盛，然诸老率崇性理，卑艺文。朱氏主程而抑苏，吕氏《文鉴》去取多朱意，故文字多遗落者，极可惜。水心叶氏云：'洛学兴而文学坏。'至哉言乎！"

朱熹确是不忘修洛、蜀之旧怨。由于思想体系的不同，他对苏轼的为人和影响，颇为敌视，常发表攻击的言论。《与汪尚书》书中系统地批判了王、苏两派，而对苏门众学士的攻击，尤为激烈。罗大经《鹤林玉露》卷九曰："自程、苏相攻,其徒各右其师。孝宗最重大苏之文,御制序赞,太学翕然诵读,所谓人传元祐之学,家有眉山之书,盖纪实也。文公每与其徒言:苏氏之学,坏人心术,学校尤宜禁绝。"可见道学家中人物一直有禁止文学之士从事诗文创作的用意。只是他们没有控制中枢政权,因而还不能像混迹新政的人那样,立下"传习诗赋者杖一百"的禁令,但也由此可见,宋代文人一直处在受敌视的厄运之中。

但有生命力的文学可不是某些政治力量所能禁绝的。用行政手段加以压制,其效果往往适得其反,压制愈烈,被压者的身价愈高。苏轼的文学活动虽然一再遭到打击,但他的声誉却一直在上升,其结果出人意料。朱弁《风月堂诗话》卷上:"崇宁、大观间,海外诗盛行……是时朝廷虽尝禁止,赏钱增至八十万,禁愈严而其传愈多,往往以多相夸。士大夫不能诵坡诗者,便自觉气索,而人或谓之不韵。"陆游《老学庵笔记》卷八曰:"建炎以来,尚苏氏文章,学者翕然从之,而蜀士尤盛。亦有语曰:'苏文熟,吃羊肉;苏文生,吃菜羹。'"说明苏氏的文学作品一直为两宋文人所诵习。

南宋中期发生过一起轰动一时的事件,时人又以洛、蜀之争作为解释。叶绍翁《四朝闻见录》乙集"洛学"曰:"淳熙间,考亭以行部劾台守唐氏,上将置唐于理。王(淮)与唐为姻,乃以唐自辩疏与考亭章俱取旨。未知其孰是。王但微笑,上固问之,乃以朱—程学、唐—苏学为对。"这也可能只是一种巧妙的应对,不过从中还是反映出了洛、蜀之争的余波,一直延续到了那时,所以人们习惯于把道学家和文人之间的纠纷用前代的党争来作解释。《文献通考》卷二百三十七引雁湖李氏曰:"唐子西文采风流,人谓为小东坡。"唐仲友也是"文采风流"的人物,人们自然可以把他归为学苏者之列。

朱、唐之争曾经掀起过轩然大波,屡见宋人记载。周密《齐东野语》卷二十记其事曰:"天台营妓严蕊,字幼芳,善琴弈、歌舞、丝竹、书画,色艺冠一时。间作诗词，有新语。颇通古今，善逢迎，四方闻其名，有不远千里而登门者。唐与正守台日，酒边尝命赋红白桃花，即成《如梦令》云：'道是梨花不是，道是杏花不是，白白与红红，别是东风情味。曾记，曾记，人在武陵微醉。'与正赏之双缣。……其后朱晦庵以使节行部至台，欲撼与正之罪，遂指其尝与蕊为滥，系狱月余。蕊虽备受棰楚，而一语不及唐，然犹不免受杖。移籍绍兴，且复就越置狱鞫之。久不得其情。狱吏以好言诱之曰：'汝何不早认，亦不过杖罪，况已经断，法不重科，何为受此辛苦邪？'蕊答云：'身为贱妓，纵是与太守有滥，科亦不至死罪，然是非真伪，岂可妄言以污士大夫？虽死不可诬也。'其辞既坚，于是再痛杖之。仍系于狱。两月之间，一再受杖，委顿几死，然声价愈腾。"于此可见宋代道学大师朱熹嫉视文人之甚。但是这位圣贤之徒，为了陷害对手，不惜使用严刑酷法，去迫害一个无辜的妓女。这种满口仁义道德的卫道者，其险恶的用心和毒辣的手段，在这件小事上得到了充分的反映。配飨孔庙的先"哲"朱熹肆意摧残一个堕落风尘的才女，这种丑恶的表演，在宋代的文网史上又增加了一页新的篇章。

结　论

　　北宋政治领域内的派系之争很复杂，有旧党、新党之争，旧党之中又有洛、蜀之争。它们之间的争论，牵涉很多文学上的问题。

　　王安石的学说，可以称为政治家的文论；二程子的学说，可以称为思想家的文论；苏轼的学说，才真正是文学家的文论。

　　从他们秉承的学术渊源和使用的方法来说，王安石一派具有援法入儒的特点，主张文学直接服务于政治，并且利用政权的力量，使士人的思想纳入到规定的道路上去。他们的文学主张，给文人的创作增加了很多束缚，限制了文学的正常发展，容易使文学陷入窒息的境地。一些别有用心的人向前跨进一步,把学习文学列入禁令,也就必然会像厉行法家学说的秦代一样,取消文学创作。道学家的文论强调建立正统世界观的首要意义,忽视创作的特殊规律,否定生活知识和形式技巧的重要性,其结果也只能是破坏创作的正常发展,而滋生出一些空谈义理、缺乏文采、干瘪枯燥的作品。他们根据儒家学派的文论,而又作了偏狭的理解,把文学作为说理的工具,结果也只能是取消文学。以苏轼为代表的一派文人,接受《庄子》一派的影响,突出其不受绳束的一面,自由活泼,嬉笑怒骂,皆成文章。他们尊重文学本身的特点,根据文学自身的特殊规律办事,注意积累生活知识,提高写作技巧,重视文学形式的重要作用,因此这一学派的理论和创作,代表着正确的方向,在北宋文坛上,取得了杰出的成就。而在苏轼这种不拘一格的文学思想的指导下,苏门学士各有其专长,各有其创获,形成了极为丰富多彩的各种新流派。他们的影响,不但及于有宋一代,而且沾溉后代士林。

以上种种,又说明了一点:文学思想最忌僵化,最忌墨守,不能只顾一时的实用而作种种清规戒律的限制。正确的文学思想首先应该遵从文学自身的规律,清新活泼,不拘一格,这样才能人才辈出,在创作中取得广泛的丰收。

周勋初主要著述表

《谈谈汉字简化的历史》,《中国青年报》1956年3月24日。
《评汉字笔顺排检法》,《中国语文》1957年第1期。
《携手并进》(报告文学),《雨花》1958年5月号。
周勋初、谭优学《禹鼎考释》,《南京大学学报》1959年第2期。
《梁代文论三派述要》,《中华文史论丛》1964年第五辑。
《叙〈全唐诗〉成书经过》,《文史》1980年第八辑。

  2010年10月,广陵书社影印线装出版康熙御制《全唐诗》珍藏版,以此文作为代前言。

《高适年谱》,上海古籍出版社,1980年9月。

  1985年,获江苏省哲学社会科学优秀成果二等奖。

《〈韩非子〉札记》,江苏人民出版社,1980年11月。
《中国文学批评小史》,长江文艺出版社,1981年8月。

  韩文版,全弘哲等译,韩国理论与实践出版社,1998年。
  日文版,高津孝译,日本勉诚社,2008年。

《〈文赋〉写作年代新探》,《文学遗产》1982年增刊第十四辑。
《韩非子校注》,江苏人民出版社,1982年11月。

  周勋初任该书统稿人,将《韩非子》校注组注释稿改写成学术著作,负责全书文字统一与校勘工作。2009年8月,凤凰出版社出版《韩非子》校注组编写、周勋初修订《韩非子校注(修订本)》;2013年,该书获首届江苏省新闻出版政府奖。

《阮籍〈咏怀(二十)〉诗新解》,《文史知识》1983年第1期。

《柳珵〈刘幽求传〉钩沉》,《中华文史论丛》1985年第一辑。

《程千帆教授的学诗历程》,载中国唐代文学学会主办、陕西师范大学中文系编《唐代文学研究年鉴》1984年号,陕西人民出版社,1985年6月。

《韩非》,江苏古籍出版社,1985年10月。

《九歌新考》,上海古籍出版社,1986年8月。

《罗根泽先生传》,载《中国当代社会科学家》第八辑,书目文献出版社,1986年11月。

《论黄侃〈文心雕龙札记〉的学术渊源》,《文学遗产》1987年第1期。

《唐语林校证》,中华书局,1987年7月。

> 1993年,获第一届国家古籍整理图书二等奖。2013年8月,被国家新闻出版广电总局、全国古籍整理出版规划领导小组列入首届向全国推荐优秀古籍整理图书。

《文史探微》,上海古籍出版社,1987年12月。

> 其中《魏氏"三世立贱"的分析》日译文刊于日本福冈大学《人文论丛》1995年第27卷第1号。

《唐诗大辞典》,江苏古籍出版社,1990年11月。

《陈寅恪先生的"中国文化本位论"》,载北京大学中古史研究中心编《纪念陈寅恪先生诞辰百年学术论文集》,北京大学出版社,1989年12月。

《当代学术研究思辨》,南京大学出版社,1993年5月。

《〈酉阳杂俎〉成书考》,载复旦大学中文系编《选堂文史论苑》,上海古籍出版社,1994年12月。

周勋初主编《唐人轶事汇编》,上海古籍出版社,1995年12月。

> 1999年,获第二届全国古籍整理图书奖一等奖。

《唐人笔记小说考索》，江苏古籍出版社，1996年5月。

《诗仙李白之谜》，台湾商务印书馆，1996年11月。

《魏晋南北朝文学论丛》，江苏古籍出版社，1999年11月。

《文学"一代有一代之所胜"说的重要历史意义》，《文学遗产》2000年第1期。

《唐钞文选集注汇存》，上海古籍出版社，2000年7月。

> 2013年8月，被国家新闻出版广电总局、全国古籍整理出版规划领导小组列入首届向全国推荐优秀古籍整理图书。

《周勋初文集》七卷，江苏古籍出版社，2000年9月。

《李白研究》，湖北教育出版社，2003年8月。

周勋初、余历雄《师门问学录》，凤凰出版社，2004年12月。

> 《师门问学录（增订本）》，凤凰出版社，2011年8月。

《李白评传》，匡亚明主编"中国思想家评传丛书"，南京大学出版社，2005年4月。

周勋初等校订《册府元龟（校订本）》，凤凰出版社，2006年12月。

> 2007年，获首届中国出版政府奖。2013年8月，被国家新闻出版广电总局、全国古籍整理出版规划领导小组列入首届向全国推荐优秀古籍整理图书。

《重视中国古典文学特点的研究》，《文学遗产》2006年第2期。

《唐人笔记小说叙录》，凤凰出版社，2008年3月。

《馀波集》，南京大学出版社，2008年3月。

《文史知新》，凤凰出版社，2012年9月。

周勋初主编《宋人轶事汇编》，上海古籍出版社，2014年10月。

周勋初、傅璇琮、郁贤皓、吴企明、佟培基主编《全唐五代诗》（初盛唐部分），陕西人民出版社，2014年10月。

《文心雕龙解析》，凤凰出版社，2015年12月。

2017年4月,获第六届中华优秀出版物(图书)提名奖。

《唐诗纵横谈》,北京出版社,2016年1月。

《锺山愚公拾金行踪》,复旦大学出版社,2016年5月。

《艰辛与欢乐相随:周勋初治学经验谈》,凤凰出版社,2016年9月。

《周勋初文集》,凤凰出版社,2021年起陆续出版,已出版10多种。

《〈韩非子〉札记》,凤凰出版社,2021年6月。

《九歌新考》,凤凰出版社,2021年6月。

《师门问学录》,凤凰出版社,2021年6月。

《诗仙李白之谜》,凤凰出版社,2021年6月。

《撷英集》,凤凰出版社,2021年6月。

《艰辛与欢乐相随:周勋初治学经验谈》,凤凰出版社,2022年4月。

《唐人笔记小说考索》,凤凰出版社,2022年4月。

《魏晋南北朝文学论丛》,凤凰出版社,2022年4月。

《中国文学批评小史》,凤凰出版社,2022年4月。

《锺山愚公拾金行踪》,凤凰出版社,2022年4月。

《李白评传》,凤凰出版社,2022年12月。

《唐代笔记小说叙录》,凤凰出版社,2022年12月。

《唐诗纵横谈》,凤凰出版社,2022年12月。

《无为集》,凤凰出版社,2022年12月。

初版后记

我国向有文史不分的传统。作为一个古典文学的教师，我是尊重这一宝贵传统的。因此，我在学习文学作品的时候，往往连类而及，也相应地读一些史书；为了对时代风气和作家思想能有更多的了解，还尽可能地涉猎一些哲学著作。这样做，是希望对古代学术能有更完整的认识。因为在历史上，一种风尚、一个流派、一部著作的形成、发展和变化，都是纷糅交错地呈现出来的，后人当然可以分别从文、史、哲等不同角度作探讨，但若能进行综合的研究，也就可以理解得更全面、更深入。我国历史上出现过许多博大精深的学者，都是沿着文史不分的道路而攀登学术高峰的。面对浩瀚的古代典籍，我虽常有望洋兴叹之感，但当自己从事习作时，却也愿意继承前辈学人文史不分的传统，在唯物辩证法的指导之下，进行综合研究，争取有所创获。

这些文章都在杂志上发表过。《王充与两汉文风》一文，载《古代文学理论研究》第二辑；《魏氏"三世立贱"的分析》一文，载《南京大学学报》一九八五年第一期；《阮籍〈咏怀〉诗其二十新解》一文，载《文史知识》一九八三年第一期；《〈文赋〉写作年代新探》一文，载《文学遗产》增刊第十四辑；《魏晋南北朝人对文学形象特点的探索》一文，载《文艺理论研究》一九八一年第四期；《梁代文论三派述要》一文，载《中华文史论丛》第五辑；《刘勰的两个梦》一文，载《南京大学学报》一九八二年第一期；《刘勰的主要研究方法——"折中"说述评》一文，载《古代文学理论研究》第十一辑；《〈秋夜有怀高三十五适兼呈空上人〉诗发微》一文，载

《全国唐诗讨论会论文选》(陕西人民出版社);《杜甫身后的求全之毁和不虞之誉》一文,载《草堂》总第十期;《柳珵〈刘幽求传〉钩沉》一文,载《中华文史论丛》一九八五年第一辑;《〈唐语林〉原序目》考辨》一文,载《唐代文学论丛》第八辑;《从"唐人七律第一"之争看文学观念的演变》一文,载《文学评论》一九八五年第五期;《"唐十二家诗"版本源流考》一文,载《学林漫录》二集(原名《谈"唐十二家诗"》);《叙〈全唐诗〉成书经过》一文,载《文史》第八辑;《北宋文坛上的派系和理论之争》一文,载《中国美学》第一辑。

这次汇编成册,除了改正错排的字句外,还就新发现的问题作了一些必要的修改,但在论点方面无所改动。如有同行赐予商榷,请以这本集子中的文字为准。

今年授课时,曾以《刘幽求传》残文为题,让八三届唐宋文学研究生严杰、张辉、李立朴、景凯旋、程章灿五人为之笺注。他们查阅了大量的材料,完成了很好的论文。我在改写《柳珵〈刘幽求传〉钩沉》一文时,就吸收了他们有关"小祥"等方面的考证,改正了原来的错误。教学相长,信然。

此稿承程千帆先生惠予题签,谨致谢忱。